校企合作物流管理专业精品教材

# 物流系统规划与设计

## （第2版）

主审　郝天军

主编　刘　鹤　王凌峰

**内容提要**

本书以职业能力培养为核心，以“必须、够用”为原则安排内容，在知识点讲解和案例选取方面，做到了理论联系实际。全书共分八个项目，内容包括物流系统规划与设计概述、物流系统需求预测与战略规划、物流系统网络规划设计、物流节点规划设计、物流运输系统规划设计、物流信息系统规划设计、物流系统建模与仿真、物流系统综合评价。各项目由浅入深、层层递进，增强学生解决物流系统实际问题的能力。

本书可作为各类院校物流管理专业及相关专业的教材。

**图书在版编目（CIP）数据**

物流系统规划与设计 / 刘鹤，王凌峰主编. -- 2版. -- 上海 : 上海交通大学出版社，2021.9(2025.9 重印)
ISBN 978-7-313-25360-6

Ⅰ. ①物… Ⅱ. ①刘… ②王… Ⅲ. ①物流－系统工程－教材 Ⅳ. ①F252

中国版本图书馆 CIP 数据核字(2021)第 176741 号

**物流系统规划与设计（第 2 版）**
WULIU XITONG GUIHUA YU SHEJI (DI-ER BAN)

主　　编：刘　鹤　王凌峰
出版发行：上海交通大学出版社　　地　　址：上海市番禺路 951 号
邮政编码：200030　　电　　话：021-64071208
印　　制：三河市龙大印装有限公司　　经　　销：全国新华书店
开　　本：787 mm×1092 mm　1/16　　印　　张：13.75
字　　数：305 千字
版　　次：2021 年 9 月第 2 版　　印　　次：2025 年 9 月第 5 次印刷
书　　号：ISBN　978-7-313-25360-6
定　　价：45.00 元

物流业是融合运输业、仓储业、货运代理业和信息业等的复合型服务产业，是国民经济的重要组成部分，涉及领域广，吸纳就业人数多，促进生产、拉动消费作用大，在推动产业结构调整、转变经济发展方式和增强国民经济竞争力等方面发挥着重要作用。

物流系统是由各种物流要素组成的、大跨度的复杂系统，系统内部各要素之间相互影响、相互制约，同时受外部环境影响大。因此，只有全面考虑物流系统整体性、集成性、全局性的要求，科学、系统、合理地进行物流系统规划与设计，才能加快货物流通和资金周转，降低社会物流成本，促进我国物流业又好又快发展。正是出于以上考虑，编者精心编写了本书。

本书主要具有以下特色。

### 1. 育人为本，立德树人

党的二十大报告指出："育人的根本在于立德。"本书有机融入党的二十大精神，突出立德树人的主题。项目首页设有素质目标，正文中也融入了"创新强国""复兴之路""政策引领"等模块，引导学生将爱国情、强国志、报国行自觉融入建设物流强国、实现中华民族伟大复兴的事业中去。

### 2. 校企合作，工学结合

本书的内容设计充分考虑了教学大纲要求与物流相关岗位的实际需要，以提升教材的职业属性为目标。此外，本书的部分案例取自物流企业，不仅有助于学生理解相关知识，还能帮助其提前熟悉物流系统规划与设计工作的具体内容。

### 3. 全新理念，实用为本

本书坚持"以学生为中心"的编写理念，精讲理论知识，注重内容的实用性，通过设置"任务实施""项目自测"等模块让学生在做中学、在学中做，从而帮助学生掌握物流系统规划与设计的理论知识，培养其解决物流实际问题的能力。

#### 4．资源丰富，平台支撑

本书配有丰富的数字资源。读者既可借助手机或其他移动设备扫描书中的二维码获取相关的微课视频，也可登录文旌综合教育平台“文旌课堂”（www.wenjingketang.com）查看和下载本书配套资源，如教学课件、课后习题答案等。

此外，本书还提供了在线题库，支持“教学作业，一键发布”，教师只需通过微信或“文旌课堂”App扫描扉页二维码，即可迅速选题、一键发布、智能批改，并查看学生的作业分析报告，提高教学效率、提升教学体验。学生可在线完成作业，巩固所学知识，提高学习效率。

#### 5．体例新颖，模块丰富

本书采用“项目导向”和“任务驱动”教学模式组织内容，每个项目由多个任务组成，每个任务均按照“任务导入→知识讲解→任务实施”的顺序编排。

- 任务导入：以实际应用为切入点，通过介绍某院校物流管理专业毕业生李辉所做的物流系统规划设计项目和具体事务，引出“知识讲解”部分将要介绍的知识，以引发学生思考，激发学生的学习兴趣。
- 知识讲解：重点讲解本任务所涉及的知识，讲解过程中穿插了“小提示”“同步案例”“课堂讨论”“知识链接”等实用性、指导性和趣味性较强的模块。不仅方便老师教学，还能加深学生对重点、难点知识的理解，拓宽学生的知识面。
- 任务实施：根据每个任务中的重要知识设计小组讨论、网络调研、案例分析等形式的活动。这些活动简单、易操作。借助任务实施，学生能较好地掌握所学知识。

本书由郝天军担任主审，刘鹤、王凌峰担任主编，缪华昌、何波波、吴思蓉、李改桃、江贝、黄艺璇担任副主编。在编写过程中，编者参阅了大量文献资料和网络资料，在此向这些资料的作者表示诚挚的谢意。

由于编者水平有限，书中存在的疏漏之处，诚请广大读者批评指正。

# 本书编委会

主　审　郝天军

主　编　刘　鹤　王凌峰

副主编　缪华昌　何波波　吴思蓉

　　　　李改桃　江　贝　黄艺璇

# 目录

CONTENTS

# 项目一 物流系统规划与设计概述

## 项目引言

物流系统涵盖工农业生产、人民生活与消费等社会经济的各个领域，物流系统运作包括交通运输、仓储配送、库存管理、生产控制等诸多环节。全面考虑物流系统整体性、集成性、全局性的要求，科学、系统、合理地进行物流系统规划与设计，才能促进我国物流业又好又快地发展。

## 知识目标

- ✓ 了解物流系统的概念和特点。
- ✓ 熟悉物流系统的分类和 5S 目标。
- ✓ 了解物流系统的构成要素。
- ✓ 熟悉物流系统规划与设计的概念、目标和内容。
- ✓ 了解物流系统规划与设计的原则、作用和影响因素。
- ✓ 了解物流系统规划与设计的分类。
- ✓ 掌握物流系统规划与设计的基本流程。

## 素质目标

- ✓ 坚持系统观念，运用系统方法处理和解决实际问题，学会从系统论的角度分析物流业。
- ✓ 了解《商贸物流高质量发展专项行动计划（2021—2025 年）》，熟悉我国商贸物流发展规划，增强规划意识。

# 任务一 认识物流系统

## 任务导入

李辉从某院校物流管理专业毕业后，被JZTD物流公司聘为物流规划工程师助理，进行为期三个月的实习。

实习第一天，李辉在工程师老张的指导下，熟悉物流系统规划与设计工作的主要内容。在介绍公司以往完成的物流系统规划与设计项目时，老张提到了生产物流系统、供应物流系统、物流节点，以及物流系统的流体、流量等。听完老张的介绍，李辉不禁想起了自己在学校里所学的"物流系统规划与设计"这门课程的相关知识。

那么，什么是物流系统？生产物流系统与供应物流系统是依据什么划分的？物流系统的流体、流量是什么？

## 知识讲解

## 一、物流系统的概念和特点

### （一）物流系统的概念

物流系统是指在一定时间和空间里，由两个或两个以上的物流功能单元（如运输、储存、装卸搬运、流通加工、配送、信息处理等）构成的，以完成物流服务为目的的有机集合体。

物流系统是一个动态、复杂、庞大的系统，是系统思想在物流领域的具体化。其形成及运行的基本条件如下：

（1）构成物流系统的各子系统之间存在有机联系并相互作用，这种联系和作用能使物流系统保持相对稳定。

（2）各子系统具有完整、独立、稳定的结构，这种结构能保障物流系统的有序性，从而使物流系统具有特定的功能。

（3）物流系统的功能应大于构成该系统的各子系统的功能之和，即在一个共同的目标下经过协调，各子系统之间能达到最优配合，从而获得"1+1>2"的效果。

### （二）物流系统的特点

物流系统除了具有一般系统共有的特点，如整体性、相关性、目的性和环境适应性等，还具有如下特点。

### 1. 物流系统是一个“人机系统”

物流系统是由人和物流设施、设备共同组成的，人是物流系统的主体。研究物流系统需要将人和物结合起来，以充分发挥物流系统中人的主观能动性。

### 2. 物流系统是一个大跨度系统

物流系统的大跨度体现在两个方面：一是时间跨度大，把原材料加工成成品，再把成品送至消费者手中的整个过程，往往需要较长的周期；二是空间跨度大，即物流活动经常需要跨越不同的地区。

### 3. 物流系统是一个可分系统

无论物流系统的规模多大，它都可以被分解成若干相互联系的子系统。物流系统与子系统，以及子系统与子系统在时间、空间、目标、费用及运行结果等方面相互联系。

### 4. 物流系统是一个动态系统

物流系统一头连接着生产市场，一头连接着消费市场，它既会受到物料价格变动的影响，也会受到消费需求变化的影响，因此需要根据实际情况对物流系统不断进行调整。

### 5. 物流系统是一个复杂系统

物流系统涉及生产、流通、消费三大领域。物流活动的作用对象——“物”，涵盖全部社会物质资源，其多样性和庞大的规模决定了物流系统的复杂性。

### 6. 物流系统是一个多目标函数系统

物流系统内部具有多个目标（如物流成本最低、运输时间最短、服务质量最优等），这些目标往往难以同时实现。例如，追求最低的物流成本，花费的运输时间就不可能最短。满足物流系统所有目标的解是不存在的，因此只能将这些目标综合起来考虑，以寻求最优解。

## 二、物流系统的分类

根据不同的标准，可将物流系统划分为不同种类，如图 1-1 所示。

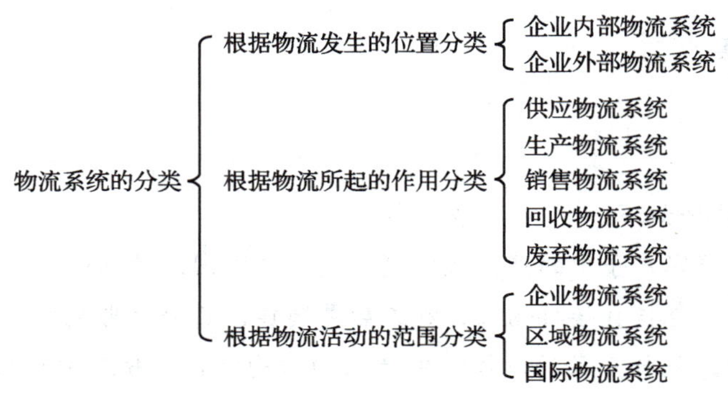


图 1-1　物流系统的分类

### （一）根据物流发生的位置分类

根据物流发生的位置，物流系统可分为企业内部物流系统和企业外部物流系统。

企业内部物流系统是指由企业内部物流要素构成的系统。以制造企业为例，物料自购入后，需要经过装卸、储存、加工、包装、运输等多道企业内部物流程序，将这些程序有效地整合为一个有机的系统，就形成了企业内部物流系统。

企业外部物流系统是指由企业外部物流要素构成的系统。对于一个企业而言，从供应商处采购物料，将制成品分销至各级经销商然后送达客户手中的所有程序，均属于企业外部物流系统的范畴。

### （二）根据物流所起的作用分类

根据物流所起的作用，物流系统可分为供应物流系统、生产物流系统、销售物流系统、回收物流系统和废弃物物流系统。

（1）供应物流系统与采购业务联系紧密，它对所有的生产资料进行管理，从而有效地支持企业的生产运营活动。供应物流系统包括采购、运输、库存及用料计划等子系统。

（2）生产物流系统即生产过程中的物流活动形成的系统。生产过程中的物流活动具体表现在：物料进入生产部门，经过下料、发料并运送至各加工点，然后在完成特定工序的情况下，从一个生产单位流向下一个生产单位。

（3）销售物流系统即制成品从仓库流通至消费者手中的物流活动形成的系统。运输系统、仓储系统、分销和配送网络共同构成了销售物流系统。

（4）回收物流系统是指不合格产品的返修、退货，可重复使用的包装物、存储器具，以及可回收的废旧物品等从需求方回到供应方的物流活动所形成的系统。

（5）废弃物物流系统是指将失去原有价值的物品根据实际需要进行收集、分类、加工、搬运、储存等，并分别运送至专门处理场所的物流活动所形成的系统。

知识链接

#### 回收物流的程序

回收物流的程序如下：

（1）收集。将客户手中的产品集中到一起，送到固定的场所。

（2）预处理。包括直接再销售、加工后再销售、拆分后再利用、报废处理等。

（3）再处理。包括产品的清洁；按产品的结构特点拆分；对回收的产品或者拆分后的零部件进行再加工、再处理，以恢复其价值；将有价值的部分重新组装等。

（4）产品再分配。把可使用和处理过的产品，经过储存、销售等环节后运输到消费者手中。

（5）废弃物的报废处理。将失去使用价值或者危害环境的物料、零部件，通过机械处理、地下掩埋或者焚烧的形式进行销毁。

### （三）根据物流活动的范围分类

根据物流活动的范围，物流系统可分为企业物流系统、区域物流系统和国际物流系统。

（1）企业物流系统主要针对单个企业而言，包括企业内部物流系统和企业外部物流系统。

（2）区域物流系统即以支持某一区域发展总体目标而建立的、具有合理的空间结构和服务规模的物流活动系统。区域物流表现为多个企业之间协作，属于大范围专项或综合物流活动。一个区域受自然因素和人为因素的影响，往往具有一定的特性。区域物流系统需要适应特定的区域环境，具备完善的物流功能，从而满足该区域经济、政治、军事发展的需要。

（3）国际物流系统由跨越不同国家（或地区）的物流活动形成，它是在国际贸易和跨国经营背景下诞生的。由于各国的社会制度、自然环境、经营管理方式不同，国际物流活动往往充满了不确定性，因此国际物流系统比国内物流系统更加复杂。

#### 课堂讨论

**课堂讨论一：**

正向物流是指产品从供应地到接收地的实体流动过程。与正向物流相对的物流过程就是逆向物流，那么逆向物流是一种怎样的物流过程？废弃物物流系统是根据正向物流理念还是逆向物流理念设计的？

**课堂讨论二：**

按物流活动的空间位置，可将物流系统分为地下物流系统和地上物流系统。请同学们说说何为地下物流系统和地上物流系统？公路、铁路运输系统属于地下物流运输系统还是地上物流运输系统？

## 三、物流系统的 5S 目标

物流系统是社会经济系统的子系统，其目标与社会经济系统的运行目标相契合，即追求最大的宏观和微观经济效益。宏观经济效益表现为物流系统对整个社会流通及国民经济的作用，微观经济效益可以概括为企业借助物流活动产生的利润。总体而言，物流系统具有服务（service）、快速（speed）、低成本（saving）、规模优化（scale optimization）、库存控制（stock control）五个目标，即“5S”目标。

### （一）服务

物流系统的 5S 目标

物流活动具有服务性质，物流系统的基本功能是提供服务。物流系统应始终以用户为中心，提供优质的生产服务、流通服务和售后服务。这种优质的服务具体表现在不缺货，安全可靠地运输、储存、加工、装卸搬运，为客户提供信息支持、技术咨询和售后服务等方面，几乎贯穿于物流活动的各个环节。

### （二）快速

快速不仅仅是对物流各环节的要求，也是对整个物流系统的要求。在社会化大生产背景下，快速、及时的物流服务对企业抢占市场先机起着决定性作用。在物流领域，采用直达物流、联合物流（多种运输方式联合）等，是物流企业实现快速服务的有效措施。

### （三）低成本

节省成本在某种程度上就是创造利润，是提高社会或者企业相对产出的重要手段。推行集约化经营方式、使用先进的物流设备、增强物流各环节的衔接程度，都可以达到降低成本这一目标。

### （四）规模优化

规模效益是生产领域的重要概念，主要指企业将生产要素等比例增加时，产出增加价值大于投入增加价值的情况。只有当经营规模扩大，其产量增加的比例大于全部要素投入量增加比例时，这种经营规模才具有规模效益。

物流系统规模优化目标要求物流企业在建立物流系统时，应合理地处理物流设施（如仓库、物流中心等）的集中与分散问题，物流设施机械化与自动化程度问题等。

### （五）库存控制

库存过多，会导致物料积压，增加储存成本；库存过少，会影响生产活动的开展。一个运作良好的物流系统，其输入和输出需要始终保持平衡，即物料的购入和消耗始终处于平衡状态，这就需要物流系统确立库存控制目标。

## 四、物流系统的构成要素

物流系统由资源要素、功能要素、节点线路要素、物质基础要素和流动要素等构成。

### （一）资源要素

物流系统的资源要素一般包括人、资金、物的要素以及其他要素。

（1）人的要素。此处的“人”是指参与物流活动的所有劳动人员。人是物流活动的关键要素，是物流系统的主体。提高物流从业人员的素质，是建立合理的物流系统并使之运作的根本。

（2）资金要素。物流服务属于商品的范畴，需要以货币作为支付媒介，不仅物流活动各环节需要资金的支持，物流系统的建设也需要投入大量的资金。

（3）物的要素。此处的“物”是指物流活动所涉及的一切实体物质，既包括各种原材料、半成品、制成品，又包括支持物流活动开展的设施设备。

（4）其他要素。其他要素是指开展物流活动所需要的管理技术、管理方法、信息技术等。

### （二）功能要素

一般认为，物流系统的基本功能有六项，即运输、储存、装卸搬运、流通加工、配送及信息处理。这些基本功能组合在一起，就构成了物流的总功能。

（1）运输功能。物流运输包括货物供应及产品销售过程中车、船、飞机的运输，以及企业生产过程中管道、传送带等的运输。对于运输活动，一般要求采用技术经济效能最好的运输方式，合理确定运输线路，以实现安全、迅速、准时、价廉的目标。

（2）储存功能。该功能包括收货、检验、分拣、保管、出货等仓储管理功能和对在库货物的品种、数量、金额、储存方式、时间等进行管理的库存管理功能。

（3）装卸搬运功能。装卸搬运包括对运输、保管、加工等进行的衔接活动，以及货物检验、维护、保养等活动中进行的装卸活动。

（4）流通加工功能。流通加工是为了满足客户的需求，在流通过程中对产品实施的简单加工作业活动（如分割、计量、分拣、刷标志、拴标签、组装等）的总称。

（5）配送功能。配送集经营、储存、分拣、线路和行程规划、车辆调度、产品组配、装卸搬运于一体，是物流系统重要的功能要素。

（6）信息处理功能。该功能主要是对物流活动进行计划、预测、控制及收集、筛选、统计物流信息，以支持以上五项基本功能。

### （三）节点线路要素

物流节点如车站、仓库、物流中心、港口、空港以及连接这些节点的运输线路，称为物流系统的节点线路要素。这些节点和线路互相联结，并且在统一的物流系统目标下运作，无论哪个节点或者哪条线路出现问题，都会影响整个物流系统。

（1）物流节点是指物流线路的结节之处，包括所有进行产品中转、集散、储存的节点。物流节点是物流网络的中枢，发挥着协调调度、决策控制的核心作用。

（2）物流线路是指所有可以行驶和航行的陆上、水上、空中的线路。物流线路连接物流节点，为运输工具提供定向移动的通道，是运输工具赖以运行的基础。

知识链接

**物流线路的分类**

根据载体类型，可将物流线路分成五类：铁路、公路、水路、航空线路和管道。

根据线路之间的关系，可将物流线路分成两类：干线和支线。

根据物流的流向，可将物流线路分成两类：上行线路和下行线路。以铁路为例，从支线到干线称为上行，从干线到支线称为下行。

### （四）物质基础要素

物流系统的建立和运行离不开大量的设施、设备和技术，它们构成了物流系统的物质基础，决定了物流系统的水平。或者说，物流系统的物质基础决定了物流效率。

（1）物流设施。物流设施是支撑物流系统运作的最基本的物质条件，包括物流中心、货运站、仓库、公路、铁路、港口等。

（2）物流设备。物流设备是物流系统运转的保障，包括仓库货架、加工设备、运输设备、装卸机械等。

（3）物流技术。物流技术是物流活动中采用的自然科学与社会科学方面的理论、方法，以及设施、设备、装置与工艺的总称。物流技术既包括物流实物作业技术，也包括物流信息技术。

### （五）流动要素

从“流”的角度来分析，任何一个具体的物流业务都可以分为七个要素，即流体、载体、流向、流量、流程、流速和流效。

（1）流体：物流的作用对象——“物”。

（2）载体：用以承载“物”的设备，既包括储存设施、运输工具、包装容器，也包括铁路、港口等。

（3）流向：“物”移动的方向。

（4）流量：“物”的数量表现，或“物”的数量、重量、体积等。

（5）流程：物流线路的数量表现或物流经过的里程。

（6）流速：“物”流动的速度。

（7）流效：“物”流动的效率、效益、成本，以及涉及的服务内容、水平等。

## 同步案例

### 物流系统流动要素表

物流系统的流动要素是相互联系的。以某品牌冰箱的运输为例，流体是产品型号为BCD-220WYK1DQ的冰箱，载体是载重*为12 t的卡车1台，流向为南京至长沙，流程约为876 km，流速为73 km/h，如表1-1所示。而流效则需要通过冰箱的制造成本、运输费用、销售收入等数据来综合评价。

表1-1　某品牌冰箱在运输过程中的流动要素

| 要素 | 流体 | 载体 | 流向 | 流量 | 流程 | 流速 |
|---|---|---|---|---|---|---|
| 具体内容 | （1）冰箱<br>（2）产品型号BCD-220WYK1DQ | （1）卡车1台<br>（2）载重12 t | 南京→长沙 | （1）共10台<br>（2）每台重57 kg，体积为2 $m^3$<br>（3）总质量为570 kg，总体积为20 $m^3$ | 876 km | 73 km/h |

## 课堂讨论

**课堂讨论一：**

绝大多数产品只有经过包装，才能进入流通环节。请问：快递包装袋（箱）是流体还是载体？判断标准是什么？

**课堂讨论二：**

在物流过程中，为了便于产品的运输、储存、装卸、发货和收货等作业，常常需要将产品再次包装成特定的单元，即物流包装。那么，物流包装在物流过程中是作为流体还是作为载体存在的？

## 任务实施

【任务一】

2～3人一组，以小组为单位讨论下述物流活动分别属于哪种物流系统，老师随机选择几组学生进行解答。

（1）鱼类养殖商将500斤青鱼运送到其所在市区的某餐馆中。

（2）小张用拖车将耳机零部件从公司的零件生产厂房运送到组装厂房。

* 行业习惯称为载重，实指卡车准许承载货物的最大质量，单位为吨（t）。

（3）某手机厂商回收国外用户的废弃电池。

【任务二】

请同学们尝试收集一款产品的物流信息，制作一张物流系统流动要素表。

# 任务二 认识物流系统规划与设计

## 任务导入

一天，工程师老张向李辉讲解了几个物流系统规划的失败案例。这些案例失败的原因非常相似：过于注重物流系统中某些子系统的经济效益，而在整个物流系统的系统性和可行性方面考虑不足；没有准确把握物流企业的定位及其所处的环境，从而导致物流系统中部分环节的成本居高不下，整个物流系统的投入与产出比非常高。

听到这里，李辉意识到自己对物流系统规划与设计的了解还不够深刻。

那么，什么是物流系统规划与设计？它需要遵循哪些原则？影响物流系统规划与设计的因素有哪些？

## 知识讲解

## 一、物流系统规划与设计概述

### （一）物流系统规划与设计的概念

物流系统规划与设计包括物流系统规划和物流系统设计。物流系统规划是关于物流系统建设的全面长远发展计划，是进行可行性论证的依据；物流系统设计是指在一定技术与经济条件下，预先对物流系统的建设制订详细的方案，它是项目运作与施工的依据。两者既有相同点，也有不同点。

（1）相同点在于两者都属于物流项目的高阶段设计过程。

（2）不同点在于，物流系统规划强调宏观指导性，物流系统设计强调微观可操作性。

一般情况下，物流系统规划与物流系统设计联系紧密，难以完全分割。人们往往将其合二为一，称作物流系统规划设计。

**小提示**

项目设计一般分为三个阶段，包括初步设计、技术设计和施工图设计，高阶段设计是指初步设计、技术设计以及在此之前的有关建设项目的一系列调查研究工作。

### （二）物流系统规划与设计的目标

物流系统规划与设计的目标主要有以下几项：

（1）以最经济的方式将规定数量的货物按照规定的时间和要求送达目的地。

（2）确定物流节点的数量，确保物流节点分布合理。

（3）将库存维持在合适的水平。

（4）确保运输、装卸、配送等物流作业的效率最优。

（5）在确保物流系统各项功能正常发挥的基础上，最大限度地节省成本。

（6）实现物流和信息流的有效融合，保证物流信息畅通。

### （三）物流系统规划与设计的内容

物流系统规划与设计的内容主要包括以下几个方面。

#### 1．物流系统需求预测与战略规划

物流系统需求即物流需求，是指对运输、储存、装卸搬运、流通加工、配送及相关信息处理等物流活动的需求。需求预测是物流系统规划与设计的前提，在开始规划与设计前，需要先对物流需求进行预测。

物流系统战略规划是为确定物流发展方向、发展模式等制订的长远性、全局性的规划，包括物流系统战略环境分析、战略方案制订、战略方案实施与控制等。

复兴之路

**《商贸物流高质量发展专项行动计划（2021—2025年）》发布**

商贸物流是指与批发、零售、住宿、餐饮、居民服务等商贸服务业及进出口贸易相关的物流服务活动，是现代流通体系的重要组成部分，是扩大内需和促进消费的重要载体，是连接国内国际市场的重要纽带。

为贯彻落实党中央、国务院关于畅通国民经济循环和建设现代流通体系的决策部署，推进商贸物流高质量发展，商务部等九部门于2021年8月6日联合发布了《商贸物流高质量发展专项行动计划（2021—2025年）》（以下简称《计划》）。

《计划》指出，要立足新发展阶段，贯彻新发展理念，深化供给侧结构性改革，注重需求侧管理，加快提升商贸物流网络化、协同化、标准化、数字化、智能化、绿色化和全球化水平，健全现代流通体系，促进商贸物流提质降本增效，便利居民生活消费，推动经济高质量发展，为形成强大国内市场、构建新发展格局提供有力支撑。

资料来源：中国政府网，
http://www.gov.cn/zhengce/zhengceku/2021-08/10/content_5630532.htm

#### 2．物流网络规划与设计

物流网络规划与设计就是对产品从供货点到需求点的整个流通渠道所做的规划与设计，包括使用什么样的节点，节点的数量和位置，如何给各节点分派产品和客户，节点之间使用什么样的运输服务，以及如何进行服务。

#### 3．物流节点规划与设计

物流节点规划与设计包括两个方面的内容：一是节点选址，即根据费用或其他选择标准确定节点（如物流中心、配送中心、分公司）的最佳位置；二是节点内部布局，即节点内设施的布置。

#### 4．物流运输系统规划与设计

物流运输系统规划与设计的主要目的是确定最佳的运输线路，以节省运输成本。其主要内容包括运输方式的选择和运输系统线路规划与设计。

#### 5．物流信息系统规划与设计

物流信息系统规划与设计是物流信息系统开发的基础，也是对其进行的总体部署，主要包括确定物流信息系统的目标、分析物流系统的组织业务流程及评价现有信息系统。

## 二、物流系统规划与设计的原则

物流系统的子系统、物流系统之间以及物流系统与外部环境之间都是相互影响的，在进行物流系统规划与设计时，需要遵循一定的原则。

### （一）系统性原则

系统性原则要求在进行物流系统规划与设计时，必须对物流系统中的各种要素进行系统思考。物流系统是一个由多种物流要素构成的复杂系统，各功能要素间存在“效益背反”现象。

从宏观层面看，物流系统是社会经济系统的子系统，物流系统的规划与设计需要符合社会经济系统规划与设计的要求。在进行物流系统规划与设计时，必须坚持发挥优势、整合资源、全盘考虑、系统最优的系统性原则。

### （二）可行性原则

可行性原则要求在物流系统规划与设计过程中，必须使各规划要素满足既定的资源约束条件，即不论从经济层面还是技术层面，现有资源都能够确保规划与设计工作顺利开展。

在进行物流系统规划与设计时，需要把握社会经济总体水平、物流业发展水平和企业自身规模，既要体现物流系统规划与设计的前瞻性和发展性，又要将其控制在企业能够承受的范围之内。

### （三）经济性原则

经济性原则是指在保证一定功能和服务水平的前提下，物流系统规划与设计应追求最低的成本，并实现系统收益最大化。经济性原则主要体现在以下几个方面：

（1）连续性。物流系统规划与设计应能保障各物流要素在整个物流系统运作过程中的顺畅性，避免不必要的浪费。

（2）柔性化。进行物流系统规划与设计时，要考虑各种因素的变化会对物流系统带来什么影响，以便后续不需要投入过多资金就可以对系统进行调整和优化。

（3）资源的高利用率。物流节点及其设备属于物流企业的固定成本，不管资源利用率如何，这些固定成本是不变的。因此提升各种设施、设备的利用率，就可以降低物流成本。

### （四）社会效益原则

社会效益原则是指物流系统规划与设计应考虑环境污染、资源节约等问题，以实现整个物流系统的可持续发展。目前，社会效益原则越来越受到企业的重视，许多物流企业引进了绿色物流管理方法（如绿色生产管理、绿色运输管理、绿色储存管理、绿色流通加工管理等），并取得了良好的经济效益和生态效益。

和谐共生

#### 绿色物流

绿色物流是指通过充分利用物流资源并采用先进的物流技术，合理规划和实施运输、储存、装卸、搬运、包装、流通加工、配送、信息处理等物流活动，降低物流活动对环境影响的过程。与传统物流相比，绿色物流在目标、行为主体、范围及理论基础等四个方面有如下特点：

（1）绿色物流的目标是可持续发展，实现该目标不仅要考虑经济效益，还要考虑社会效益和环境效益。

（2）绿色物流的行为主体更多，不仅包括专业的物流企业，还包括产品供应链上的制造企业和分销企业，以及不同级别的政府和相关行政主管部门。

（3）绿色物流的范围更广，不仅包括产品生产的绿色化，还包括物流作业环节和物流管理全过程的绿色化。

（4）绿色物流的理论基础更广，包括可持续发展理论、生态经济学理论和生态伦理学理论等。

### （五）客户服务驱动原则

在当前需求方主导的消费背景下，物流系统一定要以市场为导向，以客户为中心。在进行物流系统规划与设计时，要考虑在时间、地点、交易方式等方面为客户提供方便，尽可能提升客户的满意度和忠诚度。

## 三、物流系统规划与设计的作用

物流系统规划与设计的作用主要体现在以下几个方面。

### （一）减弱物流过程中的“效益背反”现象

物流系统的运作过程往往持续很长时间，系统的每个功能在运作时不可避免地会与其他功能的目标相冲突，即出现“效益背反”现象。如果不对物流系统进行合理的规划与设计，统一运作目标，各环节便会朝着有利于自己的方向发展，“效益背反”现象就有可能更加严重。

### （二）避免重复建设造成资源浪费

进入物流领域的门槛较低，而建设一个运作良好的物流系统的成本较高，这直接导致低水平重复建设现象（如大量建设物流园区、物流中心、配送网点等）频繁发生，尤其是近年来我国物流业的快速发展引发了“物流投资热”，大量资金涌入物流领域并且被用于低水平重复建设。如果不从宏观上对物流系统进行规划与设计，就会造成严重的资源浪费。

### （三）推动物流行业加速发展

我国物流系统建设起步较晚，与发达国家有些许差距。要实现“弯道超车”，跨越发达国家几十年时间的低水平发展阶段，就目前我国的宏观经济情况和技术水平而言，是完全有可能的。但是如果缺乏合理的规划与设计，让地区和企业自己摸索，他们必然会从自身的利益出发，从而很有可能走上低水平发展的道路。

### （四）提升企业竞争力

在粗放型生产阶段结束之后，生产企业面临着转型升级的压力。过去投入大量资源在生产方面的发展方式使企业难以快速适应日益多变的市场环境，因此现在越来越多的生产企业将制造业务外包，这样就必须建立诸如供应链之类的物流系统。由此可见，物流系统规划与设计对生产企业提升竞争力也是非常重要的。

## 四、物流系统规划与设计的影响因素

要制订出合理的物流系统规划与设计方案，必须考虑如下因素。

### （一）物流服务需求

物流服务需求包括服务水平、服务地点、服务时间、产品特征等因素，这些因素是进行物流系统规划与设计的基础。由于市场环境和竞争对手都是不断变化的，要想抢占市场先机或者打败竞争对手，就必须紧紧围绕物流服务需求来设计物流系统，以便为客户提供更加优质的物流服务。

### （二）经济发展水平

经济发展水平涉及经济规模、居民消费水平、产业结构等方面，它通过影响物流服务需求间接影响物流系统的规划与设计。

### （三）行业竞争力

要了解企业在整个物流行业的竞争力，需要明确行业的基本服务水平，详细分析竞争对手，从而找到自己的定位，然后根据定位建设物流系统。

### （四）地区市场差异

不同地区的物流基础设施、物流专业化程度、市场发展前景等存在差异，物流系统规划与设计需要考虑地区的差异性和非均衡性特征。

### （五）物流技术

运输技术、库存技术、包装技术以及信息技术的发展，推动了物流业革新，也对物流系统的规划与设计产生了重要影响。例如，自动分拣技术缩短了产品分拣作业时间，使运输时间更加充足，运输线路的规划与设计就有了更多选择。

### （六）流通渠道结构

流通渠道结构是指参与完成产品由生产领域向消费领域转移的各种组织机构之间的有机联系。流通渠道有多种层级，其中零级渠道是指产品从生产厂商直接流向消费者，没有任何中间机构参与，故零级渠道物流系统的规划与设计不需要考虑产品流通的中间环节。

## 任务实施

【实施背景】

J洗涤用品公司主营系列清洁剂的生产和销售。该公司的产品共200余种，主要供工业企业和公共机构使用，销售方式以直销为主。清洁剂的制造工艺并不复杂，很容易被模仿。为了应对激烈的市场竞争，该公司将高水平的服务质量作为建设重点。在24～48小时甚至更短时间内送货，是高水平服务质量的体现，这就要求公司对仓库的数量和布局进行重新规划。

J 洗涤用品公司综合考虑了以下因素后，设计了一套仓库网络调整方案。

（1）现有生产工厂、仓库、零售店的规模和分布情况。

（2）竞争对手的销售网络。

（3）调整后需要的储存成本、搬运成本、订单处理成本及运输成本。

【实施要求】

2～3 人一组，以小组为单位讨论以下问题，老师随机选择几组学生进行回答：

（1）J 洗涤用品公司此次仓库网络调整活动的目标和作用是什么？

（2）此次仓库网络调整活动应遵循哪些原则？

## 任务三 掌握物流系统规划与设计流程

### 任务导入

JZTD 物流公司接到了对 R 食品公司物流系统进行重新规划与设计的项目。以下是老张的发言：

“本次规划设计工作是针对 R 食品公司的。该企业物流系统规划与设计的目标可以概括为‘三大一小’，即最大服务、最大利润、最大竞争优势、最小的资产配置。企业物流系统与社会物流系统、行业物流系统在规划与设计方面是不同的，大家在规划设计时需要特别注意。

“R 食品公司的相关资料大家已经研究过了。今天，咱们讨论关于 R 食品公司物流系统规划与设计各阶段的工作重点及具体分工问题。”

请问：企业物流系统与社会物流系统、行业物流系统在规划与设计方面有哪些区别？企业物流系统规划与设计的基本流程是什么？

### 知识讲解

### 一、物流系统规划与设计的分类

分析问题的视角不同，物流系统规划与设计的方法与内容也有所区别。根据管理层次的不同，物流系统规划与设计有战略层、策略层、运作层之分；根据涉及范围的不同，物流系统规划与设计分宏观和微观两个层面；根据行业的不同，物流系统规划与设计涉及农产品、医药、建材、军事等多个领域。本书主要讨论宏观和微观层面的物流系统规划与设计。

## （一）宏观层面的物流系统规划与设计

宏观层面的物流系统规划与设计从社会角度认识和研究物流系统，它研究的是一定区域经济社会物流系统的总体构成，以及如何建立与运作。宏观层面的物流系统规划与设计包括社会物流系统和行业物流系统的规划与设计。

### 1. 社会物流系统规划与设计

社会物流系统规划与设计通过整合物流资源，形成服务于一个城市甚至是一个国家的社会基础服务体系。其目的在于提升全社会的物流服务水平，降低物流成本。

社会物流系统不仅是国民经济活动和区域经济发展的动脉，联系生产与消费的纽带，促进社会发展和提高人民生活水平的基础条件，也是衡量一个国家或地区现代化程度的重要标志之一。世界各国都将构筑社会物流系统作为助推经济发展、提升经济效率的重要举措，西方发达国家在几十年前就通过加大国家基础设施建设的投入力度，促进社会物流系统的形成与发展。

根据物流系统服务的地域范围，社会物流系统规划与设计可分为国家级物流系统规划与设计和区域级物流系统规划与设计。

（1）国家级物流系统规划与设计主要着眼于物流基础设施和物流网络的搭建，应该与国家基础设施建设的总体规划保持一致。

（2）区域级物流系统规划与设计应该以推动区域经济发展为宗旨，研究区域物流系统对区域经济的促进和带动作用，核心任务是对地区级物流节点进行布局和对综合物流园区的规模进行规划。布局与规划过程中，首先要设置好中枢网络，然后按照中枢网络发展区域物流系统。

### 2. 行业物流系统规划与设计

行业物流即发生在行业内部的物流。同一个行业的企业通常是竞争对手，但彼此为了共同的利益而开展物流合作的情况也十分常见。构建高效的行业物流系统需要对供应、分销、配送等物流活动进行合理规划，使企业保持紧密的合作关系。

## （二）微观层面的物流系统规划与设计

微观层面的物流系统规划与设计主要是从企业物流运作的角度进行系统规划与设计的，包括一般企业的物流活动和物流企业的活动。

根据企业物流活动的性质和范围，物流系统规划与设计分为生产物流系统、供应物流系统、销售物流系统、回收物流系统和废弃物物流系统的规划与设计；根据企业的类型，物流系统规划与设计又分为工业制造企业物流系统、商业企业物流系统、第三方物流企业物流系统的规划与设计。下面详细介绍根据企业类型分类的物流系统规划与设计。

（1）工业制造企业物流系统规划与设计。主要内容是对企业内部传统的物流运行环节进行优化，从而降低物流成本，提高作业效率。

（2）商业企业物流系统规划与设计。商业企业物流主要面向消费者，通过为广大消费者提供高效、便捷的物流服务，提高人民的生活水平和质量。商业企业物流系统的规划与设计追求物流配送的准确性和及时性，主要内容包括库存计划、配送网点布局规划、物流信息系统建设等。

（3）第三方物流企业的物流系统规划与设计。为了降低成本，越来越多的企业选择将物流业务外包给专业性更强的第三方物流企业。因此，第三方物流企业需要建设一套自己的物流系统，进行产品的运输、储存、分拨、配送等活动。

**课堂讨论**

请对下列物流系统规划与设计活动进行分类：

（1）不同城市的水果种植商合作组建仓储网点。

（2）某国制订天然气管道网络全境铺设方案。

（3）某快递公司计划增加 A 地配送网点的数量。

## 二、物流系统规划与设计的基本流程

物流系统规划与设计要根据物流系统的功能要求，以提升服务水平、运行效率和经济效益为目标。满足一定服务目标的物流系统往往由若干子系统组成，物流系统的规划与设计需要考虑子系统与整个物流系统的协调与平衡。

物流系统规划与设计的基本流程，可以根据霍尔三维结构中的逻辑维制订。逻辑维包括明确问题、系统设计、方案综合、模型化、最优化、决策、实施计划七个步骤，将其应用于物流系统的规划与设计，可得到以下基本流程。

**小提示**

本节所述物流系统规划与设计是指企业物流系统规划与设计。

### （一）识别问题

物流系统规划与设计的第一道程序就是要识别问题，清楚要研究的问题的性质。在决策前，需要花费较多的时间和精力对问题进行分析。

### （二）确定目标和约束条件

在物流系统规划与设计的流程中，确定目标和约束条件是最重要的一步。目标定位直接决定了物流系统的构成。例如，企业如果追求总投资最小，物流系统的规划与设计往往会减少物流节点的数量，选择公共仓库而非自建仓库；企业如果追求为客户提高最高水平

的服务，就需要建设更多的配送中心，使用成本更高的物流信息系统。

此外，物流系统是由许多子系统构成的复杂系统，各子系统间往往相互影响、相互制约，而且系统外部也存在很多制约因素，如市场需求波动、竞争环境变化等。因此在进行物流系统规划与设计时，一定要明确各种内外部约束条件。

### （三）收集数据，拟订方案

物流系统规划与设计方案的制订，离不开大量的参考数据。这些数据的全面程度和准确程度，直接影响物流系统规划与设计方案的可行性。调查内容主要根据物流系统规划与设计的目标和调查对象来确定。

完成数据收集工作之后，需要对数据进行分类整理，剔除异常值并进一步进行计算、分析，形成一份完整的物流系统调查报告。最后根据物流系统的目标和调查报告，拟订物流系统规划与设计的初步方案。

### （四）系统仿真分析

物流系统规划与设计的初步方案拟订完成之后，需要进行建模和仿真分析。首先将方案转换成模型，运用仿真模拟系统进行测试，然后根据测试情况修改模型中的问题，并再次进行仿真模拟，直至得到完善的系统规划与设计方案。

### （五）方案评价

对物流系统方案进行评价的目的是针对备选方案的经济、技术、操作等层面的可行性做出比较与评价，从而帮助决策者选择最优方案。主要的评价方法如下：

（1）程序评价法。程序评价法聚焦于物流系统规划与设计的程序，通过对上述四个环节进行评价，来判断设计过程是否合理。在评价过程中，需要注意三个方面的问题：① 是否充分考虑了物流系统要解决的问题，以及物流系统的内外部约束条件；② 物流系统的设计人员和企业管理层充分沟通后，对物流系统的目标与定位是否正确做出判断；③ 检查数据的真实性和可靠性，确保不存在数据造假情况。

（2）因素评价法。因素评价法是建立完整的、衡量方案成效的评价指标体系，并对评价指标赋予不同的权重，最后进行总体评价的方法。因素评价法可以分为定性因素评价法和定量因素评价法。常用的定性因素评价法包括层次分析法、模糊综合评价法、TOPSIS法等，常用的定量因素评价法有成本效益分析法、主成分分析法等。

### （六）方案实施

将制订好的物流系统规划与设计方案付诸实施是一项十分复杂的工作，方案的科学性、合理性、可行性都需要通过实际运作来检验。

在方案实施的过程中，实施人员需要注意以下几点：① 深入了解方案的设计目的和理念，如果确实存在无法实施的部分，可以在不影响方案整体目标的前提下进行调整；

② 对方案的实施过程进行跟踪并及时反馈；③ 评估实施结果并提交评估报告，作为今后物流系统规划与设计的参考依据。

## 知识链接

### 霍尔三维结构

霍尔三维结构（见图 1-2）是美国系统工程专家霍尔等人在大量工程实践的基础上，于 1969 年提出的一种系统工程方法论。霍尔三维结构为解决大型复杂系统的规划、组织、管理问题提供了一种统一的思想方法，在世界各国得到了广泛应用。

霍尔三维结构是由时间维、逻辑维和知识维所组成的三维空间结构。其中，时间维表示系统工程活动从开始到结束按时间顺序排列的全过程，分为规划、设计、分析、运筹、实施、运行、更新七个时间阶段。逻辑维是指在时间维的每一个阶段内所要完成的工作内容，包括明确问题、系统设计、方案综合、模型化、最优化、决策、实施计划七个逻辑步骤。知识维列举了需要运用的（如运筹学、控制论、社会科学、工程技术等）各种知识和技术。

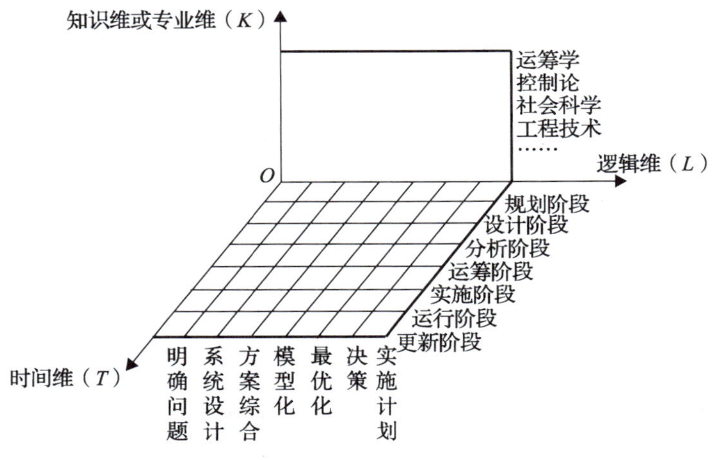


图 1-2　霍尔三维结构

逻辑维七个步骤的具体内容如下:

（1）明确问题。明确所要解决的问题及具体要求，收集问题的历史、现状和发展趋势的相关资料。

（2）系统设计。确定目标并据此设计评价指标体系。确定任务所要达到的目标或各目标分量，拟定评价标准。在此基础上建立评价指标体系，设计评价算法。

（3）方案综合。设计能完成预定任务的系统结构，拟订政策、活动、控制方案和整个系统的可行性方案。

（4）模型化。针对系统的具体结构和方案类型建立分析模型，并初步分析各种方案的性能、特点、对预定任务能实现的程度以及在目标和评价指标体系下的优劣。

（5）最优化。在评价指标体系的基础上生成并选择各项政策、活动、控制方案和整个系统方案，尽可能达到最优、次优、合理，至少能令人满意。

（6）决策。在分析、优化和评价的基础上由决策者做出决定，选定行动方案。

（7）实施计划。不断地修改、完善以上六个步骤，制订具体的执行计划和下一阶段的工作计划。

## 任务实施

【实施背景】

DY 公司是一家生产电子产品的上市公司。随着市场竞争的加剧，该公司管理层察觉到现有仓库的数量和布局已经不能满足高水平服务的需要，于是组织物流系统规划与设计小组制订仓库网络调整方案。管理层要求在保证物流系统成本最低的前提下，新的仓库网络能支持所有送货服务在 48 小时内完成。

【实施要求】

2～3 人一组，根据实施背景拟订 DY 公司仓库网络规划与设计的基本流程，以及各环节的具体工作内容。

## 项目自测

### 1. 单项选择题

（1）物流系统的主体是（　　）。

A. 人　　B. 资金
C. 设施　　D. 信息

（2）合理地处理物流设施（如仓库、物流中心等）的集中与分散问题，体现了物流系统的（　　）目标。

A. 服务　　B. 低成本
C. 规模优化　　D. 快速

（3）从流动要素角度出发，产品的数量、重量、体积可称为（　　）。

A. 流体　　B. 流程
C. 流效　　D. 流量

（4）不合格产品的返修属于（　　）的范畴。

A．生产物流系统　　B．废弃物物流系统

C．回收物流系统　　D．供应物流系统

（5）在满足了一定功能和服务水平的前提下，追求最低的成本，并实现系统收益最大化，体现了物流系统规划与设计的（　　）原则。

A．可行性　　B．系统性

C．社会效益　　D．经济性

## 2．多项选择题

（1）下列属于物流节点的是（　　）。

A．港口　　B．运河

C．机场　　D．高速公路

（2）下列属于物流系统5S目标的是（　　）。

A．子系统最优　　B．快速

C．低成本　　D．服务

（3）（　　）属于物流系统规划与设计的影响因素。

A．物流服务需求　　B．行业竞争力

C．流通渠道结构　　D．经济发展水平

（4）根据企业的类型不同，物流系统规划与设计分为（　　）的规划与设计。

A．工业制造企业物流系统　　B．城区企业物流系统

C．商业企业物流系统　　D．第三方物流企业物流系统

（5）下列属于物流系统规划与设计基本流程的是（　　）。

A．识别问题　　B．收集数据，拟订方案

C．方案评价　　D．系统仿真分析

## 3．简答题

（1）简述物流系统的特点。

（2）根据物流发生的位置对物流系统进行分类。

（3）简述物流系统的构成要素。

（4）简述物流系统规划与设计的内容。

# 项目二

# 物流系统需求预测与战略规划

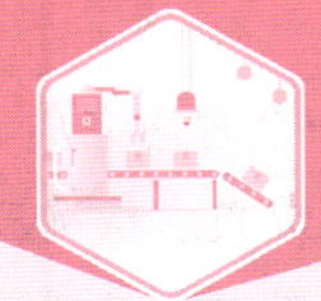

## 项目引言

就宏观层面而言，物流系统需求预测可以揭示物流市场未来的发展趋势，保证物流服务的供给与需求之间的相对平衡，使社会物流活动维持在较高水平。就微观层面而言，物流系统需求预测是企业物流系统规划与设计的基础，也是物流系统战略规划的前提。物流系统战略规划的总目标是在保证物流服务水平的前提下，使物流成本最低，进而实现最佳的经济效益、社会效益和生态效益，促进物流系统可持续发展。

## 知识目标

- ✓ 了解物流系统调研的主要内容和程序。
- ✓ 掌握物流系统调研资料的收集、分析和分类汇总。
- ✓ 了解物流系统需求预测的概念、重要性和方法。
- ✓ 熟悉物流系统战略规划的概念、内容和层次。
- ✓ 了解物流系统战略环境分析。
- ✓ 熟悉企业物流战略方案的制订、实施及其控制。

## 素质目标

- ✓ 在调研资料的收集、分析和分类汇总工作中，培养严谨、负责的工作态度和精益求精的工匠精神。
- ✓ 在制订企业物流战略方案的过程中，培养宏观和微观相结合的思维方式。

# 任务一 了解物流系统调研与需求预测

## 任务导入

老张对R食品公司物流系统规划与设计项目进行了任务分解和分工，李辉被安排到刘组长负责的系统调研小组。

刘组长告诉李辉，这次调研工作计划在一个月内完成，小组将从社会经济状况、物流资源状况、物流服务需求、竞争状况、物流技术状况五个方面调研并编写一份完整的调研报告，这份调研报告将是后续物流系统规划与设计工作的依据。李辉负责物流服务需求方面的调研，包括物流服务需求现状调研和物流服务需求预测。

请问：什么是物流系统调研？物流系统调研有哪些程序？物流系统调研资料的收集方法有哪些？李辉可以使用哪些方法对物流服务需求进行预测？

## 知识讲解

### 一、物流系统调研概述

物流系统调研是收集、分析和分类汇总物流系统规划与设计需要使用的资料的活动，是物流系统规划与设计的重要组成部分。物流系统规划与设计方案的制订建立在大量资料基础之上，方案的可靠程度依赖于调研获得的基础资料的完整性与准确性。

开展物流系统调研工作，需要确定调研的主要内容，对调研程序有充分的认识，同时还应掌握调研资料收集、整理的相关知识。

#### （一）物流系统调研的主要内容

物流系统调研必须紧紧围绕调研对象，并且服务于物流系统规划与设计的总体目标。物流系统调研可以分为宏观层面的社会物流系统调研和微观层面的企业物流系统调研，两者的侧重点稍有不同：社会物流系统调研主要收集社会经济状况和物流资源状况，而企业物流系统调研主要收集物流服务需求状况、竞争状况以及物流技术状况。

物流系统调研的主要内容

1. 社会经济状况

对社会经济状况进行调研，主要是对以下内容进行调研：

（1）社会经济运行状况和物流产业发展规划。

（2）物流产业与社会经济的关系、物流产业定位、物流产业面临的潜在风险。

（3）区域自然资源、经济资源（如购买力水平、消费支出模式、供求状态等）、人口资源（如人口规模及构成、人口受教育程度、人口流动情况等）、科技环境和社会文化环境（如风俗习惯、观念等）。

#### 2. 物流资源状况

物流资源状况的调研，分为物流设施状况调研和物流系统基本运营状况调研。其中，物流设施状况调研的内容主要包括物流节点的规模、布局、功能、交通网络、运输设备、仓储设备和信息系统等，物流系统基本运营状况包括组织管理体系、服务模式、营业状况、服务种类、作业方式、单据流程和作业流程等。

#### 3. 物流服务需求状况

对物流服务需求状况进行调研，主要是对以下内容进行调研：

（1）服务水平：包括缺货率、进货时间、服务费用等。

（2）客户分布：包括现有的和潜在的客户分布。

（3）产品类别和特征：包括产品的质量、性能、包装、尺寸等。

（4）需求特征：包括客户订单需求量的波动、订货量波动周期等。

（5）需求规模：主要指 OD 流量（从起点到终点的交通出行量）。

（6）需求服务内容：需要提供什么形式的物流服务。

#### 4. 竞争状况

调查竞争对手的物流资源、网络布局、市场份额、营业状况、服务方式等。

#### 5. 物流技术状况

调查目前物流行业新技术的应用状况、技术发展趋势、技术开发能力和开发周期等。

### （二）物流系统调研的程序

确保物流系统调研的质量，就必须对调研工作进行科学管理。按照合理的程序开展调研工作，就是科学管理的体现。下面简要介绍物流系统调研的程序。

#### 1. 确定调研目的

确定调研目的是开展调研工作的第一道程序，一般根据需要解决的问题确定。例如，企业要对某个地区的物流节点数量和布局进行调整，调研的目的就是明确该地物流节点的数量，明确每个节点物流供给与物流需求的匹配程度。

#### 2. 制订调研计划

调研目的确定之后，需要制订调研计划。调研计划包括明确调研范围、调研对象、调研的具体内容，确定调研方法，设计调研纲要（如人员、用时等）、制作调查问卷，确定调研进度、管理协调方式等。调研计划应在调研人员共同讨论的前提下制订，以明确权责，确保计划的每一步都能落实到位。

#### 3. 收集原始资料

物流系统调研工作的第三道程序是按照调研计划收集原始资料。该程序往往需要花费大量的时间和精力，并且要求综合运用多种资料收集方法，因此对调研人员的专业能力和工作态度有很高的要求。

#### 4. 资料整理分析

完成原始资料的收集后，需要对其进行检查和分类，确保数据准确、完整、真实。在此基础上，便可开展统计分析工作，以得到物流系统规划与设计需要的决策信息。

#### 5. 提交调研报告

提交调研报告是物流系统调研工作的最后一道程序。调研报告的主要内容应包括调研背景和目的、调研工作的流程、调研成果和结论，以及调研过程中得到的经验和教训。

### （三）物流系统调研资料的收集、分析和分类汇总

#### 1. 调研资料的收集方法

调研资料的收集方法可以按照不同的标准划分。按照调研的媒介，可分为口头调研、电话调研、书面调研等；按照与调查对象的接触方式，可分为直接调研和间接调研；按照调研范围，可分为普查和抽样调查，其中抽样调查又可分为随机抽样调查和非随机抽样调查；按照资料获取的途径和方法，可分为实地观察法、问卷调查法、访谈法和文献调查法。这里主要介绍实地观察法、问卷调查法、访谈法和文献调查法。

##### 1）实地观察法

实地观察法是指调查人员根据一定的调查目的、调查提纲或观察表，用自己的感官和辅助工具直接观察调查对象，从而获得资料的一种方法。

由于调查人员亲自参与调查，因此采用实地观察法获取的资料不仅针对性强，而且数据真实、可靠。采用这种方法的缺点是耗费的人力、财力和时间较多。

##### 2）问卷调查法

问卷调查法是指调查人员制订详细、严谨的调查问卷，要求被调查者进行回答以收集资料的方法。调查问卷又称调查表，一般会列出若干问题让被调查者回答，大多采用邮寄、个别分送或集体分发等方式发送。利克特量表是问卷中最常使用的一种形式。图 2-1 是××物流公司客户满意度调查问卷。

**××物流公司客户满意度调查问卷**

尊敬的受访者：

您好！我们是××物流公司的调查人员。为了更好地提升本公司的服务水平，我们特地开展此次客户满意度调查。希望您能在百忙之中抽出两分钟时间填写该问卷（在想选择的序号上打钩）。所有问题均无对错之分，仅需您根据个人经验填写，我们会对填写结果严格保密。衷心感谢您对我们工作的支持！

Q1：您对××物流公司的送货速度满意吗？

① 非常不满意 ② 不满意 ③ 一般 ④ 满意 ⑤ 非常满意

Q2：您对××物流公司所送货物的外包装情况满意吗？

① 非常不满意 ② 不满意 ③ 一般 ④ 满意 ⑤ 非常满意

Q3：您对××物流公司所送达货物的完整情况满意吗？

① 非常不满意 ② 不满意 ③ 一般 ④ 满意 ⑤ 非常满意

Q4：您对××物流公司服务人员的态度满意吗？

① 非常不满意 ② 不满意 ③ 一般 ④ 满意 ⑤ 非常满意

Q5：您对××物流公司的售后服务满意吗？

① 非常不满意 ② 不满意 ③ 一般 ④ 满意 ⑤ 非常满意

Q6：您对××物流公司的总体服务质量满意吗？

① 非常不满意 ② 不满意 ③ 一般 ④ 满意 ⑤ 非常满意

Q7：您对××物流公司的服务最满意的是？

① 送货速度快

② 货物外包装完好

③ 运输的货物完整

④ 服务人员态度好

⑤ 售后服务良好

⑥ 其他____________________

⑦ 无

感谢您参与此次调查，祝您生活愉快！

图 2-1 ××物流公司客户满意度调查问卷

问卷调查法的优点是能将问题标准化，实施成本较低；缺点主要是调查结果的真实性和准确性不高，回收率相对较低。

知识链接

### 利克特量表

利克特量表（Likert scale）由美国社会心理学家利克特于 1932 年在原有的加总量表的基础上改进而成。利克特量表由多个态度项目组成，每个态度项目有“非常不满意”“不满意”“不一定”“满意”“非常满意”五种回答，分别记为 1、2、3、4、5 分。当被调查者回答此类问卷时，会具体指出自己的认同程度。每个被调查者的回答所得分数的总和，代表了他的态度总分。

3）访谈法

访谈法是指调查人员与被调查者面对面交谈来获取资料的方法。访谈法可分为结构式访谈和非结构式访谈，前者是按统一的设计要求和一定结构的问卷进行的比较正式的访谈，后者则是没有定向标准化程序的自由交谈。

访谈法的优点在于能够根据被调查者的回答灵活改变问题，能对被调查者的态度与动机等有较深层次和较详细的了解；缺点在于实施成本高，调查人员需要具备良好的沟通技巧和应变能力。

4）文献调查法

文献调查法是从第二手资料（特定的调查人员按照原来的目的收集、整理的各种现成资料）中收集信息的调查方法，是一种非介入式（不直接与调查对象接触）的调查方法。采用文献调查法前，调查人员要注意核实第二手资料的真实性和可靠性。

文献调查法的优点主要在于适用范围广，基本没有不可控因素（如不受调查人员主观偏好、调查地点变动的影响），与其他调查方式相比费用较低；缺点在于资料的时效性和准确性可能较差。

知识链接

### 随机抽样调查

随机抽样调查是一种完全依照机会均等的原则进行的抽样调查方法。随机抽样调查有四种基本形式，即简单随机抽样调查、等距抽样调查、类型抽样调查和整群抽样调查。随机抽样调查具有以下特点：

（1）按照随机原则抽取调查对象。所谓随机原则，是指样本的抽取不受任何主观因素及其他系统性因素的影响，所有调查对象被抽中的机会相等。

（2）由样本指标推断总体指标。根据数理统计原理，样本指标和要估计的总体指标之间总是存在某种偏差，这种偏差称为抽样误差，是可以计算出来的。

（3）抽样误差可以事先计算并加以控制。由样本指标推断总体指标时，不可避免会产生随机误差，但是随机误差可以根据有关资料事先计算并进行控制。

由此可见，随机抽样调查是一种由样本指标推断总体指标的方法，这种推断方法是科学的，推断结果是可靠的。

2. 调研资料准确性分析

收集完调研资料后，应该对这些资料的准确性进行分析，具体包括以下内容：

（1）检查调研资料是否存在异常数据。对于调研资料中出现的不具有代表性的极端数据，或无法查明原因的异常数据，可以根据情况适当删除。

（2）检查调研资料是否存在较大误差。误差是不可避免的，其产生原因主要有两种：

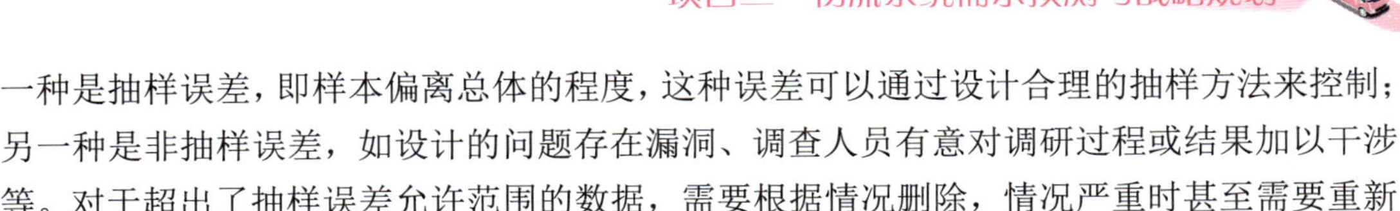

一种是抽样误差，即样本偏离总体的程度，这种误差可以通过设计合理的抽样方法来控制；另一种是非抽样误差，如设计的问题存在漏洞、调查人员有意对调研过程或结果加以干涉等。对于超出了抽样误差允许范围的数据，需要根据情况删除，情况严重时甚至需要重新进行调研。

（3）检查调研资料是否完整。以问卷调查法为例，调查过程中经常出现数据填写不完整的情况，这时可以使用插值法补充缺失值。

### 3．调研资料的分类汇总

为了便于统计分析、发现规律，对收集到的资料要按照空间结构和时间结构进行分类汇总。空间结构是指资料的来源地区、行业、层次等，时间结构是指调研时间和数据产生的时间。以物流服务需求调研为例，不同区域、不同行业对物流服务的需求存在差异，因此需要对数据分类汇总，便于开展后续的统计分析工作。

## 二、物流系统需求预测的概念和重要性

### （一）物流系统需求预测的概念

物流系统需求预测是指用定性或定量的方法对物流系统运输、储存、装卸搬运、流通加工、配送等的作业量进行预测和推算。物流系统需求预测是物流系统规划与设计工作的基础，物流系统作业量的多少、作业涉及的范围和作业时间，是确定物流系统规模、资源投入、运作能力和经营框架的重要依据。

**小提示**

规划、设计物流系统前，一定要准确地预测和推算物流系统要处理的作业量。按照期限的长短，预测一般可分为长期预测、中期预测、短期预测和近期预测。长期预测的期限通常在 5 年以上（含 5 年），中期预测的期限通常在 1～5 年（含 1 年），短期预测的期限通常在 3 个月～1 年（含 3 个月），近期预测的期限通常小于 3 个月。

### （二）物流系统需求预测的重要性

物流系统需求预测的重要性主要体现在以下两个方面：

（1）物流系统需求预测是制订物流系统战略规划的重要依据。通过需求预测，可以揭示和描述物流市场的发展趋势，明确物流行业的发展方向，有助于对物流系统内外部可能出现的各种问题提前采取应对措施。同时，预测结果可以作为制订物流系统战略规划的重要依据。

（2）物流系统需求预测是物流管理活动的起点。物流管理活动涉及的计划、组织、指挥、协调、控制职能，都是以物流系统需求预测为基础的，即一切物流管理活动都是从

需求预测开始的。

## 三、物流系统需求预测方法

要进行物流系统需求预测，必须掌握一些常用的预测方法，即定性预测方法和定量预测方法。

### （一）定性预测方法

一般情况下，影响物流系统需求预测的相关信息是模糊、主观、无法量化的，也很难找到相关的历史数据。由于我国物流业统计工作起步较晚，物流数据资源有限，因此定性预测方法在我国的应用范围比较广泛。

#### 1. 德尔菲法

德尔菲法又称专家调查法，是一种采用匿名发表意见的方式收集专家意见的方法。在实际操作过程中，各专家只与组织人员沟通，不产生横向联系，并且需要多轮次填写调查问卷。经过反复征询、归纳、修改，最后由组织人员汇总成专家基本一致的看法作为预测结果。采用德尔菲法进行物流系统需求预测的步骤如下：

德尔菲法

（1）确定预测的内容，拟定预测工作的提纲，制作调查问卷。

（2）联系一批物流领域的专家（一般以 20 人左右为宜），向他们提供预测背景资料和问卷，说明问卷填写期限和方法，要求他们针对问题给出预测结果和依据。

（3）对收回的问卷进行汇总，列成图表进行对比，再分发给各位专家，让专家比较自己同他人的不同意见，修改自己的预测结果，再提交给组织人员。

（4）重复第三步，直至形成大体一致的意见。

德尔菲法的优点在于集思广益，充分利用各专家的知识储备，取长补短；缺点在于专家之间缺乏沟通，无法交流预测的依据，并且预测周期较长，甚至会出现难以达成共识的情况。

#### 2. 主观概率法

主观概率法即分析者对预测事件发生的概率做出主观估计，或者对事件动态变化做出心理评价，并以此作为市场预测结论的预测方法。

主观概率法虽是依据主观经验进行估测的方法，但在整个社会经济环境稳定、物流行业不发生重大变化的情况下，长期从事物流行业的人员和有关专家的经验和直觉往往具有较高的可靠性。主观概率法成本低、易操作、适用范围广，是小型企业进行物流需求预测的常用方法。

#### 3. 对比类推法

对比类推法是指应用类推原理，把预测目标同其他类似事物对比分析，以此来判断未

来发展趋势的预测方法。对比类推法包括产品类推法、地区类推法、行业类推法等。

对新开辟的市场进行物流需求预测，往往可以将已经成熟的市场作为类推对象，但需要对新开辟市场的政治、经济、文化环境有充分的认识。

## （二）定量预测方法

定量预测方法是运用数学工具对事物规律的发展进行定量描述，进而预测其发展趋势的方法。定量预测方法以翔实的数据为支撑，复杂程度较高，其实施需要同定性预测方法相结合，且需要建立反映预测对象变化的数学公式及模型。

常用的定量预测方法有因果关系分析法和时间序列分析法。

### 1. 因果关系分析法

因果关系分析法是对预测对象与其制约因素之间的联系进行分析的预测方法。应用该方法时，首先要找到能测量的制约因素，再建立预测对象与制约因素的因果关系模型。

大量的外部因素与物流需求构成因果关系，如经济发展水平、交通基础建设投资、商业模式的革新（如网络购物的普及）等外部因素都会对物流需求产生影响，这些因素与物流需求就构成了一元或多元因果关系。常用的因果关系分析法有如下两类：

（1）回归分析预测法。根据预测对象与其制约因素之间的关系建立回归模型（包括一元回归模型和多元回归模型），并通过回归模型进行预测。

（2）投入产出模型。建立投入与产出的相互关系模型，通过观察投入量的变化来预测产出量的变化。

### 2. 时间序列分析法

时间序列分析法是根据预测对象的纵向历史数据资料，按时间进程组成的动态数列进行分析并预测未来的方法。时间序列分析法侧重研究数据序列的相互依赖关系。

时间序列分析法的基本原理是应用过去的数据，推测事物的发展趋势，如用某地区过去五年的物流需求量预测该地区未来一年的物流需求量。常用的时间序列分析法主要包括以下几种：

（1）简单平均法。简单平均法是将前几个时段（如年、季、月、日）数据的平均值作为后一时段预测值的方法，该方法适用于变化较为稳定的预测对象。

（2）加权平均法。加权平均法是根据时间序列数据对于预测值的重要程度，为各时间序列数据分别设置重要度权数，然后将它们加权平均求得预测值的方法。

（3）移动平均法。从时间序列的第一项开始，按一定间距逐项向后移动，选择相同的项数求平均值，形成一个新的时间序列，即移动平均数列。移动平均数列对原数据进行了修正，变化趋势更加平滑。一般将移动平均数列的最后一个数值作为预测结果，或者对移动平均数列求平均值，并将该平均值作为预测结果。

（4）加权移动平均法。加权移动平均法是在各个时间序列中对每一项数值设置一个权重，然后按一定的项数计算加权平均值，接着按一定的间距逐项向后移动形成加权移动

平均数列，最后再进行预测。

（5）指数平滑法。指数平滑法也是一种加权移动平均法，该方法的思路是根据上一期的实际值和下一期的预测值推算出下下一期的预测值。比如根据三月份的物流需求实际值和四月份的预测值，推算五月份的预测值。

## 任务实施

【实施背景】

因业务发展需要，YT 物流企业计划在你当前所在的城市建立一个物流配送中心，并请你使用问卷调查法对该城市的物流需求情况进行调研。

【实施要求】

3～4 人一组，以小组为单位确定调查人群，然后设计一份调查问卷。

# 任务二 制订物流系统战略规划

## 任务导入

李辉完成了与 R 食品公司物流系统规划与设计有关的物流需求现状调研和物流服务需求预测工作，并及时提交了报告。一天，工程师老张通知所有参与编写调研报告的人员参加会议，到场的还包括 R 食品公司高层管理人员。以下是老张的发言：

“R 食品公司物流系统规划与设计的物流需求现状调研和物流服务需求预测工作已经基本结束，为了使后续物流节点规划设计、物流运输系统规划设计等工作更有针对性，我们还需要完成一项重要的任务——协助 R 食品公司完成物流系统战略规划。今天 R 食品公司的总经理、物流部门主管莅临本公司，就是来听取大家意见的。在收集数据的过程中，想必大家对 R 食品公司物流系统的现状有了一定了解，大家可以结合这份物流系统战略规划暂定方案，提出自己的建议。”

请问：什么是物流系统战略规划？该如何制订和实施物流系统战略方案？

## 知识讲解

## 一、物流系统战略规划的概念和内容

### （一）物流系统战略规划的概念

物流系统战略规划是指规划主体在充分了解市场环境及自身物流条件的基础上，为

适应未来环境的变化，对物流系统的发展目标和实现发展目标的途径、方法进行的总体谋划。这一定义包括三项主要内容：

（1）物流系统的发展目标。如提升消费者满意度、培育竞争优势。

（2）实现发展目标的途径。如预测物流系统需求，实施和控制物流系统战略规划。

（3）实现发展目标的方法。如提升服务质量、开发新的市场。

物流系统战略规划以物流系统需求预测为基础和前提，它是企业对物流系统的资源进行有效管理、提升客户满意度的重要途径。

### （二）物流系统战略规划的内容

物流系统战略规划的内容包括战略目标、战略导向、战略优势、战略态势、战略措施和战略步骤等。其中，前四项又称为物流系统战略规划的基本要点。

#### 1．战略目标

战略目标是物流系统可以在一定时期内实现和量化的成果，它为整个物流系统指明了发展方向。物流系统战略目标是物流系统战略规划的核心，一个完整的物流系统战略目标应明确阐述以下三个问题：

（1）物流系统应该做什么。

（2）物流系统应该达到什么水平。

（3）实现物流系统的目标需要多长时间。

物流系统的战略目标主要有以下几个：

（1）改进服务。在当前供大于求的市场环境下，人们的消费观念已经从只重视价格开始转向关注产品和服务的质量，企业收入在很大程度上取决于其提供的物流服务水平。虽然企业物流服务水平的提高会增加企业的总成本，但是也会使企业受益。只要成本增加的幅度小于收益增加的幅度，企业就有提高服务水平的必要性。

（2）降低成本。降低成本主要集中在降低物流中的流动成本和固定成本，即与运输和储存有关的成本，如运输方式的选择、仓库的选址和布局等。需要注意的是，寻求最低成本时，服务水平必须保持基本不变，以实现企业利润最大化。

（3）减少资本占用。在保证企业利润不变的情况下，减少对物流设施和设备的投资，使投资回报率最大化，是物流系统战略目标之一。例如，租用仓库和自建仓库的选择就是一个物流战略问题。若选择租用仓库，在短期内可以节约成本，但是会增加企业的经营风险；若选择自建仓库，则意味着企业对固定物流设施的投资增加，这将导致企业经营灵活性下降。所以企业在权衡两种方案时，如果将减少资本占用作为指导思想，就会更加倾向于租用仓库；如果将降低运作成本作为指导思想，就会更倾向于自建仓库。

#### 2．战略导向

战略导向是物流系统成长、发展，并且能够持续获取高绩效的主导方向。物流市场及物流领域的服务、技术、资源、文化等，都有可能成为物流系统的战略导向。物流战略导向的确立，既明确了物流营运的基本原则、指导规范和行动方略，又避免了竞争与发展的盲目性。

#### 3. 战略优势

物流系统的战略优势是指物流系统具备的战略层面的有利形势和地位，包括产品优势、资源优势、地理优势、技术优势、组织优势和管理优势等。对于物流企业来说，研究物流系统的战略优势，关键是要在影响物流系统成功的关键因素上形成差异优势或相对优势，同时也要注意发掘潜在优势。

例如，中国第三方物流企业在国内率先利用 GPS 提供储运服务，有了 GPS，客户可以实时跟踪订单情况，这些企业在物流行业中就具备了技术优势，又逐步形成了管理优势。

#### 4. 战略态势

物流系统的战略态势是指物流系统的服务能力、营销能力、市场规模在当前市场上的有效方位及战略逻辑过程的不断演变过程和推进趋势。研究物流系统的战略态势，应该对整个行业和竞争对手的策略有敏锐的观察力和洞察力，根据社会经济环境、行业发展趋势、竞争对手状况等对企业进行动态调整。

## 二、物流系统战略规划的层次

物流系统战略规划由高到低可分解为四个层次，分别是全局性战略、结构性战略、功能性战略和基础性战略，如图 2-2 所示。

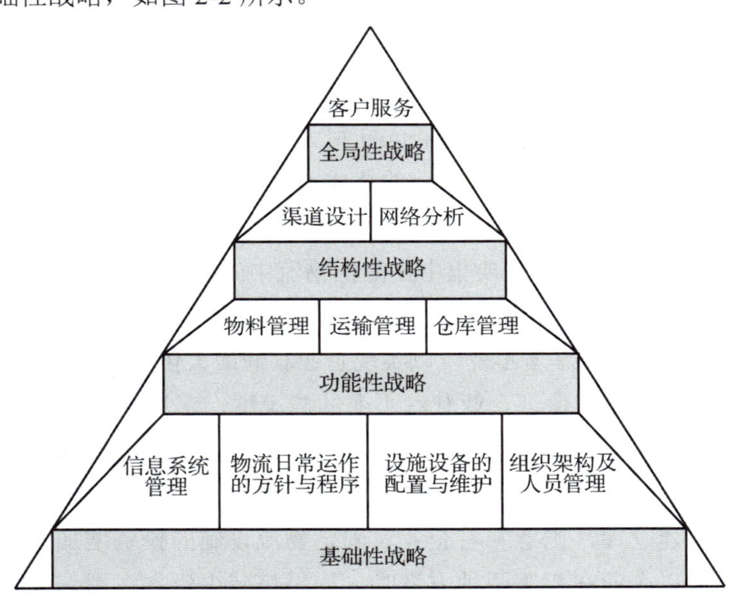


图 2-2　物流系统战略规划的层次

### （一）全局性战略

全局性战略是统领整个物流系统的战略，能起到统筹全局的作用。物流系统最重要的

目标就是为客户提供优质的服务，因此应该将提升客户服务质量作为全局性战略。提升客户服务质量，需要准确了解客户需要什么，并建立客户服务评价指标体系，以对物流系统的服务质量进行衡量。

### （二）结构性战略

结构性战略包括渠道设计和网络分析两部分。渠道设计是指建立产品流通的新渠道或改善现有渠道的一系列过程，目的在于提高物流系统的敏捷性和适应性，使物流系统成本最低。渠道设计的核心任务是确认客户服务需求和当前渠道流的匹配程度，以此设计或优化渠道流。

小提示

企业通过营销渠道将产品或服务提供给客户时，除了发生实物流动外，还发生许多其他活动或职能的流动。这些营销渠道中的活动或职能的流动就叫渠道流。物流过程中的八种渠道流分别是实物流、所有权转移、促销、谈判、财务、风险、订单、付款。

网络分析主要包括对物流系统各环节的库存状态进行分析，找出降低库存成本的方案；调查和发掘客户需求，获得市场反馈信息，找出服务水平与服务成本的关系；分析运输环境，使运输方式更加合理化；提高物流信息的传递速度和透明度。

### （三）功能性战略

功能性战略主要指通过加强对物料、运输、仓储等物流环节的管理，实现物流过程适时、适量、适地的高效运作。其主要内容有采购与供应方法策略的采用、运输工具的使用与调度优化、库存控制和仓储管理。

### （四）基础性战略

基础性战略是指物流系统正常运行的保障性战略，包括信息系统管理、物流日常运作的方针与程序、设施设备的配置与维护、组织架构及人员管理等。

## 三、物流系统战略环境分析

### （一）企业战略环境分析

企业战略环境分析是指对企业外部环境和企业内部环境进行分析。

#### 1．企业外部环境分析

企业外部环境分析分为宏观环境分析和行业环境分析。其中，宏观环境分析是指对企业产生影响的经济环境、政治环境、文化环境、自然环境、人口环境、技术环境、法律环境等进行分析。行业环境分析是对物流行业的基本情况、发展趋势、市场规模、竞争状况等进行分析。

与宏观环境相比，行业环境对物流企业有着更直接、更现实的影响。

2．企业内部环境分析

企业内部环境分析主要是指对企业内部各职能部门和生产要素进行分析。对企业职能部门的分析从横向出发，涉及部门权责、工作内容、各部门之间的沟通合作情况等；对生产要素的分析从纵向出发，涉及企业的资金状况、人员配置状况、设施设备配置状况、资源分配状况、技术能力等。

## （二）物流业市场竞争环境分析

构成物流业市场竞争环境的因素主要包括以下几个方面。

1．来自国外物流企业的威胁

随着国内物流市场规模的扩大，越来越多的国际知名物流企业开始以货运代理公司、运输公司、仓储公司、集装箱运输服务公司的形式进入中国，如美国总统轮船有限公司（APL）、美国联邦快递公司（FedEx）、美国联合包裹公司（UPS）、德国邮政敦豪集团（DHL）等。

国外物流企业在带来物流专业知识和经验，并为客户提供服务的同时，也给国内物流市场造成了一定的冲击。

2．大型企业自营物流社会化的挑战

大型生产企业与流通企业凭借着充足的资金和丰富的物流资源，在中国物流竞争格局中扮演着重要角色，其中最具代表性的莫过于京东集团的自建物流。

拓展阅读

### 京东物流集团

京东集团在2007年开始自建物流，2012年正式注册物流公司，2017年4月正式成立京东物流集团（以下简称“京东物流”）。

京东物流建立了包含仓储网络、综合运输网络、配送网络、大件网络、冷链网络及跨境网络在内的高度协同的六大网络，具备数字化、广泛性和灵活性的特点，服务范围覆盖了中国绝大部分地区和人口。它不仅建立了中国电商与消费者之间的信赖关系，还通过“211限时达”等时效产品和上门服务，重新定义了物流服务标准。

在2020年，京东物流助力约90%的京东线上零售订单实现当日和次日达。截至2021年3月31日，京东物流运营超过1 000个仓库，京东物流仓储总面积超过2 100万平方米。

资料来源：京东物流官网，https://www.jdl.cn/profile

### 3. 来自大型财团投资建立的物流企业的威胁

物流需求的增长吸引了大量闲散、找不到合适投资渠道的资金进入物流业。例如，上海某知名物流公司，其投资商本身以投资房地产项目为主。此外，上海实业控股有限公司、华北高速公路股份有限公司等大型投资商也将物流作为其投资的重点。这些新加入者在为物流市场注入新鲜血液的同时，也使物流业的整体竞争形势变得更加严峻。

## （三）物流系统战略环境分析方法

常用的物流系统战略环境分析方法有波特五力模型和 SWOT 分析法等。

### 1. 波特五力模型

波特五力模型主要用于分析企业所处的行业环境。波特五力模型是迈克尔·波特于 20 世纪 80 年代初提出的，他认为行业中存在着决定竞争规模和竞争程度的五种力量，这五种力量综合起来影响着产业的吸引力以及现有企业的竞争战略决策。五种力量分别为同行业内现有企业的竞争、潜在进入者的威胁、替代品的替代能力、供应商讨价还价的能力及买方讨价还价的能力，如图 2-3 所示。

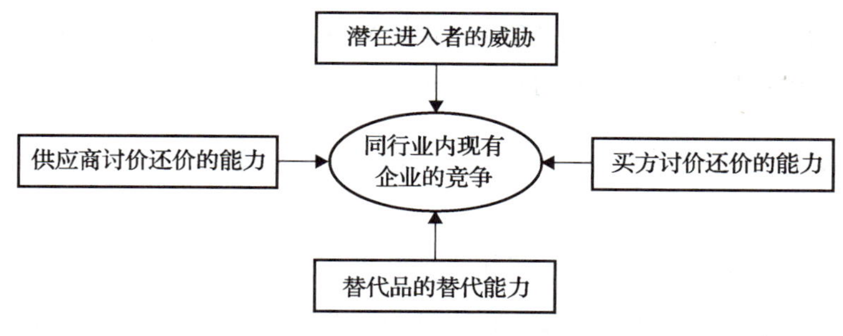


图 2-3　波特五力模型

### 2. SWOT 分析法

SWOT 分析法是指基于内外部竞争环境和竞争条件下的态势分析，通过调查将与研究对象密切相关的各种主要内部优势、劣势和外部机会、威胁列举出来，并按照矩阵形式排列，然后用系统分析的思想，把各种因素相互匹配起来加以分析，从中得出一系列结论的方法。

SWOT 中的“S”代表“strength”（优势），“W”代表“weakness”（劣势），“O”代表“opportunity”（机会），“T”代表“threat”（威胁）。在对物流系统战略环境进行分析时，应将企业“能够做的”（企业的优势和劣势）和“可能做的”（可能的机会和威胁）相结合。

SWOT 分析法的主要步骤如下：

（1）对企业的内外部环境进行分析，列出企业的优势和劣势、机会和威胁。在分析内外部环境时，一定要对企业的历史有足够的了解，同时要考虑企业未来的发展方向。

（2）将优势和劣势、机会和威胁结合起来，形成战略方案。包括 SO 发展型战略（运用优势、利用机会的战略）、ST 多角化战略（利用优势、避免威胁的战略）、WO 稳定型战略（克服劣势、利用机会的战略）和 WT 紧缩型战略（克服劣势、避免威胁的战略），如图 2-4 所示。

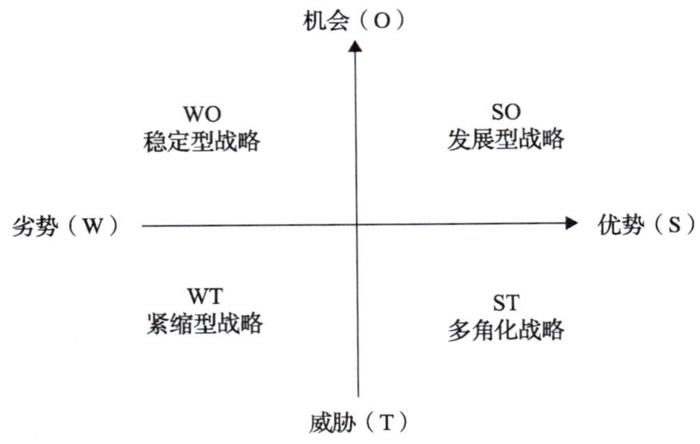


图 2-4　SWOT 分析战略选择矩阵

（3）对 SO 发展型战略、ST 多角化战略、WO 稳定型战略、WT 紧缩型战略进行甄别和选择，确定企业目前应该采取的具体战略。

同步案例

## 顺丰的 SWOT 分析

1993 年，顺丰诞生于广东顺德，2016 年 12 月 12 日，顺丰速运取得中国证券监督管理委员会批文并获准登陆 A 股市场，2017 年 2 月 24 日，正式更名为顺丰。

经过多年发展，顺丰建立了为客户提供一体化综合物流服务体系，不仅提供配送端的高质量物流服务，还向产业链上下游延伸，为行业客户提供贯穿采购、生产、流通、销售、售后的高效、稳定、敏捷的数字化、一体化的供应链解决方案，助力行业客户产业链升级。顺丰的 SWOT 分析如表 2-1 所示。

表 2-1　顺丰的 SWOT 分析

| 优势 | 劣势 |
| --- | --- |
| （1）优秀的品牌形象<br>（2）快捷、安全的运输服务<br>（3）庞大的地面运输网络<br>（4）强大的服务创新能力<br>（5）先进的数据分析能力 | （1）运输价格较高<br>（2）从业人员素质仍有较大提升空间 |

（续表）

| 机会 | 威胁 |
| --- | --- |
| （1）国民生产总值和物流需求量不断增长<br>（2）电子商务发展迅速，快递业务量不断增长 | （1）国际快递、国营快递和民营快递并存，竞争对手众多<br>（2）进入门槛低，物流企业开展低价竞争，物流业整体利润率不断下降 |

## 四、企业物流战略方案的制订

设计物流系统战略方案，不仅需要准确分析物流战略环境，还应对企业的目标市场进行准确定位，并结合“改进服务、降低成本、减少资本占用”三项物流基本战略目标，确保企业的竞争优势。

### （一）三种常见的物流战略方案

企业应根据自身情况、外部环境和目标市场，选择适合其自身的物流战略方案。一般来说，企业物流战略方案有以下三种。

#### 1．总成本领先战略

总成本领先战略是指企业通过有效途径降低经营过程中的固定成本和可变成本，使企业以较低的总成本赢得竞争优势的战略。该战略成功的关键是在满足顾客需求的前提下，形成可持续的成本优势，即企业需要找出成本优势的持续性来源，并且这种成本优势必须是竞争对手很难具备的。

需要注意的是，成本领先不等于价格最低。企业一旦走进价格最低但成本并不最低的误区，换来的很可能是无休止的价格战。因为自己的产品或服务一旦降价，竞争对手也会随之降价，但如果竞争对手的成本更低，其降价空间会更大。

#### 2．差别化战略

差别化战略是指企业以提供差别化产品或服务来获取竞争优势的战略，其核心思想是建立自己的特色。实施差别化战略可以从品牌形象、产品技术特点、服务水平、销售网络等方面着手。

实施差别化战略能够为企业培养一批忠实的客户，这些客户是企业获得竞争优势的关键。但是实施差别化战略意味着大量的投入，如研发费用、广告费用、高品质的原材料费用等，追求特色也意味着可能无法提高市场份额。

#### 3．专一化战略

专一化战略是指企业以某个特殊的客户群体、某一类产品或某个地区为核心的战略，其核心思想是为特定的客户提供服务。

实施专一化战略能够以更高的效率、更好的效果为目标对象服务，从而在该领域不断扩大市场份额。在某种程度上，实施专一化战略能够在满足特定对象的需要的同时，实现差别化服务，从而使企业的盈利潜力超过行业平均水平，这些优势也能增强企业的竞争力。专一化战略意味着企业只能从部分市场中获得高利润率，不追求在整个市场上占据最大市场份额。

### （二）企业物流战略方案的制订步骤

企业物流战略方案的制订是指企业在内外部环境分析的基础上，按照一定的程序和方法确定战略目标、划分战略阶段、明确战略重点、制订战略对策。物流战略方案的制订是一项重要且复杂的工程，其步骤大致如下：

（1）统一战略思想。战略思想主要包括竞争观念、营销观念、服务观念、创新观念和效益观念等。树立正确的战略思想需要企业管理者、专业技术人员、市场人员等共同参与。

（2）进行战略环境分析。战略环境分析主要包括企业内外部环境分析和物流资源的调配，它是制订企业物流战略方案的前提和基础。

（3）确定战略目标，即确定企业在完成物流服务过程中所追求的最终结果。

（4）制订战略实施步骤，明确战略重点。战略重点是关系全局成败的关键步骤或环节。

（5）制订战略实施对策，即制订为实现战略指导思想和战略目标应采取的措施。

（6）战略方案评价和选择。借助评价方法，选择出合适的物流战略方案。

## 五、企业物流战略方案实施及其控制

企业物流战略方案一经制订，就应当将其严格落实，并适当进行控制。

### （一）企业物流战略方案实施

企业物流战略方案的实施就是将企业物流战略方案转化为具体行动的过程。企业物流战略方案的实施是战略管理过程中难度最大的阶段，其成功与否，关系着企业物流战略目标能否顺利实现。

#### 1. 企业物流战略方案的实施阶段

企业物流战略方案的实施通常分为以下三个阶段。

##### 1）启动阶段

在这一阶段，企业管理者要研究如何将企业物流战略方案落实到企业员工的实际行动中，调动大多数员工实施该战略方案的积极性和主动性。

企业物流战略方案的实施是一个发动广大员工的过程，要求管理者先对员工进行培训，向他们灌输新的思想和观念，使他们逐渐接受并认可将要实施的物流战略方案。

2）推进阶段

在推进阶段，企业需要将物流战略方案按时间线分解为若干小方案，每个小方案都有自己的目标、策略、完成周期和具体措施，并由专门人员负责落实。

3）完善阶段

企业物流战略方案并不是一成不变的，企业内部出现突发状况（如财务问题、人员不足问题等）、外部环境发生变化等，都可能导致企业物流战略方案的实施受阻，因此在方案实施过程中需要根据实际情况对其进行调整和完善。

#### 2．保证企业物流战略方案实施的措施

可以采取以下几项措施，保证企业物流战略方案的实施。

（1）培养员工使命感和认同感。企业员工的目标、价值观、行为方式和技能各不相同，要成功实施物流战略方案，一要选择能胜任物流战略方案实施的领导者，二要让企业相关人员接受变化，调整自己的行为习惯。

（2）依靠权威力量推动。物流战略的实施意味着企业经营理念和发展方向的变化，可能会存在阻力，因此需要权威力量来推动。

（3）分阶段进行。物流战略方案是宏观、整体、综合的方案，必须将其分阶段逐步实施。

（4）调整组织结构。美国学者钱德勒认为，企业的组织结构应该为企业战略服务。任何一项物流战略方案都需要有一个与之适应的组织结构，企业的组织结构也应当根据物流战略方案进行调整。

（5）建立积极的企业文化。同样的战略方案在资源和能力相似的企业实施，效果可能并不相同，有时甚至相差很大，这很有可能是由企业文化差异造成的。积极的企业文化能对物流战略方案的实施起到支持作用，而消极的企业文化会阻碍物流战略方案的实施。

### （二）企业物流战略方案实施控制

企业物流战略方案实施控制是指把物流战略方案实施的实际效果与预定的目标进行比较，从而评价工作业绩，发现偏差并采取措施，确保达到预期的战略目标，实现企业物流战略规划的一种重要管理手段。

#### 1．企业物流战略方案实施控制的步骤

企业物流战略方案实施控制的步骤如下：

（1）确定控制标准。战略控制标准通常在战略方案实施前确定，它是战略方案实施控制的依据，一般由定量和定性两个方面的评价指标组成。定量评价指标一般包括物流效率、物流成本、投资收益、市场占有率、劳动生产率、利润、物流设施利用率等。定性评价指标一般包括战略与环境的一致性、战略与资源的配套性、战略与物流组织机构的协调性、战略执行的时间、战略存在的风险、物流服务水平等。

（2）衡量实际绩效。衡量实际绩效主要指依据相关标准检查物流战略方案的实际落

实情况，以便与预期目标做比较。衡量实际绩效是发现问题的过程，目的是给管理者提供有用的信息，为采取纠正措施提供依据。衡量实际绩效的常用方法有实地观察、分析报表资料、抽样调查等。

（3）纠正偏差。衡量实际绩效之后，应将衡量结果与相关标准进行比较。比较后，一般会出现三种情况：超过标准，即出现正偏差；与标准要求一致，即没有偏差；实际成效低于标准，即出现负偏差。在实际物流活动中，偏差是难以避免的，确定可接受的偏差范围十分重要。如果偏差在规定的范围之内，可认为实际绩效与标准吻合。如果偏差在规定的范围之外，管理者应该根据偏差产生的原因进行纠正。

### 2．企业物流战略方案实施控制的方法

企业物流战略方案实施控制的方法主要有事前控制、事中控制和事后控制。

（1）事前控制是指在物流战略实施前对其实施结果可能出现的偏差进行预测，并将预测结果与物流战略目标进行比较，判断可能出现的偏差，从而提前采取纠正措施。

（2）事中控制是在物流战略实施过程中，按照控制标准判断物流战略方案的执行情况，进而作出继续保持、调整改进、终止等决定。例如，对物流设施建设通常要进行财务预算控制，在建设一段时间后要检查是否超出了财务预算，以决定是否对该项目进行调整改进。

（3）事后控制是在物流战略方案实施结束后，将实施结果与物流战略目标相比较，判断实施情况，总结经验教训并制订行动措施，从而为将来的行动提供参考。

## 任务实施

**【实施背景】**

上海韵达货运有限公司（以下简称“韵达”）创建于1999年8月8日，总部位于上海，致力于成为领先的综合快递物流服务商。

韵达以经营快递业务为主，同时还包括供应链、国际、冷链等丰富的周边产品线。截至2020年末，韵达服务网络覆盖全国31个省（区、市）及港澳台地区，通达全球30余个国家和地区，为国内外客户提供优质的物流服务体验。2020年，韵达递送包裹超140亿件，同比增速达41%，市场份额近17%。

韵达在发展的过程中，坚持“以客户为中心”，利用科技的力量推动物流业的高质量发展，通过大数据、信息化、智能化技术打造智慧物流，构建以快递为核心的生态圈，为成为具有国际竞争力的全球化综合快递物流服务商而不懈努力。

**【实施要求】**

3～4人一组，根据上述信息，收集韵达的相关资料，编写一份SWOT分析表。

# 项目自测

## 1. 单项选择题

（1）物流系统调研的首要程序是（　　）。

A. 制订调研计划　　B. 收集原始资料

C. 确定调研目的　　D. 提交调研报告

（2）适用范围广、费用低、基本没有不可控因素的调研方式是（　　）。

A. 文献调查法　　B. 问卷调查法

C. 访谈法　　D. 实地观察法

（3）企业物流战略方案制订步骤中，第一步是（　　）。

A. 战略方案评价和选择　　B. 进行战略环境分析

C. 统一战略思想　　D. 确定战略目标

（4）从高到低，位于物流系统战略规划第二层的是（　　）。

A. 功能性战略　　B. 基础性战略

C. 全局性战略　　D. 结构性战略

（5）（　　）以某个特殊的客户群体、某一类产品或某个地区为核心。

A. 专一化战略　　B. 总成本领先战略

C. 稳定型战略　　D. 差别化战略

## 2. 多项选择题

（1）物流服务需求调研的内容包括（　　）。

A. 服务水平　　B. 客户分布

C. 技术能力　　D. 产品特征

（2）调研资料准确性分析包括（　　）。

A. 检查调研资料是否为二手资料

B. 检查调研资料是否存在较大误差

C. 检查调研资料是否完整

D. 检查调研资料是否存在异常数据

（3）下列属于定性预测方法的是（　　）。

A. 因果关系分析法　　B. 对比类推法

C. 德尔菲法　　D. 时间序列分析法

（4）下列属于物流系统战略目标的是（　　）。

A．改进服务　　B．降低成本

C．增加库存量　　D．减少资本占用

（5）企业物流战略方案实施控制的步骤包括（　　）。

A．确定控制标准　　B．衡量实际绩效

C．纠正偏差　　D．方案实施

3．简答题

（1）简述物流系统调研的主要内容。

（2）简述物流系统调研的程序。

（3）简述物流业市场竞争来自哪些方面。

（4）简述三种常见的物流战略方案。

（5）简述企业物流战略方案实施控制的方法。

# 项目三 物流系统网络规划设计

## 项目引言

物流系统网络不仅是物流系统的空间网络结构，也是物流活动的载体，它对物流活动的效率会产生直接影响。企业进行物流系统网络规划设计是为了更加有效地开展物流活动，科学、合理地发挥物流设施的各项功能，使物流系统网络的运行在各种条件下达到最优。

## 知识目标

- ✓ 了解物流系统网络的概念、类型和组成要素。
- ✓ 了解物流系统网络结构。
- ✓ 熟悉影响物流系统网络结构的因素。
- ✓ 掌握物流系统网络规划设计的内容、原则和步骤。
- ✓ 熟悉逆向物流的概念、特点和产生的原因。
- ✓ 熟悉逆向物流网络的功能和结构类型。
- ✓ 熟悉逆向物流网络结构的衡量指标。
- ✓ 熟悉逆向物流网络设计的内容和影响因素。

## 素质目标

- ✓ 了解我国加快健全农村物流体系的具体措施，感受我国建设物流强国的决心和魄力。
- ✓ 通过学习逆向物流的相关知识，坚持可持续发展理念，节约资源、爱护环境。

# 任务一 认识物流系统网络

## 任务导入

R 食品公司的物流系统规划设计工作正逐步推进。一天，工程师老张收到了 R 食品公司物流主管的邮件，以下是邮件中的部分内容：

“目前，我们公司的业务范围仅限于 L 市，产品在郊区的工厂生产加工，然后运送到市区的配送中心，最后流向零售店和超市。随着品牌知名度不断提升，公司准备调整销售计划，将业务范围拓展至临近的三个城市，但我们的运输和配送网络无法支持跨城市的产品供应。希望贵公司在规划设计物流系统时能将此项需求融入其中。”

老张看完邮件后，明白了 R 食品公司的物流系统网络属于典型的单核心节点结构，这种结构一般只适用于较小区域的物流活动。要将产品推广到其他城市，必须建立新的物流系统网络。

请问：什么是物流系统网络？物流系统网络结构有哪些？哪些因素会对物流系统网络结构产生影响？

## 知识讲解

## 一、物流系统网络概述

### （一）物流系统网络的概念

物流系统网络简称物流网络，是指通过交通运输线路连接分布在一定区域的不同物流节点形成的网络，包括物流节点的类型、数量、位置、所服务的客户群体，节点之间的连接方式以及货物在节点之间的转移方式。

实现货物从供应地到需求地的空间转移，是物流系统网络的核心功能。物流系统网络的作用，实质上就是通过中间节点的布局配置，有效实现物流起点到终点的联结。

从抽象的角度来看，物流系统网络是由点与线连接而成的网络。点代表货物流通过程中的临时经停点，线代表运输方式和线路。

从货物的流通频次及相对位移的大小来看，物流过程是由多次运输和暂存组成的。与这种流通形式对应，物流系统网络的结构也是由执行运输使命的各种线路和执行暂存使命的各种节点两种基本元素组成的。物流系统网络的规模大小、辐射能力强弱、结构合理与否直接取决于网络中这两个基本元素的匹配程度。不同的线路和不同的节点通过不同的方式相互联系、相互匹配，从而形成多种类型的物流系统网络。

### （二）物流系统网络的类型

物流系统网络一般可分为区域物流网络和服务经营网络。

#### 1. 区域物流网络

在一个经济区域内部，较小的地区之间以及企业之间的经济活动和物流活动十分频繁，物流活动成本往往在经济活动成本中占很大比重。因此在经济关联度较高的区域建立物流网络有很强的现实意义，如提升区域内部的物流效率、降低物流成本、助推经济发展等。我国长江经济带、环渤海经济区、珠三角经济区、长三角经济区等区域都在构建或重建物流网络。

#### 2. 服务经营网络

服务经营网络包括服务网络和经营网络，它们是企业在提供服务和开展经营活动过程中形成的网络，也是物流系统规划与设计的重要内容。服务网络和经营网络的规模越大，证明企业的服务能力越强。企业构建服务经营网络有以下几个作用：

（1）利用企业间的协作拓展业务范围。

（2）加强与客户之间的联系，稳固旧关系，开拓市场。

（3）在服务区域范围内布设服务网点，随时满足客户的服务要求。

（4）提高企业内部、企业之间、企业和消费者之间的信息传递效率。

### （三）物流系统网络的组成要素

物流系统网络主要由以下要素组成。

#### 1. 厂商

厂商是原材料或产品的生产者和供应者，位于物流系统网络起点位置。厂商是运输网络的重要组成部分，会对物流系统网络的其他组成要素和运输网络的规划设计产生影响。

厂商分布与物流系统网络的结构相互影响。如果绝大多数厂商的分布情况是明确的，那么物流系统网络结构的起点就基本确定了；如果物流系统网络的结构已经确定，那么厂商在选址时，就必须考虑现有物流系统网络的结构。

#### 2. 客户

与作为物流系统网络起点的厂商对应，客户是物流系统网络的终点。起点和终点是物流系统网络存在的基础。客户的需求特征和分布直接决定了物流系统网络的结构，或者说物流系统网络的结构适应客户的需求特征和分布。

客户既是物流系统网络的一部分，也是物流系统网络服务的对象。为客户提供的服务的质量，是评价物流系统是否高效的重要指标，即物流系统网络是以客户为导向的系统。

#### 3. 物流节点

物流节点是物流系统网络的重要组成部分，储存、装卸搬运、流通加工、配送等活动都是在物流节点处完成的。实际上，物流线路上的活动也是靠物流节点组织和联系的，如果离开了物流节点，物流线路上的活动必然陷入瘫痪。在物流系统网络中，可能会存在多个功能不同的物流节点，也可能存在同时具有多个功能的物流节点。

物流节点对优化整个物流系统网络起着重要作用，它已经不仅仅负责储存、装卸搬运等基本的物流活动，而是越来越多地发挥协调调度、决策控制等作用，是整个物流系统网络的神经中枢。

4. 运输线路和运输方式

厂商、物流节点和客户已经组成了物流系统网络的基本框架，这三者之间的连接需要通过运输来实现。不同的运输线路和运输方式有不同的适用范围，如铁路运输主要适用于跨城市或跨国家的运输活动，而公路运输适用于中短途运输活动。

只要涉及产品的空间移动，都需要通过运输来实现。提高不同节点之间的运输效率，是选择运输线路和运输方式的首要目标。

5. 信息系统

物流系统网络各节点之间不仅存在实体产品的流动，也存在大量的信息流动。在物流系统网络中，物流信息能否及时传递和处理，关系着整个物流系统网络的效率。

物流系统网络的规划设计，既要考虑硬件节点建设，也要考虑信息系统建设。有了信息系统的支持，物流系统网络才能够被真正激活，从而发挥效用。

6. 物流系统网络组织

物流系统网络的运行离不开人力资源与组织管理，因此在进行物流系统网络资源配置时，不仅要考虑节点配置，还要考虑人力资源的配置以及对整个物流系统网络的组织管理。只有建立一套完善、合理的物流系统网络组织和运行机制，物流系统网络才能持续良好地运转。

政策引领

### 加快健全农村寄递物流体系

在2021年7月26日举行的国务院政策例行吹风会上，国家邮政局、农业农村部、商务部有关负责人就如何进一步完善农村寄递物流体系进行了介绍。

**1. 统筹资源，推动快递服务网络下沉**

2021年上半年，我国农村地区快递收投量超过200亿件，同比增长30%以上。与此同时，消费品送不进村问题仍然存在。国家邮政局将积极推动农村寄递物流体系建设，让消费品更好进村。在网络布局上，加强农村邮政体系建设，注重发挥邮政网络在边远地区的基础支撑作用，提升农村邮政基本公共服务水平；在发展路径上，健全末端共同配送体系，统筹农村地区邮政、快递、交通、供销、商贸流通等相关资源，

推广共同配送模式。

**2. 让农产品更好出村进城**

（1）电商+寄递，协同发展助力“山货卖出去”。2014 年以来，商务部累计支持建设县级物流配送中心 1 100 多个，乡村电商快递服务站点 14.6 万个。商务部将进一步扩大农村电商覆盖面，加强分拣、包装等农产品商品化处理设施建设，提高农产品电商销售比例，优化城乡双向物流结构。

（2）建示范项目，探索专业化寄递服务模式。国家邮政局将建设 300 个快递服务现代农业示范项目。目前，已经涌现出广西玉林百香果、陕西宝鸡猕猴桃、湖北宜昌脐橙等快递服务现代农业的金牌项目，各项目年农产品发件量均超 1 000 万件。

（3）建冷链体系，加强寄递物流基础设施建设。同时，加快建设县级寄递物流公共配送中心和村级寄递物流综合服务站，加快农村邮路汽车化，加快补齐农村寄递物流基础设施短板。

**3. 简化农村网点备案手续**

为了保障农村快递网点稳定运行，促进农村快递市场健康发展，邮政管理部门将继续深化寄递领域的“放管服”改革。在守住安全底线的前提下，推动各地取消不合理、不必要的限制，简化农村快递末端网点备案手续，推动实现网上备案；开展快递市场秩序的清理整顿工作；指导各地邮政管理部门与基层党组织、村民自治组织加强协作，更好利用村内现有设施来建设村级寄递物流综合服务站。

争取到 2025 年，基本形成开放惠民、集约共享、安全高效、双向畅通的农村寄递物流体系，实现乡乡有网点、村村有服务，农产品运得出、消费品进得去，农村寄递物流供给能力和服务质量显著提高，便民惠民寄递服务基本实现全覆盖。

资料来源：人民网，http://cpc.people.com.cn/n1/2021/0727/c64387-32170828.html

## 二、物流系统网络结构

物流系统网络结构是物流系统网络运行的基本框架。将产品从供应地运往需求地有两种基本的网络形式，一种是直送网络形式，另一种是经过物流节点的网络形式，其他形式都是这两种基本网络形式的组合。直送网络形式的结构较为简单，因此本书主要介绍经过物流节点的网络形式。

经过物流节点的物流系统网络有四种常见的结构。

### （一）单核心节点结构

单核心节点结构是指在物流网络体系中只有一个核心节点，该节点同时承担物流中心和配送中心的职能，产品的流通路径为厂商—核心节点—客户，如图 3-1 所示。此外，在这种结构中，核心节点也承担信息中心的职能，所有的物流信息都经过核心节点传递和处理。

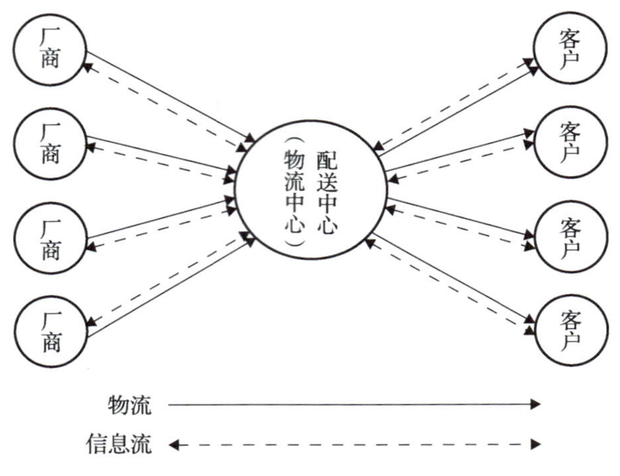


图 3-1　单核心节点结构

单核心节点结构中，没有明确划分物流中心和配送中心，厂商与客户的物流活动依靠核心节点来完成。随着物流行业客户导向意识不断增强，这种物流系统网络结构将越来越无法适应客户的需求。

### （二）双核心节点单向结构

双核心节点单向结构是指物流系统网络中存在两个核心节点，即物流中心和配送中心，产品的流通路径为厂商—物流中心—配送中心—客户，如图 3-2 所示。其中，物流中心侧重于为供应链上游厂商提供服务，而配送中心则侧重于为供应链下游客户提供服务。

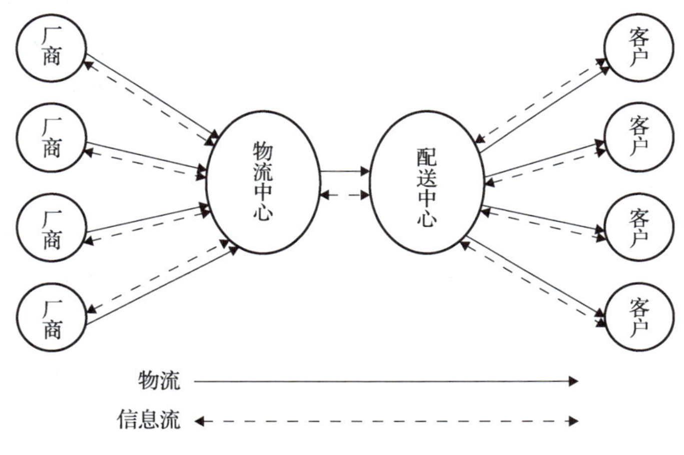


图 3-2　双核心节点单向结构

在该物流系统网络结构中，主要的物流活动发生在两个核心节点之间。这种物流系统网络结构广泛存在于一些较大的经济区域内，一些大型企业的物流活动往往也通过这种模式实现。

### （三）双核心节点交互式结构

双核心节点交互式结构与双核心节点单向结构十分相似，产品流通路径也是厂商—物流中心—配送中心—客户，但两者又存在明显的区别。双核心节点交互式结构中的物流和信息流都是双向的，即该物流系统网络中每个节点同时具有物流中心和配送中心的功能，该功能会随着环境变化以及厂商和客户的需求变化而互换，如图 3-3 所示。

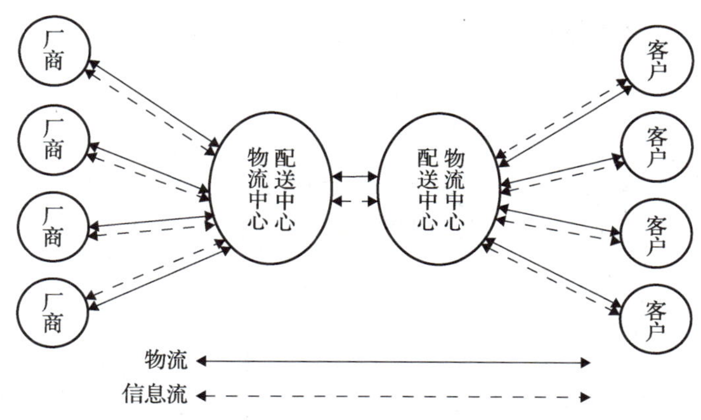


图 3-3 双核心节点交互式结构

### （四）多核心节点结构

有些物流系统网络中不仅存在一个或两个物流核心节点，而且还存在多个核心节点，绝大多数物流活动都是通过这些核心节点完成的。多核心节点物流系统网络结构与上述几种网络结构并没有本质区别，只不过是上述几种网络结构的集成，如图 3-4 所示。多核心节点结构的物流系统网络主要应用于范围较大的经济区域或大型企业的物流活动中，如跨城市的物流活动。

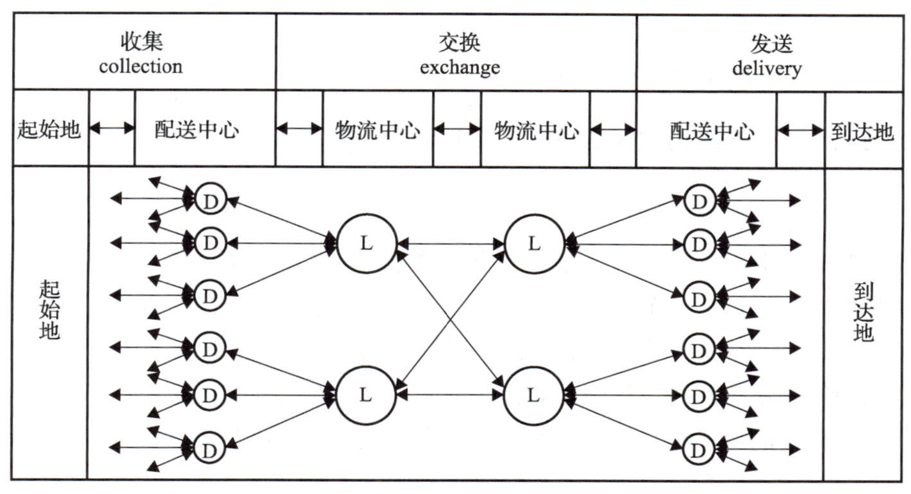


图 3-4 多核心节点结构

知识链接

## 信息流—物流双平台物流系统网络结构

物流系统网络中存在大量信息的流动。在上述四种物流系统网络结构中，信息流和物流往往是同时、同向发生的。但在企业实际运作中，也存在将信息流和物流分离的情况，形成信息流—物流双平台物流系统网络结构（见图3-5），以此提高物流系统网络的效率。

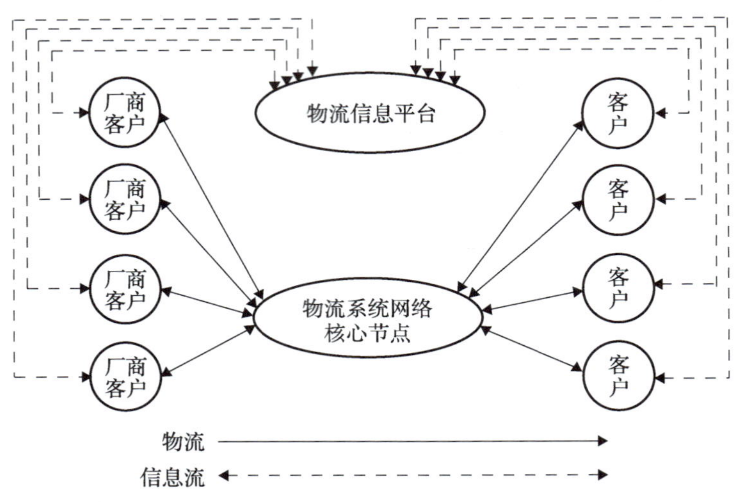


图3-5 信息流—物流双平台物流系统网络结构

物流系统网络结构并没有优劣之分，需要根据不同的环境进行选择。多数物流系统网络不是以某一种物流系统网络结构存在，而是集多种结构于一体的综合性网络结构。

## 三、影响物流系统网络结构的因素

影响物流系统网络结构的因素很多，主要包括以下五种。

### （一）企业总体战略

企业总体战略对物流系统网络结构产生直接影响，主要是因为物流系统和财务系统、信息系统等系统一样，都是企业系统的组成部分。物流系统网络的规划设计要服从企业总体战略和物流战略，并且能够支持企业战略目标和物流战略目标的实现。不同的企业战略需要有不同的物流系统网络结构与之对应。例如，采取扩张战略的企业为了更好地适应市场环境和客户需求的变化，往往选择双核心节点交互式的网络结构。

### （二）需求

需求量的大小和地理分布都会对物流系统网络结构产生影响。企业需要在需求量增长较快的地区建造新的仓库和销售网点，而关闭需求量增长缓慢或萎缩地区的部分仓库和销售网点。如果企业在一年内出现几个百分点的需求量异常波动，往往可以认为该企业需要对物流系统网络结构进行调整。

### （三）客户服务

客户服务水平体现在订单处理效率、配送准确率、送货效率及客户投诉处理是否妥当等方面。要提升客户服务水平，这些方面的成本会以更快的速度大幅增长。可见，物流成本受客户服务水平的影响很大。服务水平过低或过高都不利于系统总体效率的发挥，过低的服务水平满足不了用户需求，过高的服务水平则会带来较高的物流成本。

企业可以通过调整物流系统网络的结构来提高客户服务水平，以应对竞争的压力、政策的调整及初始服务目标的改变。但是如果客户服务水平提高的幅度很小，也不一定需要调整物流系统网络的结构。

### （四）产品特征

物流成本受产品某些特征的影响很大，如产品的重量、数量、体积、理化性质和价值等。在物流过程中，产品的特征可能因为包装设计或产品储运过程中的完工状态而发生改变。例如，将货物分解运输能够改变运输和装卸搬运等环节的费用。产品特征变化可能极大地改变物流环节中的某项成本，因此可能形成新的成本平衡点，此时就有必要对物流系统网络的结构进行调整。

**小提示**

理化性质是衡量物理性质和化学性质的指标，物理性质包括熔点、沸点、气味和颜色等，化学性质包括酸碱性、氧化性等。

物流产品特征包括产品的性质和产品生命周期。

#### 1．产品的性质

不同性质的产品所适合的物流系统网络结构可能会有所不同。下面主要从生产和销售两个方面，介绍生产资料和不同消费品所适合的物流系统网络结构。

##### 1）生产资料

生产资料是指企业进行生产时需要使用的资源或工具，可分为工业生产资料和农业生产资料。生产资料的市场特点有：① 购买者人数少，分布相对集中；② 每次购买量大，购买频率低；③ 购买的技术性较强；④ 需求弹性小。

生产资料主要以直接销售为主，因此其物流系统网络结构一般为简单的直送网络形式。

2）消费品

消费品是直接供应给消费者的产品，一般分为三类：便利品、选购品和特殊品。

便利品是指消费者购买频繁、很少进行比较或者挑选的产品。典型的便利品有粮食、饮料、洗衣粉、洗衣液等。这些产品往往需要较宽的分销渠道和众多的仓库、销售网点，以随时满足消费者的需求。便利品的分销成本往往很高，但广泛、大量的分销会带来销售额的快速增长，因此供应商需要设置足够多的销售网点，尽可能抢占市场份额。

选购品是指消费者会仔细比较其适用性、质量、价格、样式、色彩、特色、品牌，且购买频率较低的消费品，如服装、家具、家用电器等。购买选购品时，消费者会花许多时间寻找信息，以便做出比较。与便利品相比，选购品不需要大量的仓库和销售网点。在一定区域内，某个选购品供应商很可能只设置少量的仓库或销售网点，因此选购品的分销成本很低，分销渠道较窄。

特殊品是指消费者愿意花费大量时间和精力去购买的、有特殊性质的消费品，它可能是任意一种产品，如定制的西装、汽车、摄影器材、金银首饰。因为消费者愿意为购买特殊品花费时间和精力，所以特殊品供应商可以采用集中储存方式和销售方式，而不需要较宽的分销渠道，因此特殊品的分销成本通常是所有产品中最低的。特殊品供应商要考虑的核心问题是推出差异化产品，并提升品牌知名度。

**小提示**

分销渠道有宽渠道和窄渠道之分，其宽窄取决于渠道中同类中间商数目的多少。渠道中同类中间商多，产品在市场上的分销面广，称为宽渠道。例如，便利品一般由多家批发商经销，又转卖给更多的零售商，分销渠道为宽渠道。渠道中同类中间商少，产品在市场上的分销面窄，称为窄渠道。例如，某些汽车制造商直接向少量专卖店供货，再由专卖店出售给消费者，分销渠道为窄渠道。

### 2. 产品生命周期

产品生命周期是指在市场流通过程中，由于消费者的需求变化以及市场上的其他因素造成的产品由盛转衰的周期，它包含产品从准备进入市场到被淘汰退出市场的整个过程。产品生命周期分为四个阶段，即导入期、成长期、成熟期和衰退期，如图 3-6 所示。每个阶段对物流系统网络结构的要求是不同的。

导入期是新产品的推广阶段。因为产品还没有被市场广泛接受，销量处于较低水平，所以企业相对谨慎，仅设置少量的仓库和销售网点。如果产品得到市场认可，销量会在短期内快速增长，产品便进入成长期。此时企业不仅需要提升产量，也要适当增加仓库和销售网点。

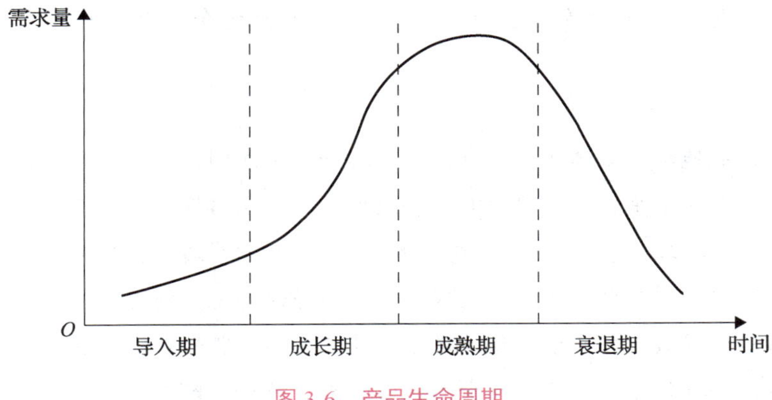


图 3-6　产品生命周期

产品的成长期一般比较短暂，随后是较长的成熟期。在这一阶段，销量增长缓慢或稳定在最高水平，不再发生剧烈变化，分销渠道也处于最宽的时期。整个市场范围内的产品供应十分充足。

成熟期过后，产品进入衰退期，销量逐渐萎缩。此时需要对仓库和配送网点进行整合，将物流资源向销量相对较高的地区倾斜。

### （五）物流成本

物流成本占企业总成本的比重，决定了企业物流系统网络结构调整的频率。对于生产高价值产品的企业（如精密仪器或数控机床生产企业）而言，物流成本可能只占总成本很小的比重，因此在销量没有发生大幅波动的情况下，企业可能就不会考虑调整物流系统网络结构。对于那些物流成本占总成本比重较大的企业（如食品企业）而言，物流成本过高会大幅降低利润率，因此企业就不得不调整物流系统网络结构。

【实施背景】

2013 年，菜鸟网络科技有限公司（以下简称“菜鸟网络”）由阿里巴巴集团联合四通一达等快递公司牵头成立。菜鸟网络专注打造中国智能物流骨干网，目标是通过自建、共建、合作、改造等多种模式，在全中国范围内建设一套开放的社会化仓储设施网络。

#### 1. 菜鸟诞生的背景及现状

天猫商城的物流服务处于良莠不齐的状态，难以形成统一的形象和口碑，加之 B2C（直接面向消费者销售产品和服务的商业零售模式）电商通过自建物流体系，使天猫商城以家电家具为代表的细分市场份额逐渐被蚕食。对此，阿里巴巴开始在物流领域发力，推出了“平台化、网络化”思维的物流体系“菜鸟网络”。菜鸟网络依托天猫商城和淘宝网的物流数据网络（天网），以及分布在全国几大重要区域的大型仓储中心（地网），开展高效的物流服务。

2．菜鸟体系大解构

菜鸟网络的智能物流立体布局逐渐清晰。其一，菜鸟网络引入银泰集团和复星集团作为股东，借力银泰和复星在全国拿地布局物流地产，据网络媒体不完全统计，菜鸟已拿下2万亩物流用地。其二，阿里巴巴与苏宁“联姻”，互相出资百亿认购对方新发行股份。通过战略合作，苏宁得到阿里巴巴导入的线上巨量消费者资源，阿里巴巴则将苏宁450万平方米仓储网络和全国线下门店资源纳入麾下。其三，由参股专业智能仓配一体化解决方案提供商——心怡科技负责天猫超市开仓的核心管理。此外，阿里巴巴还投资全峰、百世汇通、圆通快递、日日顺、卡行天下、高德和新加坡邮政等企业，完成了在智能物流领域的全方位立体布局。

资料来源：腾讯网，https://xw.qq.com/finance/2016101000955500

【实施要求】

3～4人一组，以小组为单位讨论菜鸟网络的物流系统网络的组成要素，分析其物流系统网络结构。

## 任务二 掌握物流系统网络规划设计

### 任务导人

一天，老张将规划小组的成员召集起来，召开R食品公司物流系统网络规划设计会议。以下是老张的发言：

“R食品公司计划将业务范围拓展至临近的三个城市，所以规划小组目前的任务就是设计一套新的物流系统网络方案。在规划设计过程中需要注意以下几个问题：① R食品公司以客户服务为立业根本，一定要将配送时间作为考虑的首要因素；② 新的物流系统网络要以包括L市在内的四个城市为中心进行设计；③ 新的物流系统网络方案要综合配送时间、各节点的空间位置和各环节的成本，运用数学模型得出最优解。”

请问：物流系统网络规划设计的内容有哪些？应该遵循哪些规划设计原则？物流系统网络规划设计有哪些方法和步骤？

知识讲解

## 一、物流系统网络规划设计的内容

物流系统网络规划设计就是确定产品从供应地到需求地的流动结构，包括使用什么样的节点、节点的数量和位置，如何给各节点分派产品和客户，节点之间使用什么样的运输方式，以及如何进行服务等。

物流系统网络规划设计应该在保证社会再生产顺利进行的前提下，实现各物流环节的合理衔接，使产品高效流动，使企业取得最佳的经济效益。物流系统网络规划设计的内容如下：

物流系统网络规划设计的内容

（1）确定配送中心与物流中心的数量和位置。

（2）确定每个配送中心与物流中心的规模。

（3）为产品分配配送中心和物流中心。

（4）确定各配送中心和物流中心为哪些客户提供哪些产品。

（5）确定所有物流节点间的运输线路和运输方式。

对于一个企业而言，物流系统网络规划设计十分重要，重新规划设计物流系统网络通常能节约物流总成本的 5%～10%。除降低成本外，物流系统网络规划设计也有助于改进客户服务质量，提升企业竞争力。

小提示

物流系统网络规划设计既要考虑各物流节点的地理位置，又要考虑物流节点与配送线路的协调性，包括库存策略和运输管理。

## 二、物流系统网络规划设计的原则

为了使物流系统网络达到节约资源、提高物流效率的目标，在进行物流系统网络规划设计时，需要遵循以下原则。

### （一）按经济区域建立网络

物流系统网络规划设计需要考虑并兼顾经济效益和社会效益。考虑经济效益是指通过建立物流系统网络来降低物流成本，考虑社会效益是指物流系统网络应能起到节约资源、保护环境的作用。

在一个经济区域内，各个地区或企业之间在经济上的关联性和互补性往往很大，整个区域的物流成本存在很大的下降空间。因此，从整个区域的经济发展角度考虑，建立物流系统网络是十分有必要的。

### （二）以城市为中心布局网络

城市作为厂商和客户的集聚地，其基础设施建设比较完善。将城市作为物流系统网络布局的重点，可以节省投资，提高效益。因此在宏观上进行物流系统网络规划设计，要充分考虑覆盖区域内的城市，将其作为重要的物流节点；在微观上进行物流系统网络布局，要将城市作为依托，充分利用城市现有的物流资源。

### （三）以厂商集聚形成网络

厂商集聚不仅可以降低物流系统网络整体的营运成本，而且会形成巨大的物流市场。物流是一种实体经济活动，对地域、基础节点等依赖性很强，因此很多企业把其生产基地设置在物流系统网络的中心。例如，天津经济技术开发区汇集了很多跨国公司的生产中心，形成了巨大的物流市场。

### （四）建设信息化的网络

物流信息系统是物流系统网络的重要组成部分。物流系统网络的运作不仅需要物流中心、仓库、公路、铁路等硬件的支持，还要通过搭建物流网络信息平台及时共享信息，从而实现对物流活动的实时控制。硬件基本能够保证物流活动的实现，但物流信息系统能够提高整个物流系统网络的效率。相关研究表明，科学、完善的物流信息系统能够使物流活动的效率提升3～8倍，甚至更高。

## 三、物流系统网络规划设计的步骤

物流系统网络规划设计是一项复杂的工程，按照特定的步骤开展可以节省时间和精力，避免企业重复建设或者超出预定期限。物流系统网络规划设计的步骤如图3-7所示。

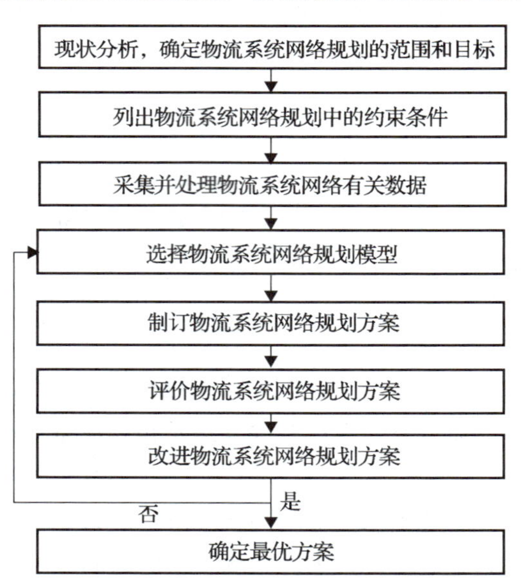


图3-7 物流系统网络规划设计步骤

### 1．现状分析，确定物流系统网络规划的范围和目标

要对一个企业的物流系统网络进行规划设计，首先要分析该企业的现状，包括物流组织结构、物流系统网络化程度等。找出该企业物流系统网络存在的问题，然后针对这些问题提出物流系统网络的规划目标。

### 2．列出物流系统网络规划中的约束条件

在规划时，首先要明确物流系统网络规划的必要性、目的和意义。然后根据物流系统的现状，明确物流系统网络规划中的约束条件，如总采购量、仓储及配送成本、最小运送时间、客户服务水平、仓储及网络处理能力等。根据这些条件制订物流系统网络的基本规划，以便缩小选址范围。

其中，客户服务水平对企业的物流成本及物流系统网络收益能力影响很大，是网络设计中的关键因素。

### 3．采集并处理物流系统网络有关数据

在提出物流系统网络规划设计的目标后，就要根据这一目标收集有关数据，确定数据资料的类型、要求及来源，分析所得数据资料的正确性，并对得不到的数据资料进行估计。例如，企业要新建一个产品销售仓库，就要收集拟建仓库的地理位置、建设成本、管理费用、与工厂及客户间的运输距离和成本、服务水平等资料。收集的数据资料要求完整、准确。对于丢失的数据，可用插值法进行估计；得不到的数据通常与未来信息有关，可用预测方法进行估计；对于异常数据，可用百分数方法进行审查，经审查确认的异常数据应该剔除，以免影响数据的准确性。

### 4．选择物流系统网络规划模型

根据物流系统网络的实际情况选择合适的模型，如图表模型、计算机仿真模型、启发式模型及专家系统模型等。

### 5．制订物流系统网络规划方案

通过资料分析，确定服务目标，然后进行选址决策、运输决策和库存决策，形成物流系统网络规划方案。

### 6．评价物流系统网络规划方案

评价物流系统网络规划方案包括对物流系统网络规划实施前和实施后进行的评价，通过比对评价结果，发现物流系统网络规划中需要改进的地方。

### 7．改进物流系统网络规划方案

根据评价结果，对物流系统网络规划方案进行改进，直至确定最优方案。如果没有得到最优方案，则返回第四步，重新选择物流系统网络规划模型。

## 同步案例

### X物流股份有限公司的网络规划

X物流股份有限公司成立于1988年，经过三十余年的不懈努力，已经发展成为国家AAAAA级物流企业。

在发展过程中，X物流股份有限公司不断兼并其他物流企业或者与其他企业进行重组，导致物流节点分布不合理。2013年与R集团旗下物流公司的重组，使X物流公司在湖南省增加了多个新的物流节点，导致全国范围内物流节点分布不均衡。因此X物流股份有限公司需要对业务有重合的物流节点进行整合，增加对物流系统网络运行起关键作用的物流节点。

X物流股份有限公司使用最优化模型对物流系统网络进行规划，具体包括以下几个步骤：

（1）模型假设。对X物流股份有限公司的物流系统网络模型做出合理化假设：公司运输业务主要采用公路厢式货车和铁路集装箱运输方式；公司承接的运输业务每天都在进行；公司仅负责将产品从生产厂运送到位于各地的代理商或分销商处；不考虑产品需求量的季节性差异；公司的运力总能满足运输要求；产品外包装尺寸按长36 cm、宽27 cm、高28 cm计算；铁路运输和公路运输可以实现无缝衔接。

（2）数据收集及处理。收集的数据包括运输成本相关数据、网络建设成本数据、储存成本相关数据和产品需求量数据。

（3）模型参数设置。将物流系统网络的层级N设为4，将用于物流系统网络规划设计的产品种类L设为6，将模型迭代次数M设为1 000。

（4）对模型进行计算。使用MATLAB软件对模型进行计算，得到各级节点间的最佳运输方式、每条线路的最佳运量、每个节点的最佳产品处理量。

（5）得出规划结论。根据计算结果得出结论：需要在成都、南京、亳州建设新的物流节点；各物流节点按照特定的网络运输路径连接后，可以实现整个物流系统网络总成本最小的目标；部分物流节点需要根据客户分布进行调整。

## 任务实施

【实施背景】

### 海尔的“一流三网”管理模式

在供应链管理阶段，海尔创新性地提出了“一流三网”管理模式。其中“一流”是指

以订单信息流为中心，“三网”分别是全球供应链资源网络、全球配送资源网络和计算机信息网络。“三网”同步流动，为订单信息流的增值提供支持。

### 1. 以订单信息流为中心，实现 JIT 过站式物流

在海尔，仓库不再是储存物资的水库，而是一条流动的河，河中流动的是按单采购的生产必需的物资。物流系统网络整合以后，呆滞物资降低了 73.8%，库存占用率减少了 67%。

海尔建立了两个国际化物流中心，改存储物资的仓库为过站式配送中心，从最基本的物流容器单元化、标准化、集装化、通用化到物料搬运机械化，逐步深入到工位的送料管理、日清管理系统的全面改革，看板拉动式管理实现了柔性生产，每条生产线每天可以生产几十个国家上百种规格的产品，实现了 JIT（just in time，准时制生产方式或无库存生产方式）过站式物流。

### 2. 整合全球供应链资源网

海尔通过整合内部资源、优化外部资源，建立起强大的全球供应网络，目前已经有许多世界 500 强企业成为海尔的合作伙伴。另外，海尔还引进国际供应商在当地投资建厂，为政府实现招商引资 40 多亿元。全球供应链资源网的整合使海尔获得了快速满足用户需求的能力。

### 3. 整合全球配送网络，形成全国性的分拨物流体系

海尔的全球配送网络已从城市扩展到农村，从沿海扩展到内地，从国内扩展到国外。海尔在全国建有众多配送中心，形成了完善的成品分拨物流体系、备件配送体系和返回物流体系，每天向专卖店和网点提供大量产品。

### 4. 建立了企业内部的信息高速公路

将用户信息同步转化为企业内部信息，实现以信息替代库存和零资金占用。海尔第三方物流使用信息化集成程度较高的 LES 物流执行系统，成功地将运输管理、仓库管理和订单管理高度整合，建立了一体化管理体系，从而提高对客户的响应速度，达到及时配送的要求。海尔集团内部的信息高速公路，能将从电子商务平台上获得的信息迅速转化为企业内部的信息，达到零营运资本的目的。

资料来源：豆丁网，https://www.docin.com/p-88323279.html

【实施要求】

3～4 人一组，讨论海尔是如何调整物流系统网络的，以及调整后收到了什么效果。

# 任务三 熟悉逆向物流网络规划设计

## 任务导入

在R食品公司物流主管发送给工程师老张的邮件中，有这样一段话：

“在企业经营过程中，经常会出现消费者不满意退货的情况。所退货物不仅使经销商库房的利用率大幅降低，而且客户的退货原因各不相同，我们很难准确知道所退货物中哪些是有质量问题的，哪些是有包装问题的，企业的生产很被动。在这次业务拓展过程中，我们的产品销量可能会成倍增长，但退货量也会随之大幅增长。”

请问：退货属于逆向物流吗？逆向物流网络应具备哪些功能？企业构建逆向物流网络出于哪些原因？逆向物流网络设计的内容和影响因素有哪些？

## 知识讲解

### 一、逆向物流概述

#### （一）逆向物流的概念

根据《物流术语》（GB/T 18354—2006）的规定，逆向物流也称反向物流，是指产品从供应链下游向上游的运动所引发的物流活动。

逆向物流有广义和狭义之分。广义的逆向物流是指与物料再利用、节约资源和保护环境有关的一切经济活动。狭义的逆向物流是指通过不同的回收模式将生产和销售的产品进行回收和处理的过程。

无论是广义还是狭义的逆向物流，均包含以下几层含义：

（1）逆向物流的最终目的是重新获得废弃产品或有缺陷产品的使用价值，或是对废弃物进行正确的处理。

（2）逆向物流是的运作对象是产品、包装等，物流方向是供应链下游到供应链上游。

（3）逆向物流活动包括对上述运作对象的回收、检验、分类、再制造和报废处理等。

（4）逆向物流活动同正向物流活动一样，也伴随着资金流、商流和信息流。

综上所述，逆向物流就是从客户手中回收产品、包装、废弃物等，对它们进行检验、分类、再制造（或报废处理）、再分销的整个过程，其示意图如图3-8所示。

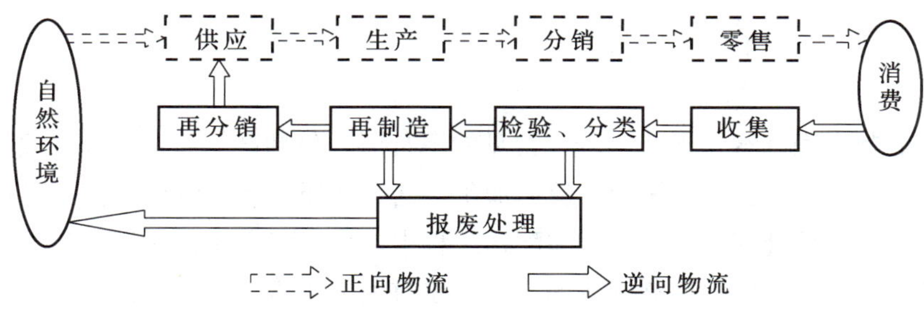


图 3-8　逆向物流示意图

小提示

逆向物流可以分成两大类，分别是回收物流和废弃物物流。回收物流是指退货、返修产品和周转使用的包装等从需方返回供方或专门的处理企业所引发的物流活动；废弃物物流是指将经济活动或人民生活中失去原有使用价值的物品，根据实际需要进行收集、分类、加工、包装、储存、装卸搬运等，并分送到专门处理场所的物流活动。

逆向物流的流体包括回收的产品、其他物品（如包装）和废弃物，回收的产品和其他物品统称为回收物品。本书将回收物品和废弃物统称为废旧物品。

## （二）逆向物流的特点

### 1. 逆向性

逆向物流中废旧物品的流向为消费者—中间商—制造商—原材料供应商，与正向物流的产品流向、起始点刚好相反。逆向物流活动中的实物流动和信息流动主要是由供应链末端的消费者引发的，但也可能由供应链上游成员（制造商、原材料供应商）引发。

### 2. 多变性

正向物流的发货地点、时间和数量都是明确的，而引发逆向物流活动的消费者的地点较为分散，废旧物品的回收地点、时间和数量都是不确定且难以预测的，因此很难将其集中起来一次性向处理场所转移。

### 3. 复杂性

废旧物品在进入逆向物流系统时，往往难以进行准确的分类，不同种类、不同状况的废旧物品常常混杂在一起，处理过程十分复杂。

### 4. 耗时长

废旧物品往往需要经过收集、检验、分类、再制造、再分销等环节，才能流通到消费者手中，有些废旧物品甚至只能加工成原材料使用。这一系列活动一般要耗费大量的时间。

### （三）逆向物流产生的原因

#### 1. 客户的退货行为

任何企业都会面临客户退货问题，常见的退货原因包括产品质量问题、数量偏差、包装损坏等。生产、运输、装卸搬运、流通加工、储存和配送等物流环节都可能使产品出现缺陷和瑕疵；在订单处理、产品出库和配送过程中，也可能出现产品型号和数量偏差及包装损坏等问题。这些缺陷、瑕疵问题的产生不仅有人为因素，也有非人为因素，即使应用精细化的物流与供应链管理，也很难完全避免。

#### 2. 企业对产品的召回行为

产品召回制度源于 20 世纪 50 年代的美国汽车行业。经过多年的实践，美国、日本、澳大利亚等国已经形成了比较成熟的产品召回制度。许多欧盟成员国制定了专门的法律，要求企业对于已经出售的产品，在知晓其缺陷后采取措施进行召回。近几年，随着消费者维权意识的提升，产品召回从最初的汽车、计算机行业迅速向手机、家用电器、日用品行业拓展。

企业对产品的召回行为主要来自两个方面：

（1）经济利益的驱动。随着资源的价格不断上升，资源供求之间的矛盾越来越突出。对使用过的产品及材料进行循环利用，逐渐成为企业降低生产成本、提升竞争力的有效途径。因此企业越来越重视对废旧物品的回收、加工等一系列逆向物流活动并积极地实施逆向物流项目。

（2）企业树立形象的需要。许多企业认识到对缺陷产品处理不当会导致企业声誉受损，甚至可能招致民事诉讼。为了使产品召回活动能够低成本、高效率地进行，企业必须事先设计逆向物流网络及逆向物流管理策略。

#### 3. 环境的压力和环保法规的约束

经济的发展、消费需求的个性化和多样化，使得产品的更新换代越来越频繁，于是便产生了大量废弃物。一方面，产品的更新换代加剧了资源的消耗；另一方面，焚烧、填埋废弃物会对环境造成污染，这使得大量废弃物的处理成为难题。

在日益严峻的环境压力下，许多国家从可持续发展的角度出发，通过制定法律对破坏环境的产品及产品包装进行严厉控制。德国于 1991 年通过了《包装废品废除法令》，强调企业有责任管理自己产生的包装废品，包括收集、分类、循环使用包装废品。欧盟于 1995 年发布了一条包装法令，要求其所有成员国到 2001 年最少要再生利用各自 95%的包装。另外，《中华人民共和国固体废物污染环境防治法》（以下简称《固体废物污染环境防治法》）对工业固体废物、农业固体废物等的回收处理也做了相关规定。

《固体废物污染环境防治法》第 66 条第 2 款规定：“电器电子、铅蓄电池、车用动力电池等产品的生产者应当按照规定以自建或者委托等方式建立与产品销售量相匹配的废旧产品回收体系，并向社会公开，实现有效回收和利用。”

《固体废物污染环境防治法》第 68 条第 3 款规定："生产、销售、进口依法被列入强制回收目录的产品和包装物的企业，应当按照国家有关规定对该产品和包装物进行回收。"《固体废物污染环境防治法》第 68 条第 4 款规定："电子商务、快递、外卖等行业应当优先采用可重复使用、易回收利用的包装物，优化物品包装，减少包装物的使用，并积极回收利用包装物。县级以上地方人民政府商务、邮政等主管部门应当加强监督管理。"

和谐共生

**绿色供应链**

绿色供应链的概念最早由美国密歇根州立大学的制造研究协会于 1996 年提出。绿色供应链的内容涉及供应链的各个环节，包括绿色采购、绿色制造、绿色销售、绿色回收以及绿色物流等。

绿色供应链是一种在整个供应链中综合考虑环境影响和资源效益的现代管理模式，它以绿色制造理论和供应链管理技术为基础，涉及原料供应商、制造商、经销商和消费者，其目的是使产品在原材料获取、加工、包装、储存、运输、使用到报废处理的整个过程中，对环境的负面影响最小，资源利用率最高。

## 二、逆向物流网络的功能和结构类型

### （一）逆向物流网络的功能

逆向物流网络具有如下功能。

1．收集

收集是将分散的废旧物品聚集起来运往处理场所的整个过程，一般包括收购、运输和储存等步骤。从分散的消费者手中收集废旧物品，往往需要借助多次小批量运输来完成，这些小批量运输的成本占据了整个逆向物流活动成本相当大的比重。因此废旧物品的收集应该尽量采用合并运输策略，如利用正向物流的回程车进行运输。

逆向物流网络的功能

2．检验和分类

废旧物品的种类繁多，价值各异，必须进行合理的检验、分类才能开展后续的处理活动。检验是对废旧物品的质量和成分进行检测，有助于相关人员较早识别没有回收价值的废旧物品，节省后续处理成本。但是检测设备价格昂贵，一般只设在规模较大的废旧物品处理场所。

如果产品不是因为质量原因而被回收，是可以继续出售的，接受退货的一方可以将回收的产品作为新的库存；如果产品是因为质量问题而被回收，一般都会退到制造商手中。制造商对回收的产品进行成本核算并分类，再进行相应的处理，如降价销售或再制造。制造商对于无法再制造的产品，会将其分解并返回给原料供应商或者直接焚烧、填埋。

3. 再处理

再处理是指对回收的废旧物品进行处理，使其重新具备相应的价值。再处理是再使用、再制造和再循环的统称。

（1）再使用针对只需进行简单处理或少量维修工作即可直接使用的产品、包装，如服装和图书等产品，玻璃瓶、塑料瓶、金属罐、木箱等包装。

（2）再制造是在保留废旧零部件的结构和功能特性的基础上，通过一系列修复活动（如拆解、检修、替换）使其质量和功能接近新产品。常见的可用于再制造的产品有发动机、机床、大型废旧轮胎等。

（3）再循环是指循环利用废旧物品中的原材料，如废旧金属、塑料、玻璃、纸张等。

4. 处置

有些废旧物品的拆分或修复对技术的要求太高，有些废旧物品已过时且没有市场，因此需要对这些由于技术、经济、市场等原因不能再利用的废旧物品进行处置。即将能作为材料回收再利用的物品进行回收处理，实在无法再利用的可以通过焚烧或填埋的方式进行处理。

## （二）逆向物流网络的结构类型

根据废旧物品的种类和回收处理方式的不同，逆向物流网络一般有四种不同的结构类型。

1. 再使用逆向物流网络

再使用逆向物流网络回收可直接再使用的物品，如各类包装，它广泛应用于饮料、食品、化工和集装箱运输等行业。由于回收的物品不需要经过复杂的处理就可以再使用，再使用逆向物流网络的功能主要是收集、运输和储存回收的物品，因此这类逆向物流网络的建设比较简单，如图 3-9 所示。

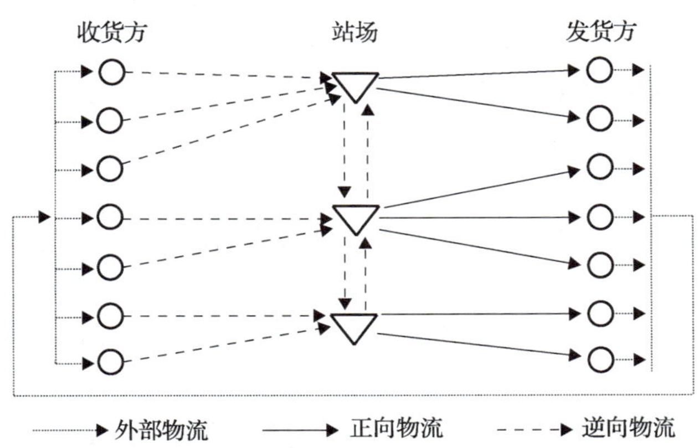


图 3-9　再使用逆向物流网络

以集装箱的流通为例，集装箱一般存放在物流服务提供商的集装箱站场，一旦有用箱请求，集装箱就会被送往发货方，用过的空集装箱从收货方收回并进行简单的清洗和维护。因此集装箱的流通应用了再使用逆向物流网络。

### 2．再制造逆向物流网络

能够再制造的废旧物品一般具有较高的价值，对其进行修复之后往往能获得可观的经济效益。再制造活动需要具备与产品生产相关的一系列技术知识，因此通常由原制造商完成。由于新产品的加工流程和旧产品的修复流程存在很多相似的地方，而且新产品和修复产品的销售市场可能重合，因此一般将再制造逆向物流网络和传统生产分销物流网络进行集成，综合考虑两者需要使用的设施和运输线路。目前，再制造逆向物流网络多是在正向物流网络的基础上扩展而建立的，如图 3-10 所示。

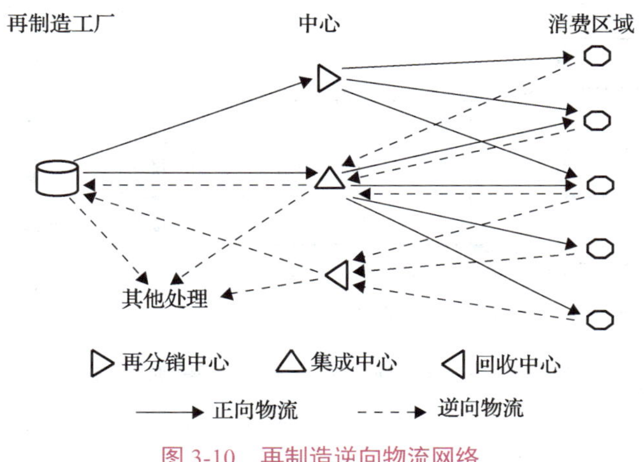


图 3-10　再制造逆向物流网络

### 3．再循环逆向物流网络

废旧物品的循环利用多是在法律法规的要求下强制执行的，大部分企业不会特地回收废旧物品将其转化为原材料，因为整个过程需要投入很高的成本。一般能被循环利用的废旧物品具有易收集、价格低的特点，如金属制品、纸制品等。大批量、集中处理这些废旧物品能够形成规模经济，因此在一定区域内，再循环逆向物流网络的回收节点比较集中，如图 3-11 所示。

### 4．商业退回逆向物流网络

商业退回主要发生在零售业和制造业，源于客户退货和企业召回。为了降低成本和库存量，物流企业可以在较大区域范围内设置一个配送中心，集中处理来自不同地区的退回产品。如果退回的产品无法直接销售，但通过修复、改造可以基本按原价出售，那么在出售前可以先完成上述操作，然后将其作为修复品或再制品进行销售；如果无法修复或改造，则以最低的成本将其作为废弃物处理。图 3-12 为商业退回逆向物流网络图。

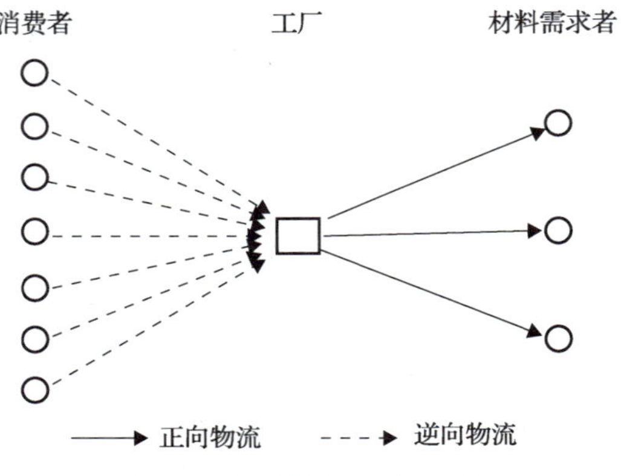

图 3-11　再循环逆向物流网络

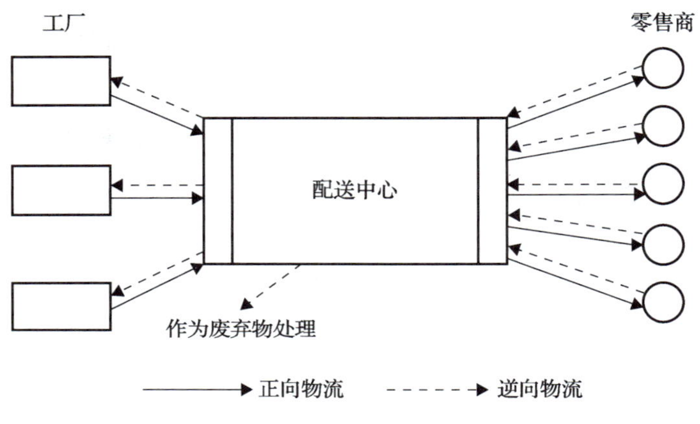

图 3-12　商业退回逆向物流网络

拓展阅读

## IBM 的逆向物流实践

IBM 对北美、欧洲和亚洲的消费者使用过的计算机进行回收并大力推行租赁服务。回收过程如下：

IBM 的计算机零售商将所有从消费者那里收集的退货集中到 IBM 的材料回收中心，回收中心检测后，对于可利用的产品，会支付给消费者相应的报酬。对于较新的、损坏不严重的成品机，回收中心会对其进行再次包装，并交由第三方进行再分销处理。对于无法再次销售的产品，IBM 会将其纳入企业内部的拆解和再制造系统，对拆解下的完好或可以继续利用的零部件重新进行标识（如更换条形码），方便进行产品跟踪，最后将其放入备件库，准备再次利用。

## 三、逆向物流网络结构的衡量指标

### （一）网络集中程度

网络集中程度可通过物流网络中完成同种操作的节点数目来体现。如果相同的逆向物流处理活动需要在较多的地点同时进行，则说明网络是分散的；如果相同的逆向物流处理活动可以在极少数场所同时进行，则说明网络的集中程度高。集中程度高的网络更有利于资源共享，节约人力、物力和财力，容易形成规模经济。由此可见，完成逆向物流网络整合的有效措施之一，就是实现物流网络的高度集中。

### （二）网络层数

网络层数是指逆向物流顺次流经的设施数，表示逆向物流网络的纵向深度。所有操作在某一设施中完成的物流网络，称为单层网络；不同的操作在不同的设施地点完成的物流网络，称为多层网络。

### （三）网络关联程度

网络关联程度是指逆向物流的回收网络与现有正向物流网络之间的关联程度。逆向物流网络既可以单独构建，也可以在原有的网络基础上拓展。

### （四）网络开放程度

逆向物流网络既有闭环网络又有开环网络。在闭环网络中，回收产品经过加工处理后再次回到销售市场，如再制造产品回收网络；在开环网络中，物流从一端流入，从另一端流出，再循环网络就属于开环网络，如废旧易拉罐被中间商回收加工后，出售给金属产品制造商。

### （五）组织间的合作关系

组织间的合作关系是指参与逆向物流网络建设与运营的各个主体之间的相互关系。发起企业可能会以签订合同的方式或者联合方式与其他企业合作，形成各种类型的合作伙伴关系。

## 四、逆向物流网络设计的内容和影响因素

### （一）逆向物流网络设计的内容

逆向物流网络设计主要包括两个方面的内容：一是确定废旧物品从收集地到处理场所再到销售市场的整个网络渠道的结构；二是网络结构效率分析和网络结构绩效评价。

#### 1．确定逆向物流网络渠道的结构

逆向物流网络渠道的结构涉及逆向物流设施的类型、数量与位置，设施所服务的客户

群体与要回收的废旧物品的类别，废旧物品在各设施之间的运输方式等。在具体设计时，可以从战略层、战术层、运作层三个层面考虑。

（1）战略层需要考虑逆向物流网络的总体战略、网络成员的类型和关系等。例如，逆向物流网络要实现什么样的功能，选择哪些类型的参与者，参与者是以什么关系进行合作的，如何根据废旧物品的特性选择相应的回收和处理方法。

（2）战术层需要考虑回收与整合管理、生产计划、库存管理、信息技术、绩效评价等问题。其中，库存管理主要确定废旧物品的类型、用途、库存量及如何对出入库进行控制等。在战术层面，构建逆向物流系统网络需要企业建立合理的组织结构。

（3）运作层考虑的是具体的物流活动，既包括废旧物品的收集、运输、分类、加工等，也包括物流活动的成本核算、信息监控和处理等。

#### 2. 网络结构效率分析和网络结构绩效评价

逆向物流网络的优劣需要通过网络结构效率分析和网络结构绩效评价来确定。其中，网络结构效率取决于网络中各节点的属性、运输线路和运输方式，反映了网络中各物流环节衔接的顺畅程度。

网络结构绩效评价主要从成本、资本效率、风险和客户管理四个方面进行。成本即建立逆向物流网络和开展逆向物流活动投入的全部资金、设施设备、人员等，资本效率通俗讲就是资本在未来使用期内能产生的预期收益，风险是指从事逆向物流可能遭遇的自然风险（洪水、飓风）、人为风险（失窃、故意破坏、交通事故）、经济风险（违约、价格下跌、过期）等，客户管理是为提升客户满意度所进行的一系列管理活动。

企业需要根据废旧物品的类别和特点，并结合上述四个方面，建立科学、合理的评价指标体系，对逆向物流网络的绩效进行评价。常用的评价方法有数据包络分析方法、层次分析法、模糊综合评价法等。数据包络分析方法是根据多项投入和产出指标，利用线性规划的方法，对具有可比性的同类型单位进行相对有效性评价的一种数量分析方法。层次分析法、模糊综合评价法将在项目八详细介绍。

### （二）逆向物流网络设计的影响因素

#### 1. 废旧物品的物理特征和经济属性

废旧物品的数量、重量、体积、损坏程度、经济价值等物理特征和经济属性决定了废旧物品的回收方式（再使用、再制造或再循环）。回收方式会影响逆向物流网络的结构。例如，再循环处理的废弃物一般会被加工成原材料供制造商使用，而再使用的产品只需要流向经销商进行售卖。

#### 2. 市场因素

参与逆向物流的各种组织及其相互关系，对逆向物流网络设计有重要影响。每一个参与者都会行使一定的权利，承担一定的责任，企业需要根据自己的权利和责任进行逆向物流网络设计。

3．相关资源

相关资源包括公用回收设施、企业私人回收设施、运输资源、人力资源等，它们在经济方面直接对逆向物流网络设计产生影响。例如，公共物流中心的位置会影响企业运输线路的选择；企业在进行逆向物流网络设计时，一定要考虑其所在区域是否有充足的人力资源来支持逆向物流活动的开展。

【实施背景】

案例一：

A 公司主营计算机生产和租赁业务。因为租赁出去的产品都要收回后再出租，所以 A 公司缩短返品评估和重新配置的时间，并将有价值的废旧产品修理转化为可出售的产品。多年来，A 公司通过将再处理的产品尽快地投入二手市场，保持了较低的存货率并实现了公司收入最大化。

此外，对那些不能再使用的产品，A 公司先将其拆解，然后回收可再利用的元件和贵重金属，极大地减少产品组装时所需购买的元件数量（许多用过的零部件经电子部门检修后，其性能与新零部件并无差别）。由于只有不到 2%的回收产品被送往垃圾站，因此 A 公司的回收部门变成了盈利部门。

案例二：

B 公司是一家重型机械设备制造企业，由于重型机械设备的生命周期可达数年甚至数十年，B 公司在销售出产品以后的很长一段时间内，还必须为顾客提供备品备件服务。为此 B 公司与另一家再制造商成立了一家合资企业，以管理回收产品并开展再制造业务。再制造的元件相对于新生产的元件而言，成本大幅降低，公司的采购和库存量削减了一大半。

【实施要求】

3～4 人一组，讨论 A 公司和 B 公司的产品回收活动体现了逆向物流网络的哪些功能，这两种回收模式分别属于哪种逆向物流网络结构类型。

1．单项选择题

（1）在物流系统网络中处于起点位置的是（　　）。

A．客户　　B．厂商

C．物流中心　　D．配送中心

（2）（　　）的物流系统网络中存在多个核心节点，且这些节点同时具有物流中心和配送中心的功能。

A．单核心节点结构

B．双核心节点单向结构

C．双核心节点交互式结构

D．多核心节点结构

（3）产品生命周期中，销量增长缓慢或稳定在最高水平，不再发生剧烈变化的时期是（　　）。

A．导入期　　B．成长期

C．衰退期　　D．成熟期

（4）对一个企业的物流系统网络进行规划设计，首先要（　　）。

A．收集有关数据

B．明确物流系统网络规划中的约束条件

C．分析企业的现状

D．制订物流系统网络规划方案

（5）一般用于处理价值较高的废旧物品，且能获得可观经济效益的物流网络结构类型是（　　）。

A．再循环逆向物流网络

B．再制造逆向物流网络

C．再使用逆向物流网络

D．商业退回逆向物流网络

2．多项选择题

（1）下列属于逆向物流的特点的有（　　）。

A．逆向性　　B．稳定性

C．复杂性　　D．单一性

（2）（　　）属于逆向物流网络的功能。

A．处置　　B．收集

C．再处理　　D．检验和分类

（3）下列属于逆向物流网络结构的衡量指标的有（　　）。

A．网络关联程度　　B．网络层数

C．网络集中程度　　D．网络开放程度

（4）下列属于逆向物流网络结构绩效评价内容的有（　　）。

A．客户管理　　B．风险

C．资本效率　　D．成本

（5）确定逆向物流网络渠道结构时，需要从战术层考虑的问题有（　　）。

A．网络成员的类型和关系　　B．信息监控和处理

C．生产计划　　D．回收与整合管理

### 3．简答题

（1）简述企业构建服务经营网络的作用。

（2）简述物流系统网络的组成要素。

（3）简述物流系统网络结构的类型。

（4）简述影响物流系统网络结构的因素。

（5）简述物流系统网络规划设计的内容和原则。

（6）简述逆向物流网络的功能。

（7）简述逆向物流网络设计的内容。

# 项目四

# 物流节点规划设计

## 项目引言

物流节点是物流系统网络的基础，它的发展促进了物流系统网络的完善。要让物流节点高效运行，并使其在物流系统网络中发挥最大的作用，需要对物流节点进行合理的选址和科学的布局规划。

配送中心和物流中心是十分重要的两类物流节点。目前，配送中心和物流中心的建设规模不断扩大，建设速度不断加快，在建设过程中需要科学的功能定位和规划设计，来避免非理性的规模扩张和圈地行为，避免重复建设和资源浪费。

## 知识目标

- ✓ 了解物流节点的概念、功能和分类。
- ✓ 熟悉物流节点选址的原则、影响因素和方法。
- ✓ 熟悉物流节点布局规划的原则、内容和步骤。
- ✓ 了解配送中心的概念、分类和功能。
- ✓ 熟悉配送中心选址的原则、影响因素和规律。
- ✓ 了解配送中心的功能区域和保管场所的分配与布置。
- ✓ 了解物流中心的概念、分类、功能和作用。
- ✓ 熟悉物流中心规划的主体、影响因素、内容和步骤。

## 素质目标

- ✓ 了解《国家物流枢纽网络建设实施方案（2021—2025年）》，熟悉我国物流枢纽网络建设取得的成就和未来发展趋势，增强民族自豪感。

# 任务一 物流节点选址与布局

## 任务导入

R 食品公司物流系统规划设计例会每周正常进行，以下是工程师老张的发言：

“R 食品公司的物流系统规划设计工作已经进入到物流节点规划设计阶段。今天我们主要讨论以下内容。

“首先，确定 R 食品公司所要建设的物流节点是转运型节点、储存型节点抑或是综合型节点，以及物流节点需要具备哪些功能。这些内容的确定需要与 R 食品公司物流作业流程、市场需求预测等实际情况相结合。

“在确定物流节点的类型和功能后，要对物流节点进行选址和布局规划。选址既要遵循节省费用、接近客户等原则，又要充分考虑企业内外部因素的影响，并确定合适的选址方法；布局规划需要明确物流节点内部的平面布局。

“接下来请大家踊跃发言，针对上述问题分享自己的看法。”

老张话音刚落，大家就开始热烈讨论了起来……

请问：什么是物流节点？物流节点的类型和功能有哪些？可以用哪些方法对物流节点进行选址？物流节点布局规划的内容有哪些？

## 知识讲解

## 一、物流节点的概念和功能

### （一）物流节点的概念

物流节点是指物流系统网络中货物从供应地向需求地流动过程中需要停靠的，进行储存、装卸搬运、流通加工、配送等物流作业的场所。广义的物流节点包括港口、航空港、铁路货运站、公路枢纽、大型公共仓库、物流园区、物流中心、配送中心和配送网点等，狭义的物流节点仅指物流园区、物流中心、配送中心和配送网点。在种类繁多的物流节点中，配送中心和物流中心尤为重要。

物流节点是物流系统的主要组成部分。除了运输活动，其他绝大多数物流活动都是在物流节点上进行的。物流节点的位置、规模和功能科学、合理，是物流系统功能有效发挥的前提。

## （二）物流节点的功能

### 1. 物流作业功能

物流作业功能是物流节点最基础、最核心的功能，具体如储存、装卸搬运、流通加工、配送等功能。

### 2. 连接功能

物流节点不仅将各条运输线路连接成一个相互贯通的系统网络，而且还将各种物流作业有效地整合起来，实现无缝衔接。

在现实中，物流节点的连接功能具体体现在：为运输方式的转换（如公路运输转换为水路运输）提供场所；连接干线运输和支线运输；通过储存功能连接不同时间的供应物流和需求物流；通过集装箱、托盘等工具实现运输一体化。

小提示

干线运输是指在运输网络中起骨干作用的线路运输，支线运输是指在运输网络中起非骨干作用的线路运输。

按区域范围划分，一般在跨越省、市的运输线（如铁路线、内河航线、沿海航线、航空线和公路线等）上的客货运输为干线运输，在省、市范围内的运输线上的客货运输为支线运输。

### 3. 信息功能

物流节点是物流系统信息收集、处理和传递的集中点。实际上，每个物流节点都是一个物流信息节点。物流节点的信息流与物流系统的信息中心连接起来，就形成了统一指挥、管理、调度物流系统的信息网络。如果说节点、线路、设备是物流系统的硬件，那么信息网络就是物流系统的软件。如果没有软件的支撑，硬件也无法正常运行。因此，节点的信息功能是物流系统运行必不可少的条件。

### 4. 管理功能

大大小小的节点都是一定规模的指挥、管理、调度中心，物流系统运行的有序化和效率在很大程度上取决于物流节点的管理水平。

### 5. 辅助功能

物流节点除了具备上述几项功能外，还具备一定的辅助功能，如配套功能、延伸功能和服务功能。具体包括：车辆停靠及辅助服务（提供车辆停靠的场地和车辆检修、配件供应等服务）；金融生活配套服务（如餐饮、住宿、购物、提款等服务）；工商、税务、海关相关服务；新品展示会承办服务；企业或客户咨询服务等。

## 二、物流节点的分类

### （一）根据物流节点的功能分类

物流节点根据其功能不同，可分为转运型节点、储存型节点、流通型节点和综合型节点。

#### 1. 转运型节点

转运型节点是指处于运输线路上，以连接不同线路和运输方式为主要功能的节点，货物一般只在转运型节点短暂停留。铁路运输线路上的货运站，水运线路上的港口、码头，空运线路上的航空港，转运站和中转仓库等都是常见的转运型节点。

#### 2. 储存型节点

储存型节点是指以保管、存放货物为主要功能的节点，货物在这类节点中的停留时间一般较长。仓库是最有代表性的储存型节点，可以根据不同的标准进行分类：

（1）根据职能不同，仓库可分为储备仓库、批发仓库、零售仓库和中转仓库等。

（2）根据建筑结构不同，仓库可分为单层仓库（见图 4-1）、多层仓库、地下仓库和罐式仓库（见图 4-2）。

图 4-1　单层仓库

图 4-2　罐式仓库

#### 3. 流通型节点

流通型节点是指以组织货物在物流系统中流通为主要功能的节点，现代物流中常提到的流通仓库、流通中心、配送中心都属于这类节点。

#### 4. 综合型节点

综合型节点是指在一个节点中将若干功能有机结合在一起，有完善的设备，能有效衔接和协调各个工艺流程的集约型节点。物流中心和配送中心是具有代表性的综合型节点，它们是为了适应物流的规模化、复杂化、精细化而诞生的。

物流节点的界限并不是那么明确，现实中各类节点往往存在交叉。随着现代物流的发展对节点的要求不断提高，传统的单一型节点出现向综合型节点转变的趋势。选择建设物流园区还是物流中心，应由物流节点所服务地区的软硬件环境决定。只有当物流节点的建设要求与所服务地区提供的软硬件环境相适应时，所选择的物流节点类型才是正确的，才能促进物流系统和当地经济的发展。

## （二）根据物流节点的结构层次分类

物流节点根据其结构层次不同，可分为一级物流节点、二级物流节点和三级物流节点。

（1）一级物流节点：通常是各地政府为了满足当地经济发展、货物流转需要而开辟的物流集中运作地，往往位于重要的生产基地、交通枢纽附近，或者位于集中消费地，如各大中心城市附近。其主要功能往往包括进口商品的分货、中转、储存、区域配送和出口商品的集货、中转、储存、报关等，还包括集装箱货运站的功能。

（2）二级物流节点：具备集货、分货、中转、储存、流通加工、配送、信息服务等其中四项以上功能的节点。

（3）三级物流节点：具备集货、配送、中转、信息服务中的一项或多项功能的节点。

物流园区和物流中心的区别如表 4-1 所示。

表 4-1　物流园区和物流中心的区别

| 区别 | 物流园区 | 物流中心 |
|---|---|---|
| 功能不同 | 具备多式联运、综合运输、干线终端运输等大规模处理货物和提供服务的能力 | 主要承担分销功能，具有货物运输中转功能，且以配送业务为主 |
| 用地要求不同 | 物流企业及相关辅助企业聚集在园区内，园区内基础设施相对齐全，物流量大，必须在园区周围留有适当的空间以备使用，所以物流园区要求土地面积充裕且具有扩展性 | 对用地没有严格要求 |
| 对城市交通环境的改善程度不同 | 一般建在远离市中心的地区，且注重园区与城市对外交通枢纽的联动规划建设，对城市交通环境的改善程度较大 | 靠近需求点，有连接市中心的快速干道，所以对城市交通环境的改善程度不是很大 |
| 服务对象不同 | 有综合性的基础服务设施，且面向全社会提供服务 | 只在局部领域进行经营服务 |
| 对市场的要求不同 | 园区内聚集了很多供应商、生产商、销售商和第三方物流企业，所以服务的市场是多样化的 | 仅具有第三方物流企业的功能，所以服务的市场一般是专业化的 |
| 经营、管理方式不同 | 不一定是经营管理的实体，物流经营企业之间的关系可以是资产入股、租赁、合作经营或联合开发 | 属于物流经营管理的实体 |
| 政府给予的政策不同 | 政府为了吸引企业在物流园区内聚集，通常为入驻的物流企业提供各种优惠政策 | 优惠政策较少 |

复兴之路

《国家物流枢纽网络建设实施方案（2021—2025年）》发布

为贯彻落实党中央、国务院有关决策部署，高质量推进“十四五”时期国家物流枢纽建设工作，推动形成以国家物流枢纽为核心的骨干物流基础设施网络和骨干多式联运体系，支撑构建以国内大循环为主体、国内国际双循环相互促进的新发展格局，2021年7月，国家发展和改革委员会发布了《国家物流枢纽网络建设实施方案（2021—2025年）》（以下简称《方案》）。

《方案》指出，“十四五”期间将聚焦打造“通道+枢纽+网络”现代物流运行体系。一方面，围绕推动存量国家物流枢纽高质量发展，整合优化存量物流设施，强化多式联运组织能力，促进国家物流枢纽互联成网，推动完善以国家物流枢纽为支撑的“轴辐式”物流服务体系；培育发展枢纽经济通道，打造经济和产业发展走廊。另一方面，围绕加快健全国家物流枢纽网络，按照“成熟一个，落地一个”原则，稳步推进120个左右国家物流枢纽布局建设；支持城市群内国家物流枢纽共建共享共用和一体化衔接，强化都市圈物流网点体系与国家物流枢纽网络有机衔接、协同联动。

资料来源：人民网，http://finance.people.com.cn/n1/2021/0710/c1004-32154197.html

## 三、物流节点选址概述

所谓物流节点选址，是指运用科学的方法决定物流设施的地理位置，使之与企业的整体经营运作系统有机结合，以便有效实现企业的经营目的。

物流节点选址是建立和管理企业的第一步，它的重要性体现在：物流节点选址对后续物流设施的建设成本、投产后的生产经营成本、物流服务水平等有着长久且深刻的影响。一旦选址不当，由此带来的不良后果不是通过对建成后的节点采取加强和完善管理等措施可以弥补的。因此在进行选址时，一定要充分考虑各种因素的影响，慎重决策。

除了新建企业，因为经济发展、城市规模扩大、经营状况变化等需要对节点进行迁移的企业也会面临选址问题。由此可见，节点选址是很多企业都必须考虑的、现代企业生产运作管理中的一个重要问题。

### （一）物流节点选址的原则

物流节点选址离不开定性分析和定量分析，其中定性分析更为重要，因为它是定量分析的前提。对物流节点选址进行定性分析需要遵循以下原则。

### 1. 节省费用原则

对于任何企业而言，经济利益都是十分重要的。企业建设初期的固定费用、投入运行后的经营管理费用和产品的利润，都与物流节点选址密切相关。因此在选址时，一定要遵循节省费用的原则。

### 2. 集聚人才原则

人才是企业最宝贵的资源，物流节点选址得当有利于吸引、集聚人才。事实上，因选址不当造成员工生活不便，致使员工流失的事情常有发生。

### 3. 接近客户原则

只要是服务型企业，都需要将接近客户作为其选址时要遵循的重要原则之一。例如，银行、邮局、酒店等的地址都是根据客户分布进行设置的。部分物流节点不仅具有服务性，而且与客户关系密切，因此也要建在接近客户的地方，以降低运费和货物损耗。

### 4. 长远发展原则

物流节点选址是一项战略性的经营管理活动，因此企业在选址时要有战略意识，要考虑生产能力的合理分配和未来的市场开拓计划，选址的结果还要有利于企业接触新技术、新思想，使企业具备长远发展的可能性。

## （二）影响物流节点选址的因素

企业在进行物流节点选址时，需要考虑众多复杂的因素。这些因素可以分为两类：外部因素和内部因素。

### 1. 外部因素

（1）政治和经济环境。政治环境包括物流节点所在地区的区域总体规划、物流业发展政策，以及一个国家的政权是否稳定、法制是否健全、是否存在贸易禁运政策等。它们是无法量化的，主要依靠企业的主观判断。经济环境包括经济发展状况、税收政策、汇率等。企业的选址决策与经济环境直接相关，因为企业总是会选择最宽松的经济环境。

（2）基础设施条件。物流节点所在区域的基础设施条件，包括港口的泊位数、吞吐量，铁路货运站的数量、货场面积，公路交通枢纽的数量和物流作业量，公路网的密度和通行能力，航空线路数量，通信基站数量、网络覆盖面积等。目前，很多企业的物流成本都超过了制造成本，而良好的基础设施条件能够有效降低物流成本。

（3）竞争对手。竞争对手的物流节点布局是企业选址时必须要考虑的因素，企业应根据产品或服务的特征来决定是靠近竞争对手还是远离竞争对手。

### 2. 内部因素

企业的发展战略、物流资源等内部因素对物流节点选址的影响通常是最主要的。以发展战略为例，对于部分制造企业而言，生产劳动密集型产品还是高科技产品，可能是企业在综合各种因素后分析得到的发展战略。如果生产劳动密集型产品，则必然要选择人力成本低的地区；如果生产高科技产品，则必然要选择高素质人才集聚的地区。

同步案例

## 京东成都犀浦镇仓库的选址与布局

近年来，京东网上商城得到了高速发展，订单的大量增加，对京东的物流服务提出了新的要求。在这种情况下，京东决定在成都犀浦镇修建配送中心，以满足日益增长的市场需求。

仓库的选址不仅影响企业的物流能力，还影响企业的物流营运效率与成本。京东成都仓库为什么要选在犀浦镇呢？我们可以从以下五个方面进行分析。

1. 城市的发展水平

成都作为新一线城市，有着较高的经济发展水平和较充足的物流需求量。近年来，犀浦镇大力推进工业开发区、农业生态发展区和城镇中心区“三大板块”的建设，进一步优化镇域经济结构和产业结构，大力推进乡村城市化进程，使得犀浦镇的经济得到了快速发展。

2. 销售目标市场及客户分布

京东的配送中心主要向城市范围内的客户提供“门到门”服务。将仓库选在位于城市边缘的犀浦镇，可以缩短货物在城市范围内的运输距离，降低运输成本。

3. 交通条件

犀浦镇具有较齐全的交通基础设施，运输方便。镇内国道317线、羊西线和沙西线纵贯全境，高速路环绕，犀安路、银河东路、银河西路、围城路等道路纵横交错，形成了四通八达、快速便捷的城镇交通网。

4. 人力资源条件

犀浦镇拥有丰富的人才资源。犀浦镇周边的大学有西南交通大学（犀浦校区）、四川外国语大学成都学院、西华大学、成都纺织高等专科学校、成都锦城学院等，这些学校每年为全国各地，特别是成都地区输送了大量的优质毕业生。

5. 政策扶持

近年来，为了更快、更好地发展物流产业，成都市出台了不少优惠政策和扶持政策，如放宽市场准入、调整用地政策等，以引进知名企业，改造、提升传统业态。

资料来源：豆丁网，https://www.docin.com/p-1363232456.html

### （三）物流节点选址的方法

#### 1. 单一节点选址方法

单一节点选址是为某个节点选择一个新的地点，这个节点的运营不受企业现有节点网络的影响。例如，某餐饮公司要新开一间餐馆，但餐馆是独立运营的，这间餐馆的选址可看作是单一节点选址问题。

单一节点选址问题常出现在以下三种情况中：新成立企业或新增加独立经营单位；企业扩大原有规模，准备原地扩建或另选新址；企业迁址。

单一节点选址可以采用以下几种方法。

#### 1）因素评分法

因素评分法是最常用的选址方法，它能以简单易懂的方式将各种不同因素综合起来进行考量。因素评分法的主要实施步骤如下：

（1）确定一组与选址相关的决策因素。

（2）对每一个因素赋予一个权重以反映其重要程度，权重大小以企业在该因素上需要投入的成本为依据。

（3）为所有因素设定共同的取值范围，一般是1～10或1～100。

（4）对每一个备选地址，就所有因素按取值范围打分。

（5）用各个因素的得分与相应的权重相乘，并将结果相加，得到每一个备选地址的最终得分。

（6）选择最终得分最高的地址作为最佳地址。

#### 2）盈亏分析法

盈亏分析法是节点选址的一种基本方法，也称为生产成本比较分析法。这种方法基于以下假设：可供选择的各个方案均能满足节点选址的基本要求，但各方案的投资额不同；投产以后，各方案的原材料成本、燃料成本等变动成本不同。盈利分析法是将投产后生产成本的高低作为比较标准的。

盈亏分析法的具体实施步骤如下：

（1）确定备选地址。

（2）确定每个节点的固定成本（如土地成本、固定资产保险费用、设备成本等）。

（3）确定每个节点的可变成本（如劳动力成本、原材料成本、运输成本等）。

（4）确定计划产量，选择该产量下总成本最低的地址作为最佳地址。

#### 3）重心法

重心法是一种布置单一节点的方法，这种方法是围绕节点之间的距离和产品运输量实施的，常用于中间仓库或分销仓库的选择，其核心是求出本地区产品运输量的重心所在位置。产品运输量是影响产品运输成本的主要因素，仓库应尽可能建在运输量较大的节点附近，从而使产品流经的路程最短。

实施重心法的第一步是建立坐标系，将各备选地址标注在坐标系中；第二步是根据各备选地址在坐标系中的横纵坐标和产品运输量求出运输成本最低的横纵坐标，则该坐标就是最佳选址坐标。

重心法的最大特点是计算方法较简单，但这种方法并不能求出精确的最佳节点位置。因为该方法将横向和纵向的距离视为互相独立的量，而这在现实环境中是不能实现的，因

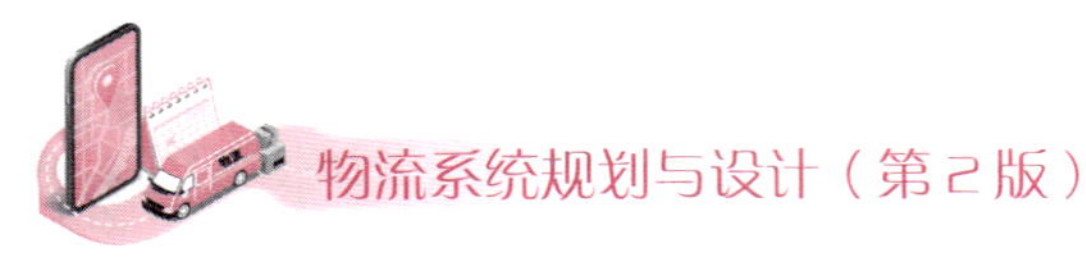


此使用该方法得到的最佳选址只能作为参考。

### 2. 多节点选址方法

多节点选址方法是解决在一个区域中设置多个物流节点的方法。物流系统网络中的选址问题比单一节点选址问题更复杂，因为在确定物流系统网络中新节点的位置时，还必须同时考虑到新节点和其他节点之间的影响。

多节点选址问题一般可归纳为以下几个相互联系的基本规划问题：

（1）如何组织货流。

（2）应该设置几个物流节点。

（3）各物流节点应该处于什么位置。

（4）各物流节点服务于哪些客户群体。

（5）各物流节点负责多大范围的区域。

（6）各物流节点具有哪些功能。

（7）各物流节点之间的关系如何设置。

（8）运输线路与各物流节点的关系如何设置。

上述问题如果规划得当，各个节点就会相互促进，否则就会相互制约。多节点选址方法一般有以下几种。

#### 1）简单的中线模式法

简单的中线模式法是一种简单的节点选址方法。这种方法有其局限性，它认为坐标上使总运输距离最短的点都是可行的建厂点，并不考虑该地现在是否有道路，也不考虑地形、人口密度以及在选址时应该考虑的其他重要因素。

#### 2）多重心法

多重心法是指将需求点分组后再运用重心法来确定节点位置的方法，其步骤如下：

（1）初步分组。确定分组原则，将需求点按照一定原则分成若干群组，使群组数等于拟设立的节点数量。每个群组由一个节点负责。确定初步分配方案，形成多个单一节点选址问题。

（2）选址计算。针对每个群组的单一节点选址问题，运用重心法确定该群组新的节点位置。

（3）调整分组。计算每个需求点分别到其他节点的运输费用，并将计算结果列表。将每个需求点安排在运输费用最低的那个节点，这样就形成了新的分配方案。

（4）重复第二步，直到群组成员无变化为止。此时的物流节点分配方案为最佳分配方案，节点的位置是最佳地址。

#### 3）覆盖模型

覆盖模型是指对于一些需求已知的点，确定一组节点来满足这些需求的选址方法。覆盖模型主要用于离散点（一个个孤立的点）的选址。所谓离散点选址，是指在有限的备选地址里，选取最合适的若干地址作为最优方案。

覆盖模型主要适用于：商业物流系统，如零售点、加油站、配送中心等的选址问题；公共事业系统，如急救中心、消防中心等的选址问题；计算机与通信系统，如有线电视的基站、无线通信基站、计算机网络中的集线器设置等的选址问题。

根据解决问题的思路不同，覆盖模型可分为两类：集合覆盖模型和最大覆盖模型。

（1）集合覆盖模型：用数量最少的节点去覆盖所有的需求点，如图 4-3 所示。

（2）最大覆盖模型：用给定数量的节点去覆盖尽可能多的需求点，如图 4-4 所示。

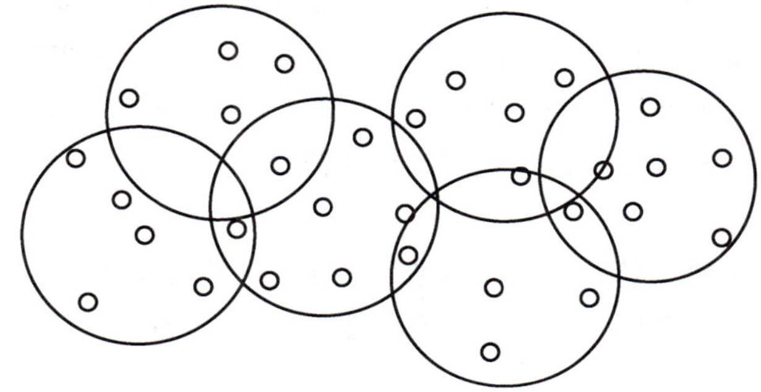

图 4-3　集合覆盖模型

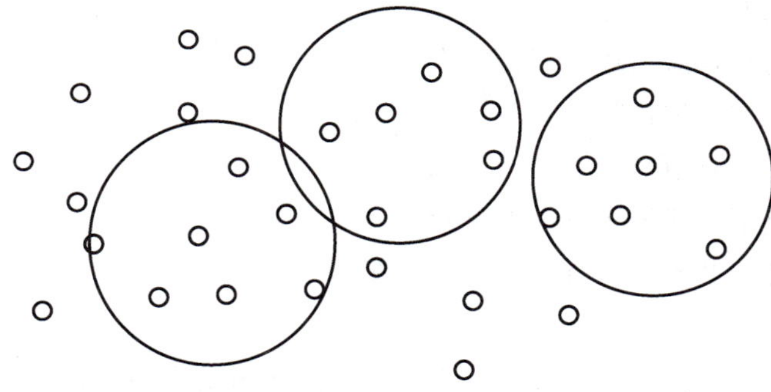

图 4-4　最大覆盖模型

两种模型的区别在于：集合覆盖模型能满足所有需求点，而最大覆盖模型只覆盖有限的需求点。两种模型的应用情况取决于物流资源充足与否。

## 四、物流节点布局规划

### （一）物流节点布局规划的原则

物流节点布局规划是指在具有若干供应点和需求点的经济区域内选一个地址设置物流节点的规划过程。这一过程需要遵循以下原则。

1. 统一规划原则

物流节点功能的发挥需要相关政策、社会资源等宏观因素的支持，这些因素往往需要由政府出面推动甚至实施。政府在物流节点的规划建设中应当成为基础条件的创造者和运作秩序的维护者，按照区域经济的功能、布局和发展趋势，依据物流需求量和不同特点进行统一规划，尤其要打破地区、行业的界限，顺着科学布局、资源整合、优势互补、良性循环的思路进行规划，防止物流企业各自为政、盲目布点、恶性竞争。

2. 市场化运作原则

规划建设物流节点，既要由政府牵头统一规划和指导协调，又要坚持市场化运作原则。物流节点一般是以企业为主体，以市场为导向的，在物流节点的功能开发建设、企业的进驻和资源整合方面，都要有优良的基础设施、先进的物流功能和完善的服务来吸引物流企业和投资者共同参与，真正使物流节点成为企业公平竞争的场所。

3. 先进性和综合性原则

物流节点具有关联性、整合性、集聚性和规模性，其布局规划应该是一个高起点的中长期规划，并体现先进性和综合性。这一原则要求物流企业在进行物流节点布局规划时考虑以下几个方面：

（1）城市与区域的主要物流方向。

（2）各种运输方式、运输节点的分布。

（3）产业布局和物流市场、资源的布局。

（4）物流用地的区位优势。

（5）充分利用现有节点。

（6）有利于整个物流系统网络的优化。

（7）有利于各类节点的合理分工、协调配合。

4. 柔性化原则

物流节点的建设投资大、周期长、风险大，因此物流节点布局规划应遵循柔性化原则。所谓柔性化，就是企业应该考虑物流节点后续的扩建、缩减等情况。

## （二）物流节点布局规划的内容

1. 整体布局规划

整体布局规划是指在一定层次和区域内，确定合理的物流节点空间布局方案，以达到构筑公共物流网络的目的。整体布局规划可分为全国、区域、城市等多个不同层次，规划的范围和层次不同，其侧重点也不同。大范围、高层次的整体布局规划主要关注干线通道和主要物流枢纽城市、港口、机场、物流园区、物流中心等物流节点的相互配合。

物流节点布局规划的内容

企业物流节点整体布局规划是在共享社会物流系统网络的基础上，对物流系统仓库、车站等的空间布局方案的设计和确定过程。规划设计企业物流节点往往需要充分考虑和利用社会物流系统的物流通道资源和已有的物流枢纽。

2．内部布局规划

物流节点内部布局规划主要是根据物流节点的功能、作业流程和服务质量要求，来确定物流节点内部的平面布局方案，如物流中心的仓储区、分拣区、加工区、内部通道等的布局。

物流节点内部布局规划需要根据物流系统的作业要求和特点，选择先进、适用的物流设备，以提高物流作业效率。主要内容有：仓库货架系统的选型和布局设计，装卸搬运设备的选型和布局设计，流通加工设备的选型和布局设计，运输工具的选型和设计，分拣设备的选型和设计等。

### （三）物流节点布局规划的步骤

物流节点布局规划应该以物流系统和社会的经济效益为目标，综合考虑供需状况、运输条件、自然环境等因素，对物流节点的位置、规模、物流量等进行规划设计，以达到成本最小、流量最大、服务最优的目标。物流节点布局规划一般按以下五个步骤进行。

1．约束条件分析

物流节点布局规划的目的是使系统总成本最低。在实际操作过程中，这一目的的实现往往受限于很多约束条件。

（1）资金约束。不同区域的土地价格、建筑成本存在很大差异。

（2）交通运输条件约束。物流节点需要用运输线路来连接，远离铁路和公路交通枢纽的区域一般不会纳入节点选址范围，但靠近铁路和公路交通枢纽的区域土地成本也相应较高。

（3）能源约束。电力等能源充足是物流节点运作的基础。

（4）环境约束。环境既包括税收、产业规划、经济发展水平等政治经济环境，也包括温度、降水等自然环境。

2．初步选址

掌握约束条件后，规划人员可以确定选址范围，即确定初始选址地点。

3．资料收集整理

物流节点整体布局规划方案的制订，需要大量数据资料的支持。这些资料包括：

（1）客户分布情况。

（2）客户送货时间要求

（3）客户生产经营状况。

（4）产品特征。

（5）物流量。

（6）交通状况。

（7）运输批量和频率。

（8）物流节点建设成本。

### 4. 模型定量分析

物流节点整体布局规划需要在定性方法的基础上使用数学分析方法，即根据规划要求和已有数据，设计出多个具体的数学模型进行定量分析。

### 5. 布局方案确定

以定量分析结果为基础，采用专家判断法、模拟仿真法等定性分析方法求解。采用这种方式不一定能够求出最优解，通常情况下只能求出较优解，最后确定规划方案。

## 任务实施

【实施背景】

家乐福集团公司（以下简称“家乐福”）成立于1959年，是大型超级市场概念的创始者，于1963年在法国开设了世界上第一家大型超市。2020年，家乐福被《财富》杂志评为全球500强企业第98名。

家乐福于1969年开始进入国际市场，在世界上31个国家和地区拥有一万多家销售网点，涉及的零售业态包括大卖场、超级市场、折扣店、便利店、仓储式商店与电子商务。此外，家乐福建立了全球性的采购网络，向不同国家和地区的供应商采购具有市场竞争力的商品。

家乐福的迅速发展，与其选址有重要关系，其选址的具体要求如下。

### 1. 对商圈的要求

（1）在备选地址1.5 km范围内人口达到20万以上为佳；3 km范围内常住人口达到30万以上，商圈总人口达到50万以上为佳。

（2）商圈内人口以中青年为主，收入不低于当地平均水平。

（3）2 km内没有强有力的竞争对手，1.5 km内没有经营面积超过5 000 $m^2$的同类企业。

（4）临近城市交通主干道（至少是双向四车道），且无绿化带、立交桥、河流山川等明显阻隔。

（5）备选地址与道路衔接顺畅，车辆可以顺畅地进出停车场。

### 2. 对物业的要求

（1）单层，总面积为18 000 $m^2$以上；二层，每层面积为9 000～11 000 $m^2$；三层，每层面积为7 000～8 000 $m^2$。

（2）物业纵深（从进门走到尽头的距离）在60 m以上为佳，临街面（房屋沿街的地界长度）不低于100 m。

（3）层高不低于5.4 m，净高（空调排风口与地板的距离）在4.5 m以上。

（4）卖场地面载荷为 1 000 kg/m$^2$，仓库地面载荷为 1 000 kg/m$^2$，卸货区地面载荷为 3 000 kg/m$^2$，收货区地面载荷为 2 000 kg/m$^2$，办公区载荷为 350 kg/m$^2$。

（5）柱间距要求 9 m 以上，原则上不能低于 8 m。

资料来源：百度文库，https://wenku.baidu.com/view/1b381601f78a6529647d53c8.html

【实施要求】

3～4 人一组，讨论家乐福选址应考虑哪些影响因素。

## 任务二　配送中心规划设计

### 任务导入

结合 R 食品公司的需求和实际运营情况，规划小组得出了一个结论：在三个新城市分别建设一个集储存和配送功能于一体的配送中心。以下是工程师老张分配任务时的发言：

“既然大家已经确定了 R 食品公司需要建设的物流节点为配送中心，咱们现在就分成两组，第一组负责配送中心的选址，第二组负责配送中心的内部布局。

“配送中心选址需要考虑很多因素，如交通条件、公共设施状况、当地政策、土地使用费等。另外，食品对环境的要求比较高，所以所选地点方圆 3 km 内，不得有垃圾处理厂。大家可以在每个城市多选几个地址，经过经济论证后选择最佳地址。

“对于配送中心的内部布局，大家可以根据 R 食品公司食品的种类、储存条件及销售情况，先确定库房的类型、数量及库房内设备的配备情况，再对管理区和作业区进行合理划分。待配送中心的选址和面积确定后，再确定各功能区域的布置形式。

“…………”

请问：配送中心除了具有储存和配送功能外，还具有哪些功能？哪些因素会对配送中心的选址产生影响？应怎样对配送中心内的保管场所进行功能划分？

### 知识讲解

## 一、配送中心概述

### （一）配送中心的概念

配送中心是指具有完善的配送基础设施和信息网络，可便捷地连接对外交通运输网络，并向末端客户提供短距离、小批量、多批次配送服务的专业化配送场所或组织。

根据《物流术语》（GB/T 18354—2006），配送中心应基本符合下列要求：

（1）主要为特定客户或末端客户提供服务。

（2）配送功能健全。

（3）辐射范围小。

（4）提供高频率、小批量、多批次配送服务。

配送中心是从仓库发展而来的。保管型仓库多处于生产领域，储存原材料、配件、半成品和制成品等货物，库存周转率较低；流通型仓库（如批发商或零售商的仓库）多处于流通领域，储存的货物多为制成品，库存周转率较高。与仓库相比，配送中心只具有少量库存，周转率比仓库高，且具备进货、接收订单、流通加工、配送等功能。

大生产、大流通经济格局的形成加剧了市场竞争，大多数产品市场呈现出买方市场的局面，客户对服务的内容、质量和时间都提出了更严格的要求。配送中心作为企业物流系统的重要节点，不仅能够降低库存，还可以减少交易次数和流通环节，提高配送的时效性。

## （二）配送中心的分类和功能

### 1. 配送中心的分类

（1）根据功能不同，配送中心可分为储存型配送中心、流通型配送中心和加工型配送中心。

（2）根据地理区位不同，配送中心可分为城市配送中心和区域配送中心。

（3）根据社会化程度不同，配送中心可分为企业配送中心、社会配送中心和共同配送中心。

配送中心的分类

（4）根据服务对象不同，配送中心可分为销售配送中心和供应配送中心。

（5）根据配送货物的种类不同，配送中心可分为食品配送中心、医药品配送中心、家用电器配送中心和汽车零件配送中心等。

### 2. 配送中心的功能

#### 1）备货功能

备货工作包括筹集货源、订货或购货、集货、进货及有关的质量检查、结算、交接等。配送中心的优势之一是可以集中客户需求进行备货。备货是配送的准备工作和基础工作，如果备货不及时，配送会难以开展。

#### 2）储存功能

储存功能包括配送储备和暂存。配送储备是指按一定时期的配送经营要求，对配送提供资源保证的活动。配送储备量一般较大，储备结构也较完善。配送中心可根据现有资源和到货情况，有计划地确定周转储备及保险储备的结构和数量。企业有时需要在配送中心附近单独设库储存货物，以保证配送储备。

暂存是指在配送时，按分拣配货要求在理货场地暂时储存少量货物的活动。总体储存效益取决于储存总量，暂存货物只会对工作的便利性产生而影响，不会影响储存的总效益，因而在数量上控制得并不严格。

3）分拣与配货功能

分拣和配货功能是配送中心具备的不同于其他物流节点的功能，也是关系配送成败的一项重要支持性功能。分拣和配货是完善送货、支持送货的准备性工作，是不同配送中心在送货时进行竞争和提高自身经济效益的必然结果，或者说是配送向高级形式发展的必然要求。合理的分拣和配货工作会大大提高送货服务水平，进而提高整个配送系统的水平。

4）配装功能

配装即搭配装载，单个客户的配送数量不能达到车辆的额定载重量时，就存在如何集中不同客户的货物，进行搭配装载以充分利用运力的问题。合理的配装送货能够大大提高送货效率，降低送货成本。

5）配送运输功能

配送运输属于运输中的末端运输、支线运输，是较短距离、较小规模、较高成本的运输形式，一般以汽车作为运输工具。

配送运输与干线运输的区别是：配送运输的线路更加复杂，有时甚至会涉及规划问题；干线运输的线路一般是铁路或者高速公路，这种远距离的运输线路基本是固定的，有时甚至是唯一的。由于配送的客户数量多、分布广，运输线路较为复杂，所以进行配送运输时需要选择最佳线路，而这是一项有难度的工作。

6）流通加工功能

流通加工是根据客户要求进行的加工活动，它能够满足客户的个性化和多样化需求，大幅提升客户的满意度。

## 二、配送中心选址

随着国民经济的发展，社会物流量不断增长，配送中心的数量和布局也必须与之适应。配送中心的选址不仅影响着配送服务的质量，而且关系着整个物流系统的运作。

### （一）配送中心选址的原则

1．适应性原则

配送中心选址必须与国家及省市的经济发展方针、政策相适应，与我国物流资源分布和物流服务需求分布相适应，与国民经济和社会发展水平相适应。

2．协调性原则

企业在进行配送中心选址时，应该将区域物流网络作为一个相互影响的系统进行考虑。配送中心与其他物流节点、线路及其他要素相互联系、相互制约，需要进行有效协调。

#### 3．经济性原则

配送中心选址的费用主要包括建设费用和物流费用（经营费用）两部分。配送中心的地址选在市区、近郊区还是远郊区，其物流辅助设施的建设规模、建设费用以及运费等物流费用是不同的。因此选址时，应以总费用最低为原则，即遵循经济性原则。

#### 4．战略性原则

配送中心选址应该具有战略性，既要从全局考虑，也要从长远考虑。配送中心作为物流系统网络中的一个节点，应服从物流系统网络这个大的整体，既要满足当前的配送需要，也要考虑日后发展的可能。

### （二）影响配送中心选址的因素

#### 1．自然因素

（1）气候条件。企业在进行配送中心选址时，要考虑的气候条件包括温度、风力、降水量、霜期、冻土深度、年平均蒸发量等。例如，对于易腐烂的货物，其配送中心一定不能建在地势较低的潮湿处。

（2）地质条件。配送中心是货物的集结地。如果配送中心的地面下存在淤泥层、流沙层、松土层等，某些重量较大的货物堆放起来会使地面沉陷，因此配送中心需要建在土壤承载力较大的区域。

（3）水文条件。配送中心必须建在远离容易泛滥的河川流域与地下水易上溢的区域，这就要求企业在选址时，必须对所选地区近几年的水文状况有足够的了解。

（4）地形条件。配送中心应建在地势较高、地形平坦之处。建在完全平坦的地形上是最理想的，其次是建在稍有坡度和起伏的地方。对于山区或陡坡地区，则应该完全避开。

#### 2．经营因素

（1）经营环境。配送中心所在地区的物流产业优惠政策对该地区物流企业的经济效益能够产生重要影响。数量充足和质量较高的劳动力也是配送中心选址时应考虑的因素之一。

（2）产品特征。配送中心的主营产品不同，其选址也不同。例如，汽车零件配送中心一般会分布在汽车工业园附近，生鲜产品配送中心一般会分布在靠近居民区的地方。

（3）物流费用。大多数配送中心建在物流服务需求地附近，如接近大型工业、商业区，以缩短运距，降低运费。

（4）服务水平。在现代物流过程中，能否实现准时送达是衡量配送中心服务水平高低的重要指标。因此配送中心应以客户在任何时候都能向其提出物流需求，并且可以获得快速、优质的服务为前提进行选址。

#### 3．基础设施状况

（1）交通条件。配送中心周边必须具备方便的交通条件，最好靠近交通枢纽，如紧邻港口、交通主干道枢纽、铁路编组站或机场。

**小提示**

编组站是指集中进行货物列车编组和解体作业的铁路车站，一般设在干线起讫、衔接、交叉处，港口附近，或有大量车流集散的地点。按作业需要，设有各种车场及调车设备、机车整备设备、车辆检修设备等。

（2）公共设施状况。配送中心所在地的道路、通信设施等公共设施应当齐备，有充足的供电、供水、供燃气的能力，且周围要有污水、固体废物处理设施。

#### 4．其他因素

（1）环境保护要求。配送中心在选址时需要考虑其对自然环境和人文环境造成的影响。对于大型转运枢纽，应适当设置在远离市中心，不影响居民日常生活和交通状况的地方，同时尽可能不对自然环境产生严重影响。

（2）配送中心是火灾重点防护单位，因此不宜设置在易散发火种的企业（如冶金企业、化工企业）附近，也应当与居民区保持一定距离。

### （三）配送中心选址方案的经济论证

配送中心选址的步骤与一般物流节点布局规划的步骤基本一致。配送中心的建设一般要投入大量资金，因此在得到具体的选址方案后，需要先进行经济论证，包括投资额的确定及投资效果的分析和确定。

#### 1．投资额的确定

投资额的确定主要涉及以下几个方面：

（1）预备性投资。配送中心通常占地面积较大，它和仓库的不同之处在于，配送中心一般处于接近客户的最优位置，因此在进行基础建设投资之前，需有征地、拆迁、交通建设等方面的预备性投资。这是一笔数额较大的投资，尤其在一些黄金地段，这项投资可能会超过投资额的50%。

（2）直接投资。直接投资是指用于建设配送中心项目主体的投资，如配送中心各主要建筑物的建设费，货架、叉车、分拣设备的购置、安装费，信息系统的购置、安装费，配送中心自有车辆的购置费等。

（3）相关投资。与基础建设及未来经营活动有关的项目，如水电、燃料供应和环境保护等，都需要有一定的投资。在有些地区，这些投资可能很大。如果企业只考虑直接投资而忽视相关投资，可能会导致其对投资额的估算与最终投资相比产生较大的偏差。

（4）运营费用。配送中心的选址也取决于配送产品、配送方式和客户状况，这些因素会导致运营费用出现较大差别。有时配送中心的建设费用虽低，但运营费用较高。企业在确定投资额时如果不考虑运营费用，其对投资效果的判断往往会出现失误。

2．投资效果的分析和确定

在准确掌握投资额后，应分析和确定投资效果，并且以投资效果作为最后决策依据。投资效果归根结底是对投资效益的估算。配送中心和一般生产企业的区别之一在于它不负责生产确定数量、质量和价格的产品，因而其收益难于计量。

在经营活动中，外界环境因素、人的因素等不确定性因素很多，所以估算投资效益时，需要对这些不确定性因素进行全面分析。

### （四）配送中心选址的规律

1．从区域角度看

从区域角度看，大城市配送中心的选址应采取集中与分散相结合的方式；中小城市中，因配送中心数量有限且不宜过于分散，故宜设置在独立地段。在河道较多的城市，商品集散大多利用水运，配送中心可选择沿江而建。

2．从功能角度看

从功能角度看，储存型配送中心主要针对储存期较长的货物，一般应设置在城市边缘地区，且具备良好的水陆运输条件的地方；流通型配送中心主要针对储存期较短的周转类货物，因此一般应设置在城市边缘地区的交通便利地段，以方便货物转运；加工型配送中心定位于制造，它的功能是根据客户需要对产品进行加工，因此通常设置在临近生产工厂的地方。

3．从货物性质看

从货物性质看，食品配送中心应临近入城主干道，以免运输距离过长，货物损耗过大。有些冷藏品配送中心会产生特殊气味、污水、污物，而且设备及运输噪音较大，可能会对所在地环境造成不良影响，因此多建在城郊。

建筑材料配送中心物流量大、占地多，可能会产生某些环境污染问题，有严禁烟火等安全要求，因此应设置在城市边缘、交通运输干线附近。

石油、煤炭等易燃物配送中心应满足防火要求，设置在城郊的独立地段。在气候干燥、风速较大的城镇，配送中心必须设置在大风季节的下风位或侧风位，特别是油品配送中心，其选址应远离居民区和其他重要设施，最好选在城镇外围的地势低洼处。

## 三、配送中心的功能区域

配送中心的类型很多，规模大小各异。然而无论是哪一种类型的配送中心，基本上都是由管理区和各种作业区组成的，如图 4-5 所示。现以一般配送中心为例，介绍其功能区域。

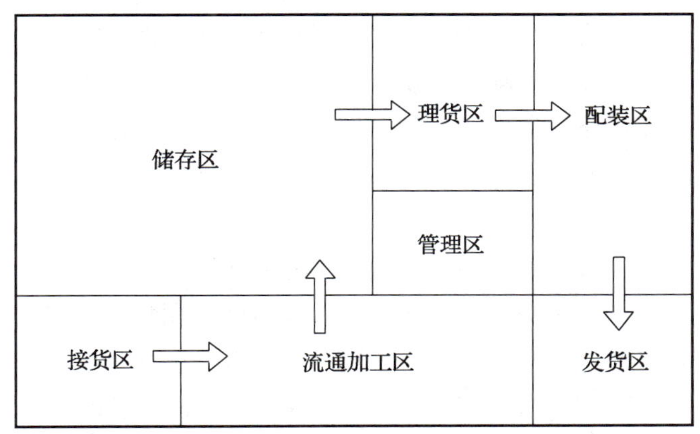


图 4-5　配送中心的功能区域

## （一）管理区

管理区是配送中心的中枢神经，主要有以下几方面的职能：对外负责收集和汇总各种信息（如客户订货信息），并做出相应的决策；对内负责协调、组织各种活动，指挥、调度各类人员，以完成配送任务。

## （二）作业区

不同类型的配送中心，其作业区的构成及面积大小可能存在差异。一般而言，配送中心的作业区主要由以下几个部分组成。

### 1. 接货区

接货区一般包括卸货站台和验货场区。在该区域内，工作人员必须完成接收货物的任务和货物入库、拣选之前的准备工作，如卸货、检验、分拣等。货物在接货区的流动性高，停留时间比较短暂，所以接货区的面积通常很小。

### 2. 储存区

储存区是储存货物的场所，内部一般建有专用仓库，并且配备各种设备，包括货架、叉车和吊车等。

从位置上来看，储存区多设在紧靠接货区的地方，有的也设在流通加工区旁边。由于货物需要在该区域停留一段时间，所以储存区的面积通常较大，基本占整个配送中心的一半，个别配送中心（如煤炭、水泥配送中心）的储存区甚至会占到一半以上。

### 3. 理货区

理货区是指在货物储存、装卸过程中，对其进行分类、整理、捆扎、集装、计数和清理残损等作业的区域。

理货区面积大小因配送中心的类型不同而不同。一般来说，对于拣选和配送量比较大的配送中心，如向多家客户配送多种产品且按照少批量、多批次方式配送产品的配送中心，其理货区的面积较大；对于拣选和配货工作量不大的配送中心，其理货区面积也不大。

与其他作业区一样，理货区也配备许多专用设备，如手推载货车、重力式货架和回转式货架、升降机、传送装置、自动分拣设施等。理货作业是配送中心作业流程中的一项重要作业，其效率不仅影响下道工序的正常操作，而且直接影响整个配送活动的运行质量及效益。从这个意义上讲，理货区是配送中心的重点作业区。

4. 配装区

由于种种原因，有些分拣并配备好的货物不能立即装车发运，而是需要集中在某一场所等待统一发运，这种放置和处理待发运货物的场所就是配装区。在配装区内，配送中心的工作人员要进行配装作业，即根据每个货主的货物数量进行分放、配车和选择装运方式（单独装运或混载同运）。因货物在配装区内停留时间不长，所以货位所占的面积不大。相比储存区，配装区的面积要小很多。

小提示

配装作业的主要内容是分放货物、组配货物和安排车辆等，因此在这个作业区内，除了配备计算机、小型装卸机械、运输工具外，还应配备一些大型专用设备。

并不是所有的货物都需要经过配装才能发货，因此有些配送中心将配装区与发货区合并在一起。

5. 发货区

发货区是工作人员将组配好的货物装车外运的作业区域，由运输货物的线路和接靠载货车辆的站台、场地等组成。发货区处于配送中心作业区的末位。

6. 流通加工区

很多从事加工作业的配送中心，在结构上除了设置一般的作业区外，还设有流通加工区，该区域内配备流通加工设备（如剪床、锯床、打包机等）。因加工工艺有别，各个加工型配送中心的流通加工区所配备的设施设备不完全相同。和储存区一样，流通加工区所占的面积也比较大，尤其是煤炭、水泥、木材等生产资料的流通加工区，其所占面积更大。

小提示

除了上述区域，部分配送中心还设有设备存放及简易维护区、废弃物处理区、员工休息区等区域。

## 四、配送中心内保管场所的分配与布置

### （一）保管场所的分配

配送中心内保管场所的分配是指在库区内，为每一种库存货物分配合适的储存保管

区。合理分配保管场所的目的在于做到物得其所、库尽其用、地尽其利。

### 1. 保管场所的划分

规模比较大的配送中心储存的货物品种多、数量大。为了便于管理，可按照仓库建筑物的布局和货物的理化性质、用途，划定货物的保管场所。

（1）按照货物的理化性质分区。该分区方法是将库存货物按其理化性质分成若干大类（如金属材料、非金属材料、机电产品等），对每一类货物划定一个储存保管区。这种划分储存保管区的方法有利于根据某类货物的特征，采取相应的保管措施，对其进行统一管理。

（2）按货物的用途分区。该方法是按照货物用途，将货物分为若干大类，并划定一定的储存保管区。这种分区方法便于对基层用料单位配送，也能提高用料单位来料、领料的效率。其缺点是，如果同一用途的货物品种繁多、性质各异，对保管条件的要求不同，会给保管带来一定困难。

（3）混合分区。混合分区是指将上述两种方法结合起来，有的按货物的理化性质分区，有的按货物的用途分区。

以上三种分区方法各有优缺点。一般情况下，通用货物按理化性质分区（如易碎品区、非易碎品区），专用货物按用途分区（如车辆配件区、电子产品配件区等），而铁路材料场多采用混合分区。为了业务管理的方便，保管场所对货物的分类应与《铁路物资目录》中的分类一致。《铁路物资目录》（金属材料，部分）如表 4-2 所示。

表 4-2　《铁路物资目录》（金属材料，部分）

<table>
<tr><th>材料编号</th><th>材料分类</th><th>材料编号</th><th>材料分类</th></tr>
<tr><td>000</td><td>生铁</td><td>0156</td><td>普通碳素钢热轧大型等边角钢</td></tr>
<tr><td>0001</td><td>铸造生铁</td><td rowspan="2">0157</td><td rowspan="2">桥梁用普通碳素、低合金钢热轧大型等边角钢</td></tr>
<tr><td>002</td><td>黑色金属废残料</td></tr>
<tr><td>0020</td><td>废钢、废铁</td><td>0158</td><td>普通低合金钢热轧大型等边角钢</td></tr>
<tr><td>0021</td><td>废钢轨、轴、轮、道岔</td><td>016</td><td>不等边角钢</td></tr>
<tr><td>01</td><td>型钢</td><td>0160</td><td>普通碳素钢热轧小型不等边角钢</td></tr>
<tr><td>010</td><td>园钢</td><td>0162</td><td>普通低合金钢热轧小型不等边角钢</td></tr>
<tr><td>0100</td><td>普通碳素钢热轧小型园钢</td><td>0163</td><td>普通碳素钢热轧中型不等边角钢</td></tr>
<tr><td>0102</td><td>普通低合金钢热轧小型园钢</td><td rowspan="2">0164</td><td rowspan="2">桥梁用普通碳素、低合金钢热轧中型不等边角钢</td></tr>
<tr><td>0103</td><td>普通碳素钢热轧中型园钢</td></tr>
<tr><td>0105</td><td>普通低合金钢热轧中型园钢</td><td>0165</td><td>普通低合金钢热轧中型不等边角钢</td></tr>
<tr><td>0106</td><td>普通碳素钢热轧大型园钢</td><td>0166</td><td>普通碳素钢热轧大型不等边角钢</td></tr>
</table>

### 2. 划分保管场所应考虑的因素

货物应储存在什么地方，不仅要考虑货物本身，如货物的理化性质、用途、加工程度、自身价值、批量大小等，还要考虑货物在储存区保管时间的长短、所在地气候条件等。

（1）耐风吹、日晒、雨淋以及一定时间内温度和湿度变化对其基本不会产生影响的货物，如生铁锭、钢轨、原木等，可储存在露天料场。

（2）受风吹、日晒、雨淋易变质损坏，而温度和湿度变化对其无显著影响的货物，如中型钢材、钢轨配件、优质木材、耐火砖、电缆等，可储存在料棚中。

（3）易受风吹、日晒、雨淋和温度、湿度变化等因素影响的货物，如金属制品、水泥、化工原料等，应储存在普通库房。

（4）对外部环境极其敏感的货物，如汽油、炸药、有毒物品、腐蚀性物品、压缩气体、放射性物质等，应储存在专用库房。

知识链接

#### 库房各层的使用分配

库房一般为3～5层，各层的保管条件和作业条件不同，用途也不同。

（1）库房最底层。库房最底层两侧均可设库门和站台，方便收发作业。地坪的承载能力强，但易返潮，易受道路灰尘的影响，因此应储存大批量、单位重量大、体积大、收发作业频繁、对保管条件要求较低的货物，如金属材料和金属制品等。

（2）库房中间层。中间层的楼板承载能力较差，上下搬运货物只能借助升降机或电梯。但楼板较干燥，采光、通风良好，受外界温度、湿度的影响较小，保管条件总体较优。中间层适合储存体积较小、重量较轻、对保管条件要求较高的货物，如仪器仪表等。

（3）库房最顶层。最顶层与中间层的优点类似，但它有两个显著的缺点，一是不便于搬运货物，二是直接受日光照射。因此最顶层适合储存收发作业不太频繁、对保管条件要求较低、单位重量较轻的货物，如塑料、纤维制品等。

### 3. 货物储存注意事项

对存入同一库房的货物，应考虑彼此是否互容。凡是两种货物之间不产生或很少产生影响的，称两者具有互容性。具有互容性的货物，如金属制品和塑料制品，可以储存在同一库房中。有些货物不宜混存，具体如下：

（1）对一方有影响或相互影响的货物，如粉末材料和精密仪器仪表、腐蚀性物品和各种易被腐蚀的货物、大部分化工危险品和其他易燃易爆物品（炸药与起爆器材、易燃品和自燃物、易燃气体和助燃气体等）。

（2）对储存条件有不同要求的货物，如适合干燥环境的货物和适合湿润环境的货物、适合常温环境的货物和适合低（高）温环境的货物。

（3）要求使用不同作业手段的货物。例如，将体积大小相差悬殊、单位重量相差很大、要求使用不同装卸搬运手段的货物储存在同一库房，不仅会给收发作业带来很大困难，而且会降低仓库的有效利用率。

## （二）保管场所的布置

要提高保管场所的储存能力，就必须尽可能增加储存面积，或减小作业场地和通道占地面积。通常情况下，保管场所的布置应该满足以下原则：

（1）最大限度地提高保管场所的平面利用率。

（2）符合作业要求，便于日常查点和收发。

（3）便于机械化作业。

保管场所的布置分为平面布置和竖向布置。

### 1. 保管场所的平面布置

保管场所的平面布置是指对库房、料棚和料场内的料垛、料架、通道、收发料区等进行合理的划分，正确处理它们在平面上的相互位置关系。保管场所的平面布置可以采取以下几种方式：

（1）横列式布置。横列式布置是指料架或料垛的排列与库房的长度方向互相垂直，如图 4-6 所示。这种布置方式的优点有：主通道长且宽，副通道整齐、美观；方便查点、存取货物，通风和自然采光良好；便于机械化作业。缺点是主通道占用面积多，储存面积相对较少。

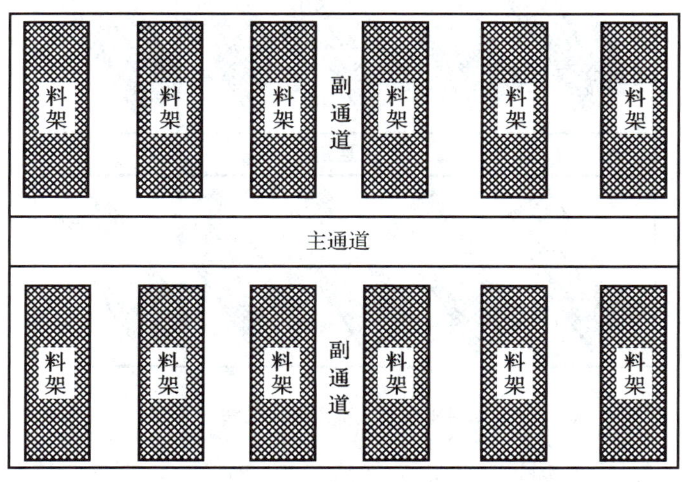


图 4-6　横列式布置

（2）纵列式布置。纵列式布置是指料架或料垛的排列与库房的长度方向平行，如图 4-7 所示。这种布置方式能够提高保管场所的利用率，但不方便查点、存取货物。

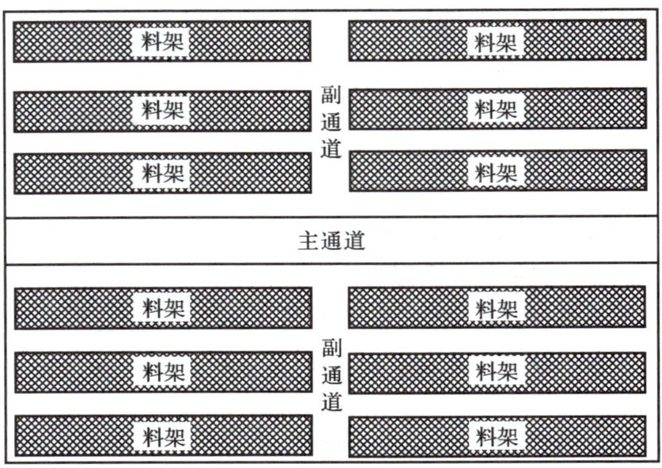


图 4-7　纵列式布置

（3）倾斜式布置。倾斜式布置并不要求料架或料垛的排列与主通道垂直，而是成30°、45°或 60°的夹角。倾斜式布置可以分为料架倾斜式布置和通道倾斜式布置两种。

- 料架倾斜式布置：料架的布置与库墙和主通道之间成锐角，如图 4-8 所示。这种布置方式的优点是便于叉车配合托盘进行作业，能缩小叉车的回转角度，提高装卸搬运效率。缺点是存在不少死角，库房面积得不到充分利用。

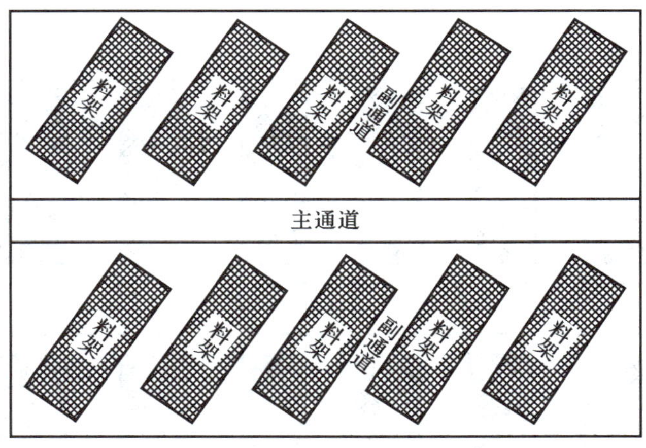


图 4-8　料架倾斜式布置

- 通道倾斜式布置：通道和库墙之间成锐角，如图 4-9 所示。这种布置方式的优点是避免了死角，能充分利用库房面积。缺点是库房内布局较复杂，进出库路径较多。

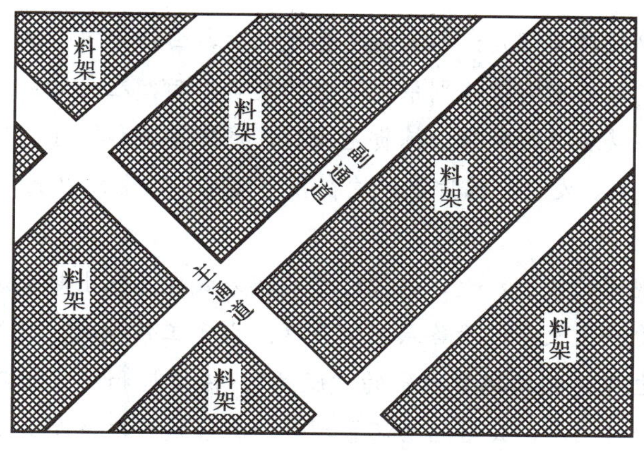


图 4-9　通道倾斜式布置

### 2. 保管场所的竖向布置

保管场所的竖向布置是指货物在库房立体空间上的布置，其目的在于充分、有效地利用仓库空间。竖向布置可采取下列方式进行：

（1）就地堆垛。依靠货物或其包装的结构进行码放。

（2）使用料架。将货物直接装入料箱、托盘后存入料架。

（3）集装箱、托盘堆码。将货物装入集装箱或码放在托盘上，然后将集装箱或托盘进行堆码。

（4）空中悬挂。将货物悬挂在库墙或库房顶部。

（5）采用架上平台。在料架上方铺设一层承载板，构成二层平台，用以堆放货物。

保管场所的竖向布置能够在库房占地面积不变的情况下，拓展更多的储存空间，从而节约建设成本。

## 任务实施

【实施背景】

KD 公司是滨海市一家专门从事医药产品批发、零售的大型医药公司，其服务对象为滨海市及周边地区近千家医院、药品零售店。公司经营范围覆盖全国 600 家医药厂商，近 6 000 种医药产品，拥有注册会员 10 余万人。

KD 公司大胆创新，采用国际先进的配送方式销售产品，并为此建立了统一的客户订单处理和仓储配送系统，以实现快速、准确处理客户订单并及时配送的服务目标。

KD 公司建有一个大型药品配送中心，该中心共有四层，每层面积为 2 000 $m^2$。配送中心一层分别设有收货平台和发货平台，以及订单处理中心、管理部等。二层及以上为药品储存区。配送中心在一层设有发货组，在储存区分别设有仓库保管员和拣货员。配送中心使用一部货运电梯完成各楼层间货物的转运、传递工作。

公司目前的订单处理流程是：各类订单生成以后，由订单中心统一进行处理，在订单系统中生成发货单。配送中心接收到系统发送的发货单后，在仓储系统中生成拣货单。拣货员按照拣货单在各楼层进行拣货。拣货完成后，将拣货单和拣选的药品送到一楼的发货组，由发货组进行包装、发货。拣货员穿梭在各个楼层，每张订单的平均拣货时间为10～20分钟，工作量十分大。

由于公司销售规模的快速扩大，这种订单处理方式也暴露出越来越多的缺点。拣货员面对大量的订单，要一次次穿梭于各层的储存区。由于工作量大，出错的订单增加不少，并且电梯数量不足也成为制约拣货效率的“瓶颈”，拣货员和发货组不得不靠加班来满足日益增长的订单。面对困境，公司的物流管理部门在经过多次考察分析后，决定采取相应的改进措施提高拣货效率，减少工作量和差错。

资料来源：赏学吧，https://www.shangxueba.cn/4214374.html

【实施要求】

3～4人一组，分析KD公司配送中心楼库使用情况，以及整个配送中心面临的问题，并给出解决建议。

## 任务三 物流中心规划设计

### 任务导入

就在R食品公司配送中心规划设计工作进行的同时，工程师老张接到了JZTD物流公司总部发来的通知：

“L市的临空经济开发区目前准备建设国际物流中心，市政府将在下周一召开临空国际物流中心建设推进座谈会，届时会有大量物流专业人士出席。这是一次非常难得的交流学习机会，希望你能安排部门员工参加。”

老张看完通知，不禁思索起来：“这次机会确实难得，可以带上新员工李辉，让他学习学习。”老张对李辉详细说明了情况，并嘱咐道：“物流中心的规划设计是物流节点规划设计的重要组成部分。我这里有一份L市农产品转运中心的规划设计资料，你可以拿去看看，重点了解物流中心规划设计的影响因素、内容和方法等。”

请问：什么是物流中心？物流中心有哪些类型？物流中心的规划设计包括哪些内容？物流中心规划设计的步骤有哪些？

## 知识讲解

## 一、物流中心的概念和分类

### （一）物流中心的概念

物流中心的规划、筹建、运行与完善，涉及交通部门、商业、工业、建筑业、农业、金融业等多个部门和行业。不同部门和行业对物流中心的内涵和外延理解并不一致，归纳起来主要有如下几种：

（1）物流中心是从国民经济系统要求出发，建立的以城市为依托，开展货物储存、运输、包装、装卸等综合性物流业务的开放型基础设施。这种物流中心通常由集团化组织经营，一般称为社会物流中心。

（2）物流中心是为了实现物流系统化、效率化，在社会物流中心下所设置的货物配送中心。这种物流中心从供应者手中受理大量的、多种类型的货物，对其进行分类、包装、保管、流通加工和信息处理后，按众多客户要求完成配货、送货等作业。

（3）物流中心是组织、衔接、调节、管理物流活动的较大型的物流据点。物流据点虽然有很多种类，但是大都可以看作以仓库为基础，为各物流环节提供延伸服务的据点。为了与传统的静态管理仓库相区别，将涉及物流动态管理的新型物流据点称为物流中心。这种含义的物流中心在现实中数量多、分布广。

（4）物流中心是以交通运输枢纽为依托，经营社会物流业务的货物集散场所。货运枢纽是由一些货运站场构成的联网运作体系，也是构成社会物流网络的节点，当它们具有实现订货、咨询、取货、包装、储存、装卸、中转、配载、送货等社会物流服务的基础设施、移动设备、通信设备、控制设备，以及相应的组织结构和经营方式时，就具备了成为物流中心的条件。

本书认为物流中心是指具有完善的物流基础设施及信息网络，可便捷地连接外部交通运输网络，物流功能健全，集聚辐射范围大，存储、吞吐能力强，为下游客户提供专业化公共服务的场所或组织。

小提示

物流中心是社会物流系统网络中的核心节点，所以在理解它的概念时，一定要将其置于社会物流系统网络中。社会物流系统网络的服务对象、运作主体、范围等不同，使得物流中心概念的侧重点也有所不同。

## （二）物流中心的分类

根据不同类型的物流中心在物流系统网络中所发挥的主要功能不同，可将其分为集货中心、送货中心、转运中心、加工中心、配送中心和物资中心。配送中心前文已经介绍过，因此这里介绍其余几种物流中心。

### 1. 集货中心

集货中心是指将分散生产的零件、制成品集中后形成大批量货物的物流中心。这类物流中心多分布在小企业集聚区、农牧业区等区域。集货中心主要有以下几项功能。

（1）集中货物：将分散的货物集中后形成大批量货物。

（2）初级加工：如分级、除杂、剪裁、冷藏、冷冻等作业。

（3）运输包装：使货物适应大批量、高效率、低成本的运输而进行的包装。

（4）集装作业：使用托盘、集装箱等进行货物集装作业，以提高运输的连贯性。

（5）货物储存：进行季节性储存保管作业等。

### 2. 送货中心

送货中心是指将大批量货物换装成小批量货物并运送到客户手中的物流中心。送货中心运进的多是集装的、散装的、大批量、大型包装的货物，运出的是经分装加工转换成小包装的货物。此类物流中心多分布在产品使用地、消费地或车站、码头、机场附近。送货中心主要有以下几项功能。

（1）分装货物：将大包装的货物分装成小包装的货物。

（2）分送货物：将货物送给客户。

### 3. 转运中心

转运中心是实现不同运输方式或同种运输方式联合运输的物流设施，通常称为多式联运站、集装箱中转站、货运中转站等。转运中心通常分布在运输网络的枢纽处。转运中心主要有以下几项功能。

（1）货物中转：不同运输设备间货物装卸中转。

（2）货物集散与配载：集零为整，化整为零，针对不同的目的地进行配载作业。

（3）货物储存及其他服务等。

### 4. 加工中心

加工中心负责加工货物，并将加工后的货物运送到客户手中。它侧重于对原材料、产品等的流通加工，因此配备有专用设备和生产设施。加工中心的加工工艺一般并不复杂。

加工中心通常分布在原材料产地、产品产地或消费地。对货物进行加工后，使用专用冷藏车、冷库、煤浆输送管道等设施设备进行其他作业。

### 5. 物资中心

物资中心是指依托各类物资、商品交易市场，进行集货、储存、包装、装卸、配送、信息咨询、货运代理等服务的物资集散场所。一些集团企业的物流中心，就是依托各类物资交易市场形成的。此外，全国一些知名的物资中心，是从小商品市场和服装市场逐渐发展而来的。

由于社会经济背景、地理区位、交通条件，以及物流服务对象、物流服务需求等的不同，形成了多种类型的物流中心。建设物流中心时，不能一味追求功能全、规模大、辐射范围广，而应结合物流系统网络的实际情况，既要满足各种层次的物流服务需求，又要避免物流设施重复建设造成的浪费情况。

## 二、物流中心的功能和作用

### （一）物流中心的功能

物流中心除了具备运输、储存、装卸搬运、流通加工、配送、信息处理等基本功能外，还具备以下增值服务功能。

#### 1. 产品展示与贸易功能

产品展示与贸易功能是物流中心向高阶段发展的必然趋势，一些物流中心设置有专门的产品展示和贸易区域，为原材料、产品、物流服务的交易提供平台。

#### 2. 结算功能

结算功能属于物流中心的延伸功能。物流中心的结算活动不仅仅是物流费用的结算，如果从事代理、配送业务，物流中心还要替货主向收货人结算货款。

#### 3. 需求预测功能

自用型物流中心经常根据产品的进出库信息预测未来一段时间内产品的进出库量，进而预测市场对产品的需求。

#### 4. 物流系统设计咨询功能

部分公共型物流中心具备物流系统设计咨询功能，即为货主设计物流系统，代替货主选择和评价运输商、仓储商及其他物流服务提供商。如果想要提升物流中心的服务水平和综合竞争力，可以考虑引入物流系统设计咨询功能。

#### 5. 物流教育与培训功能

物流中心的运作离不开货主的配合。物流中心向货主提供物流教育与培训服务，一方面可以增强货主对物流中心经营管理理念的认同感，提高货主的物流管理水平；另一方面可以将物流中心经营管理者的要求传达出去，便于确立物流作业标准。

随着物流业的飞速发展，物流中心的基本功能已经无法满足现代商品贸易的要求，增值服务功能逐渐成为物流中心建设必须要考虑的内容。增值服务不仅能够推动商品交易、简化交易流程、降低作业成本，更重要的是可以使物流中心获得显著的竞争优势。

### （二）物流中心的作用

物流中心除了在物流系统网络中发挥着枢纽作用，它对于生产和生活也有着重要作用。

### 1．调节市场供需，维持市场平衡

各种产品的市场需求在时间和空间上的分布都是不均衡的，但是这些产品的生产活动往往一直在进行，因此很容易出现产需不匹配的情况。

物流中心既可以将过剩的产品集中起来，在市场供应不足的时候将其投入市场，也可以通过分散供应，将产品从大批量转化成小批量，满足分散的小规模需求。可见，物流中心具有调节市场供需，维持市场平稳运行的作用。

### 2．整合资源，实现物流资源的优化配置

物流中心以市场为调节机制，以经济效益为目标，利用先进的流通形式对分散、无序及闲置的物流资源进行开发和利用，从而实现物流资源的优化配置。

### 3．提高企业的经济效益，推动物流企业向专业化发展

物流中心承担了生产和流通企业的某些流通性业务，创造了产品的时间价值（季节差价）和空间价值（地区差价）。有利于生产和流通企业降低对物流设施的投入，节约物流成本，提高企业的经济效益。

物流中心能为物流企业提供公平的竞争环境和新的发展空间，推动物流企业向专业化发展。有了物流中心，小规模的企业可以将货物的储存、装卸搬运甚至流通加工都委托给物流中心处理，企业不需要投入大量资金建立自己的物流系统，只需要将重心放在客户关系的维护上。

### 4．提高物流集约化程度，创造规模效益

物流中心是物流集约化发展的必然产物。两个城市之间的物流活动如果不通过各自的物流中心进行连接，就会产生大量的资源浪费。此外，物流中心利用其专业化的设施设备和作业标准，能够提高物流组织活动的专业化水平，将社会物流资源集中起来，从而创造巨大的规模效益。

### 5．提高流通组织化程度和现代化管理水平

货物的理化性质复杂多样，交通运输方式多、距离长、时间长、起止点多，这对运输、储存、装卸搬运、流通加工、配送、信息处理等物流活动提出了很高的要求。

只有集中建立物流中心，才有可能提供更加专业、优质的服务，并通过物流中心的“三流”（商流、物流、信息流），推动流通领域的科技开发和加快现代化管理技术在物流行业的运用，从而提高流通组织化程度和现代化管理水平。

### 6．有利于城市的可持续发展

随着社会经济的不断发展，城市的物流量呈现出大幅增加的态势。物流量的增加一方面要求畅通的物流渠道，提高物流设施的容量和效率，另一方面也要求调整物流量空间分布。通过合理地规划城市物流中心，可以调整物流量空间分布，实现物流节点和物流线路的有机结合，缓解城市交通压力，促进城市可持续发展。

#### 7．促进地区经济快速增长，完善城市功能布局

物流中心同交通运输设施一样，是经济发展的保障，也是经济发展的重要助推力量。物流中心的建设可以从多方面带动经济发展。考虑到城市中心土地价格较高，许多物流中心设在了城市边缘地区，这无疑为城市边缘地区的经济发展注入了活力。

#### 8．开展联合运输

物流中心可以将不同的运输方式衔接起来，开展联合运输。物流中心一般设在车站、港口、航空港等不同运输方式的衔接处，因此有利于开展公铁联运、海陆联运、陆空联运等，减少装卸搬运环节，缩短物流时间，提高物流速度和准时服务水平。

## 三、物流中心规划设计概述

物流中心是服务于社会物流的，而社会物流又与资源分布、经济条件、地理区位、工业布局、交通网络等密切相关。由于中国区域经济发展不平衡，因此政府管理部门和物流经营者必须根据各地区的社会经济特点，确定物流中心建设的规划设计方案。

### （一）物流中心规划设计的主体

物流中心既是物流系统网络的节点，也是道路运输系统的基础结构，同时还是不同运输方式的抉择点和协作、协调的结合点。物流中心的规划、筹建、运营等方面不仅与道路运输基础设施相关，还会涉及城市规划和城市经济运行。从区域经济运行的角度考虑，物流中心规划设计需要对多方面资源进行统筹利用，是一项复杂的任务，所以我国较大规模的物流中心规划设计都是由政府部门指导并组织的。

### （二）影响物流中心规划设计的因素

物流中心规划设计需要考虑以下几种因素：

（1）区域经济环境，如经济发展规划、物流产业布局等。

（2）交通运输网和物流设施现状，如交通运输干线、多式联运中心、货运站、港口和航空港的布局。

（3）城市总体规划，如城市人口增长率、重点发展区域、建设用地情况等。

（4）环境保护与社会可持续发展。

### （三）物流中心规划设计的内容

#### 1．物流中心布局与选址

物流中心布局与选址涉及物流产业规划、土地使用权、物流业务种类、物流设施、筹资能力、交通环境、自然条件等因素，它是物流节点布局与选址的组成部分。

#### 2．物流中心的规模设计

物流中心的规模设计是确定物流中心的总体规模、服务范围的过程。在规划设计过程

中，应注意两个方面的问题：

（1）要充分了解社会经济发展的大趋势，对地区、全国乃至世界经济发展做出预测。

（2）要充分了解竞争对手的状况，如生产能力、市场份额、经营特点、发展规划等。因为市场总容量是相对固定的，不能正确地分析竞争形势就不能正确地估计自身能占有的市场份额。

### 3．物流中心的设施规划

在选定的区域内，合理地布置好相关设施的位置，能有效利用空间、设备、人员和能源，最大限度地减少货物搬运，简化作业流程，缩短生产周期，为员工提供舒适、安全和卫生的工作环境。

物流中心的设施规划应该遵循以下原则：

（1）从系统的角度运用系统分析的方法进行规划。

（2）以货物的顺畅流动为出发点。

（3）减少或消除不必要的作业流程。

（4）尽可能提高空间利用率。

### 4．软硬件设备系统的规划设计

软硬件设备系统的规划设计要求合理地配置设备，并以简单的设备和较少的投资实现预定的功能。设备的智能化、自动化程度不是衡量物流中心先进性的最主要因素，先进性还应体现在整个软硬件设备系统的管理思想和管理方法上。

我国物流中心的建设一般贯彻软件先行、硬件适度的原则。也就是说，管理与控制软件的开发和使用要与国际先进水平接轨，而机械设备等硬件设施则要根据实际情况（如可用资金、人工费用等）进行配置，不能一味追求智能化、自动化。

### 5．物流中心的运营组织设计

物流中心的功能多，业务复杂，可以采用一体化组织结构，以便统一运作。一体化运营组织结构将实际上分开操作的物流作业统一在一个管理职权之下，使物流中心可以始终以最高的效率运转。

## （四）物流中心规划设计的步骤

### 1．筹划准备阶段

在筹划准备阶段，首先应该明确物流中心规划设计的任务、目标和有关背景条件。一个物流中心的成立可能有多个目标，但应分清主次，围绕核心目标开展准备工作。有关背景条件包括主要服务对象的地点和数量、物流中心的位置和规模、配送货物的类型、库存标准、作业内容等。

对物流中心建设的必要性和可行性有了初步结论后，可建立筹建小组负责具体工作。筹建小组应该吸收多方面成员，包括本企业、物流设备制造商、建筑企业的人员和一些经验丰富的物流专家。

### 2. 基本设计阶段

基本设计阶段解决的是物流中心的基本流程、设施设备、运营体制、项目进度计划和预算等问题，具体内容如下：

（1）基本流程设计。将物流中心的作业如进货、储存、流通加工、分货、配货等按顺序制成流程图，并且初步设定各作业环节的相关作业方法。

（2）物流中心的要素和能力设计。根据物流中心各作业环节的功能要求，选定各环节的设备类型，初步确定各设备应具备的能力。

（3）运营系统设计。运营系统设计应包括作业程序和标准、管理方法和规章制度、各种票据处理和各种作业指示图、设备的维修制度和系统异常事故的对策等方面的设计，以及其他有关物流中心的业务规划与设计。

（4）平面布置。确定各业务要素所需要的占地面积及相互关系，考虑物流量、搬运手段、货物状态等因素并绘制平面布置图。绘制时要考虑未来可能发生的变化。

（5）建筑规划。在平面布置图的基础上，结合有关法规与周围环境确定建筑物的最终形态与配置，即确定建筑物的类型（采用单层还是多层建筑），并对行驶线路、停车场地等进行规划。

（6）制订进度计划。对项目的基本设计、详细设计、土建、设备的订货与安装、系统试运转、人员培训等都要制订初步的进度计划。

（7）成本概算。以上述内容为基础，对设计的研制费、建设费、试运转费、正式运转后所需作业人员的劳务费等进行概算。

### 3. 方案评估阶段

在基本设计阶段往往会产生几个可行的方案，这时应该根据各方案的特点，采用系统评价法或计算机模拟仿真法，对方案进行比较和评估，从中选择最优的方案进行详细设计。

### 4. 详细设计阶段

详细设计阶段应完成物流中心平面布局设计、建筑及设施规划设计、设备规格设计、信息系统设计、业务运作系统设计、运营管理系统设计、流程与单据设计、投资和运作成本分析等任务。

### 5. 系统实施阶段

在系统实施阶段，首先应该对所有施工内容从可行性、安全性、可靠性、可维护性等方面进行评价和审查，在确定承包商前应深入现场，对该厂生产环境、质量管理体制进行考察，如果发现问题要及时提出改善要求。在物流中心建设过程中，要实时跟踪进度，确保系统能如期完成。

## 任务实施

【实施背景】

哈尔滨 LY 物流园区是哈尔滨市的“南大门”，距哈尔滨南站 2.8 km，距哈尔滨太平国际机场 30 km，通过哈尔滨绕城高速公路可直达区域中心城市及绥芬河市、东宁市、密山市、虎林市等地。它是黑龙江省公路货物运输与南方省市物流的必经之地，也是我国货物进入东北亚经济区的重要物流通道枢纽之一。

园区规划占地面积为 161.5 万平方米，其中一期占地面积为 51.5 万平方米，二期规划占地面积 110 万平方米。主要建设对俄贸易的物流配送中心、物流集散中心、多式联运中心和物流信息传输中心。

此外，园区作为物流配送中心，面向哈尔滨市及黑龙江省内外加工企业、商业服务企业和政府机关部门采购等；作为物流集散中心，面向运输企业、配载企业等多种企业；作为物流信息传输中心，面向哈尔滨市、黑龙江省内外和国际相关的物流客户；作为多式联运中心，可选择公路运输、铁路运输、航空运输、水路运输等多种运输方式。

园区发展定位是集物流公共基础设施、物流信息和物流运营服务于一体的综合性物流园区，规划建设综合服务站、配送站、仓储站、物流交易站、集装箱站 5 个功能区。园区物流设施包括：

（1）商务办公设施。园区设有 8 000 $m^2$ 智能化的商务信息中心和 6 000 $m^2$ 的货运交易中心，提供多种形式的商务办公用房及办公设施，是各类物流公司的理想办公场所。园区为客户提供智能化管理系统和细致周到的商务办公服务，并与专业银行合作建立资金结算中心，为客户进行资金结算服务。

（2）国际物流采购交易中心。园区设有 2 万平方米的国际物流采购交易中心，为国际、国内货物交易提供了展示交易平台，可开展大型的国际、国内货物展示交易活动，既促进商品流通，同时为国际贸易企业提供办公场所。

（3）物流信息设施。园区的商务信息中心内建有 1 310 $m^2$ 的现代化物流信息管理中心，形成以黑龙江省物流信息网为基础的综合性物流信息平台。园区设有黑龙江省物流信息平台和园区智能化管理系统平台，建立物流条码自动识别管理系统等。

（4）教育培训设施。园区的商务信息中心内建有 1 310 $m^2$ 的教育培训中心，该中心配备现代化的物流教育培训设施，利用园区的人才优势、管理优势和现代化的设施设备开展多层次、全方位的物流教育培训，争取成为物流岗位资格培训发证单位和东北乃至全国知名的物流教育培训机构。

（5）综合服务设施。园区建有 1.48 万平方米食宿综合服务中心、加油站、汽车维修救援中心，可为进入园区的所有人员提供餐饮、住宿、购物、娱乐、后勤等服务。运营管理依托园区现代化设施，实行专业化、智能化管理。园区物业管理细致、周到、科学。安

全管理实行智能化，园区所有设施、库内所有货物均在 24 小时监控之下。设备设施维修及时化，借助 GPS 对重要车辆提供 24 小时救援跟踪服务。住宿服务公寓化，员工生活多样化、知识化。

（6）仓储、配载、配送设施。园区建有各种仓储设施共 17.498 万平方米，有标准的自动化立体仓库和普通仓库，有冷冻库、恒温保鲜库等。这些仓库采用专业设计，配备有专业设施，同时建有既可仓储也可进行综合物流作业（包括退货、补货、换货、检验、包装等）的货运配载区、物流加工区等。

（7）国际集装箱中转设施。园区内建有 3.4 万平方米的集装箱堆场和 1.152 万平方米的海关监管仓库，可为黑龙江省内外的公路集装箱集中和转运提供服务。同时，海关监管仓库作为保税仓库，为货物进出口提供便利，主要发展对俄集装箱贸易业务。

（8）停车场和运输车辆。园区设有 3.25 万平方米的停车场，运输车辆选择厢式全封闭货车，吨位匹配合理，车辆调度实行人机配合管理，并且对重要车辆和重要货物进行 GPS 定位，建立了车辆救援系统，车辆进出场及停车场自动化管理系统。

资料来源：范文中心，http://fanwen.geren-jianli.org/551892.html

【实施要求】

3～4 人一组，讨论以下问题：

（1）园区建立了哪些类型的物流中心，这些物流中心各具备哪些功能。

（2）园区建立的物流设施分别发挥了什么作用。

1．单项选择题

（1）除了（　　）活动，绝大多数物流活动都是在物流节点上进行的。

A．仓储　　B．配送

C．运输　　D．流通加工

（2）以保管、存放货物为主要功能的物流节点是（　　）。

A．转运型节点　　B．储存型节点

C．流通型节点　　D．综合型节点

（3）功能比较齐全的物流节点是（　　）。

A．物流中心和配送网点

B．公共仓库和配送网点

C．公共仓库和配送中心

D．物流中心和配送中心

（4）根据（　　）不同，配送中心可分为企业配送中心、社会配送中心和共同配送中心。

A．社会化程度　　B．地理区域

C．服务对象　　D．配送货物种类

（5）实现不同运输方式或同种运输方式联合运输的物流中心是（　　）。

A．加工中心　　B．集货中心

C．送货中心　　D．转运中心

2．多项选择题

（1）下列属于物流节点选址原则的是（　　）。

A．节省费用原则　　B．市场主导原则

C．接近客户原则　　D．长远发展原则

（2）下列属于多节点选址方法的是（　　）。

A．简单的中线模式法　　B．欧几里德选址方法

C．因素评价法　　D．多重心法

（3）配送中心应基本符合的要求有（　　）。

A．辐射范围大

B．主要为特定客户或末端客户提供服务

C．配送功能健全

D．提供高频率、小批量、多批次配送服务

（4）下列属于配送中心作业区的是（　　）。

A．发货区　　B．配装区

C．收货区　　D．流通加工区

（5）下列属于物流中心增值服务功能的是（　　）。

A．物流教育与培训功能　　B．物流系统设计咨询功能

C．产品展示与贸易功能　　D．流通加工功能

3．简答题

（1）简述影响物流节点选址的因素。

（2）简述单一节点选址的方法。

（3）简述物流节点布局规划的步骤。

（4）简述配送中心的功能。

（5）简述配送中心选址的原则。

（6）简述物流中心的作用。

（7）简述物流中心规划设计的内容。

（8）简述物流中心规划设计的步骤。

# 项目五 物流运输系统规划设计

## 项目引言

物流的主要任务是实现货物的空间转移，这种转移是以运输活动为基础的。运输成本通常是物流成本中最大的单项成本，往往占物流总成本的1/3～2/3。科学、合理的物流运输系统规划设计能够提高运输效率，降低运输成本。

## 知识目标

- ✓ 了解物流运输系统的概念和构成。
- ✓ 了解物流运输系统的功能和特点。
- ✓ 熟悉各种运输方式及其特点。
- ✓ 了解选择运输方式需要考虑的因素。
- ✓ 熟悉运输线路的选择方法。
- ✓ 了解影响物流运输系统规划设计的因素。
- ✓ 了解物流运输系统规划设计的合理化。
- ✓ 熟悉物流运输系统规划设计的内容。

## 素质目标

- ✓ 合理选择运输方式，增强节约意识、环保意识和生态意识，积极践行绿色发展理念。
- ✓ 了解京东室内配送机器人，感受创新对产业变革的巨大推动作用，弘扬创新强国、科技兴国精神。

# 任务一 认识物流运输系统

## 任务导入

R食品公司配送中心选址完成之后，规划小组需要考虑产品运输的相关问题。

一是运输方式的选择。N市是R食品公司的目标市场之一，它与L市之间有一条连通的河道。预计从明年开始，R食品公司每个月都会将200吨左右的产品从L市运到N市。如果使用载重量为20吨的汽车来运输，每辆车的运费为6 000元，每个月共需6万元。如果采用租船运输，只需要一次性支付3.5万元就可以将200吨产品运到N市码头，但轮船运输时间远超汽车运输，而且无法直接将产品送达配送中心。

二是运输线路的选择。在向经销商供货时，汽车从配送中心出发，每次经过5～6家经销商，最后回到配送中心，这就涉及起讫点重合的运输线路选择问题。

请问：常见的运输方式有哪些？这些运输方式的优缺点分别是什么？规划小组选择运输方式时需要考虑什么因素？可以使用哪些方法选择运输线路？

## 知识讲解

### 一、物流运输系统的概念和构成

物流中的运输是指利用载运工具、设施设备及人力等运力资源，使货物在较大空间上产生位置移动的活动。作为物流系统中最直观、最基础的功能要素，运输能够克服空间障碍，将生产、储存和消费连接在一起。

物流运输系统是指在一定的时间和空间内，由运输过程所需的基础设施、运输工具和运输参与者等若干动态要素构成的具有特定运输功能的有机整体。具体来说，物流运输系统由以下子系统构成。

#### （一）货流系统

货流系统又称运输对象系统。货流随时间和地点而改变，不同地点、不同运输方式的货流之间有时会相互影响。货流系统的流动是货物的空间组合和空间移动的动态过程，实现这一过程，就是物流运输系统运转的目的。

### （二）载运机具系统

载运机具系统包括运输工具和装卸机械两大组成部分。利用运输工具，可实现货物的运送和集散；利用装卸机械，可在运输工具间或运输工具与存放场地间实现对货物的载上载下或卸下卸出。运输工具和装卸机械紧密相连，两者相辅相成、相互配合。

创新强国

#### 京东室内配送机器人

2020 年 9 月 9 日，由商务部和北京市人民政府共同主办的 2020 年中国国际服务贸易交易会在北京圆满落幕。随着人工智能、云计算、5G 等新科技的发展，物流技术和模式创新也在加速进行。一大批企业和机构在展会上对外发布和展示了最新的物流装备与技术。

其中，京东物流集团集中展示了室内配送机器人等智能服务型机器人。室内配送机器人是京东物流集团基于室内通用底盘专门研发的无人配送产品之一，采用视觉及激光融合的 SLAM（即时定位与地图构建）自主导航定位技术，可实现复杂环境下的导航及定位；通过接入京东电梯云服务系统，机器人可以自主上下电梯，通过对接京东商城，机器人可以实现快递无人配送。

资料来源：腾讯网，https://new.qq.com/omn/20200906/20200906A0DLNZ00.html

### （三）路网系统

路网系统是指由运输线路、港站、枢纽等固定设施组成的整体，它是运输工具得以运行、装卸机械能够作业的物质基础。

### （四）运输行业管理系统

运输行业管理系统主要是指国家各级运输主管部门及其授权的管理机构，为实现国家经济发展总目标，履行政府行政职能，对交通运输业的经济活动所进行的规划、协调、监督和服务工作的系统。

### （五）运输生产组织与管理系统

运输生产组织与管理系统是指由各种运输参与者（如从事运输活动的企业、社会组织等）组成的系统。该系统在物流运输系统中发挥组织管理功能，它与运输行业管理系统一样，都是物流运输系统的“软件”部分。

## 二、物流运输系统的功能和特点

### （一）物流运输系统的功能

物流运输系统的功能主要体现在以下两个方面。

#### 1. 货物空间转移

无论是原材料从供应商处向制造商转移，还是产品从制造商处向最终客户转移的过程，运输都必不可少。

物流运输系统的主要功能是帮助货物在价值链中来回移动，实现货物的空间转移，创造“场所价值”。运输是改变货物空间位置的主要技术手段，也是实现货物增值的重要途径。

物流运输系统的功能

小提示

需要注意的是，运输和配送都能实现货物的空间转移，但两者存在区别。

运输通常侧重于：① 长距离、大批量货物的移动；② 物流节点间货物的移动；③ 地区间货物的移动；④ 一次向一处单独运送。

配送通常侧重于：① 短距离、小批量货物的移动；② 企业送交客户的货物；③ 地区内部货物的移动；④ 一次向多处运送。

#### 2. 货物短期储存

将运输工具作为临时储存工具，对货物进行短期储存是物流运输系统的功能之一。由于运输需要一定的时间，因此在仓库空间有限的情况下，利用运输工具暂存货物不失为一种可行的选择。

如果转移中的货物需要储存，并且短时间内又要重新转移，装货和卸货成本也许会超过储存在运输工具上的成本，此时可以将运输工具作为临时储存工具。另外，货物在运输途中也属于短期储存的范畴，即通常所说的“在途库存”。

小提示

在途库存是指正处于运输状态或等待运输状态而储存在运输工具中的库存，如在铁路、公路、航线和管道等运输线上的货物等。

### （二）物流运输系统的特点

物流运输系统的特点主要有连续性、多功能和动态性。

（1）物流运输系统的连续性表现在运输过程的连续性和运输时间的连续性。运输包

括集货、分配、搬运、中转、装卸、分散等一系列操作，其中任何一项操作出现故障，都会直接影响物流运输系统功能的实现。社会经济的持续运行要求物流运输系统时刻处于运作状态。不仅如此，对于企业而言，物流运输系统的运行在一定的生产周期内是不能中断的，否则会影响企业的日常运作。

拓展阅读

## 大型货轮堵塞苏伊士运河

2021 年 3 月 23 日，一艘名为“长赐号”的大型货轮在苏伊士运河航道搁浅，这艘长约 400 米、宽约 59 米的巨轮几乎达到了运河的通行上限，搁浅造成航道堵塞(见图 5-1)。

作为全球最繁忙的海运线路之一，苏伊士运河为来往于亚洲、中东和欧洲的轮船提供了重要通道。据估计，12%的世界贸易量通过此处，平均每天有近 50 艘轮船通过该运河，有时远超这一数字。其中，通过这条运河的液化天然气、原油和成品油等能源出口占全球出口量的 5%～10%。从货物的价值来看，苏伊士运河每日西行贸易量总金额约为 51 亿美元，东行贸易量总金额约为 45 亿美元。

图 5-1　大型货轮堵塞苏伊士运河

苏伊士运河堵塞，将产生一系列影响。运河堵塞后，估计每天的损失高达 96 亿美元；一旦运河受阻持续两周以上，将对原油市场供求产生实质性影响，导致油价持续上涨；大量集装箱船延误将增加库存积压时间，影响进口商品的到货和销售，也会对部分国家的货物出口产生影响；部分轮船计划绕道好望角，运输时间和成本将大幅增加。

资料来源：光明网，https://m.gmw.cn/baijia/2021-03/29/1302195649.html

（2）物流运输系统具有多种功能，包括货物空间转移和货物短期储存等。

（3）运输活动不产生新的实物形态，也不改变运输对象的本质，只改变它的空间位置，这种空间位置改变的过程是动态的。此外，运输活动通常处在复杂多变的外部环境中，运输活动的管理也具备动态性。

## 三、各种运输方式及其特点

根据运输设备和工具的不同，运输方式可分为铁路运输、公路运输、水路运输、航空运输、管道运输和多式联运。每种运输方式有其特点，并且分别适用于不同距离、不同运费和不同时间要求的运输活动。

### （一）铁路运输

铁路运输是指使用铁路列车运送货物的运输方式，它主要适用于：

（1）大宗低值货物，或者散装和罐装货物的中长距离运输。

（2）大批量货物一次高效率运输。

小 提 示

大宗低值货物主要包括三个类别：能源产品（如煤炭等）、基础原材料（如木材、矿石等）和农副产品（如谷物、肉类等）。

铁路运输的优点有：① 装载量大、成本低、安全可靠；② 运输工具种类多样，能承运多种货物；③ 速度快，在五种运输方式中排第二位，仅次于航空运输；④ 受气候等自然条件的影响较小，运输连续性较高；⑤ 可以方便地实现集装箱运输和多式联运。

铁路运输的缺点有：① 原始投资大，建设周期长；② 线路固定，不能实现门到门运输，通常需要和其他运输方式结合才能完成运输任务；③ 列车编组、解体和中转等环节占用时间长。

### （二）公路运输

公路运输是指使用汽车在公路上运送货物的运输方式，它主要适用于：

（1）短距离独立运输。

（2）补充和衔接其他运输方式。当其他运输方式承担主要运输任务时，由汽车承担起点和终点处的短途运输任务。

公路运输的优点有：① 在运输时间和线路安排上有较大的灵活性；② 可直达仓库、码头、车站等地，实现门到门运输，其他运输方式或多或少要依靠公路运输来完成运输任务。

公路运输的缺点有：① 装载量小，不适合运送大件、重件货物，也不适合长距离运输；② 运输成本相对较高；③ 在路况较差的情况下，货物损坏率较高。

### （三）水路运输

水路运输是指利用浮运工具在江、河、湖泊和海洋上运送货物的运输方式，它主要适用于：

（1）体积大、价值低、不易腐烂的货物运输。

（2）长距离、大批量、不要求快速抵达的货物运输，尤其是集装箱运输。

水路运输的优点有：① 利用天然水道运送，投资少，节省土地资源；② 装载量大、单位成本低；③ 江、河、湖、海通常相互贯通，能够实现长距离运输。

水路运输的缺点有：① 运输速度慢；② 受气候条件影响较大；③ 可达性差，如果托运人或收货人的地址不在航道上，就要依靠公路或铁路运输进行转运。

知识链接

**集装箱运输**

集装箱运输是指以集装箱为载体，将货物组装成集装单元，以便运用大型装卸机械和大型载运车辆进行装卸搬运作业并完成运输任务的一种新型高效率运输方式。

集装箱运输是现代运输的一项重要技术改革，它不但具有装卸效率高、货损货差小、包装费用少、劳动强度低等优点，还可以加速车船周转，简化货运手续，降低货运成本。集装箱运输是目前发展十分迅速并在货物运输中占有重要地位的一种运输方式，其作用体现在以下几个方面：

（1）能够减少货物换装次数，方便装卸搬运，有利于联合运输。集装箱采用标准化尺寸，比一般货物包装更适合采用机械化装卸手段，这不仅能提升装卸效率，也能大大提高装卸搬运的安全性，有效降低工伤事件发生的可能性。

（2）能够提高货物运输的安全性。集装箱的封闭性使货物在运输过程中处于一个密封的安全环境中，有利于减少货损货差。

（3）能够提高运输工具和设施的空间与时间利用率。集装箱材质坚固，可以比一般的包装承载更多更重的货物，能够提高运输工具和仓库的空间利用率，而中转效率的提高也间接提高了时间利用率。

### （四）航空运输

航空运输是指使用飞机及其他航空器运送货物的运输方式。

航空运输具备速度快、安全性高的优点，但是其装载量小、运输成本高，受气候条件影响较大，可达性较差。因此航空运输一般适用于体积小、价值高的贵重货物和生鲜食品的运输，以及要求迅速交货或长距离的货物运输。

### （五）管道运输

管道运输是指使用管道输送气体、液体、浆料与粉状货物的运输方式。它不需要动力引擎，只需借助高压气泵的压力把货物经管道输送至目的地。

按输送货物的不同，管道可分为气体管道、液体管道、固体浆料管道等，这些管道主要负责单向、定点、量大的流体状货物的运输。目前全球的管道运输承担着很大比例的原料（如原油、成品油、天然气、煤浆等）运输。

管道运输的优点有：① 运量大，安全性高；② 受自然条件影响小，沿途无噪声，污染少且占地少；③ 运输能耗和成本低。

管道运输的缺点有：① 灵活性差；② 承运的货物单一；③ 运输量较小时运输成本会显著增加。

知识链接

### 五种运输方式的比较

铁路运输、公路运输、水路运输、航空运输和管道运输的比较如表 5-1 所示。

表 5-1　五种运输方式的比较

| 比较项 | 铁路运输 | 公路运输 | 水路运输 | 航空运输 | 管道运输 |
| --- | --- | --- | --- | --- | --- |
| 运输速度 | 较快 | 较快 | 慢 | 最快 | 与管道特性有关 |
| 运输能力 | 较大 | 最小 | 最大 | 较小 | 与管道特性有关 |
| 运输成本 | 较低 | 一般 | 低 | 最高 | 最低 |
| 适合距离 | 中长距离 | 短距离 | 长距离 | 长距离 | 长距离 |

### （六）多式联运

货物从起运地到最终目的地的完整运输过程一般不只由一种运输方式完成，多数情况下需要两种及两种以上的运输方式。

传统的货物分段运输中，大部分工作都是由货主及其代理人安排和完成的。货主为了实现全程运输，需要与各区段的承运人分别订立运输合同，多次结算费用，多次办理保险，并负责各区段间的运输衔接工作。各区段的承运人仅负责组织、完成该区段的货物运输。这种运输组织形式不仅需要耗费大量的人力、财力和时间，而且可能由于承运人对运输线路等不熟悉，出现运输时间过长、运输成本过高的情况。于是，一种新的货物全程运输组织形式——多式联运应运而生。

多式联运是指货物由一种运载单元装载，通过两种或两种以上运输方式连续运输，并进行相关运输物流辅助作业的运输活动。它一般需要满足以下条件：

（1）必须具有一份多式联运合同。

（2）必须使用一份全程的多式联运单据。

（3）必须至少使用两种不同的运输方式，而且是几种运输方式的连续运输。

（4）必须使用全程单一费率。

（5）必须由多式联运经营人对货物运输全程负责。

多式联运的作用在于：① 有利于合理组织货物运输，加速社会再生产的进程，促进国民经济持续、稳定、协调地发展；② 有利于缩短运输时间，节约运输费用，降低物流成本；③ 有利于节约运力和能源，缓解交通运输紧张、能源紧张的状况。

多式联运的组合形式很多，其中铁路运输和公路运输的组合被广泛应用，因为它既具备长途运输的效率，又具备短途运输的灵活性。此外，公路运输和水路运输的组合也得到了越来越多的应用。而在较小的运输范围内，公路运输和航空运输的组合也比较常见。

小提示

联运和多式联运在许多情况下是通用的，但也应注意其区别：

（1）联运多指单一运输方式的联运，如海上联运（又称转船运输）和铁路联运等。多式联运则是两种及两种以上不同运输方式的组合。

（2）联运各段一般由不同承运人负责。如在海上联运中，一个区段的承运人只负责本区段货物的运输，转船手续由第一承运人以货主代理身份办理，之后由第二个区段的承运人负责一直到卸货。多式联运则是由一个承运人负责全程运输。

## 四、选择运输方式需要考虑的因素

在实践中，选择运输方式需要考虑以下几个因素。

### （一）货物属性

不同属性的货物有不同的运输要求。一般而言，运送谷物、矿石等大宗散货宜选择水路运输，运送日用品、食品等货物宜选择公路运输，运送海产品、鲜花等鲜活货物及宝石等贵重货物宜选择航空运输，运送石油、天然气等液体货物宜选择管道运输。

### （二）运输距离和速度

运输距离的长短和运输速度的快慢决定了运输货物所需要的时间。运输时间越长，在途货物形成资金占用的时间就越长，同时也会影响货物及时销售。

一般来说，长距离的货物运输适宜采用水路运输方式、航空运输方式和铁路运输方式，短距离的货物运输适宜采用公路运输方式。对速度有较高要求的货物运输适合采用航空运输方式。

### （三）运输成本

运输成本包括运输过程中需要使用的人力、物力和财力。企业在进行运输决策时，会受到自身经济实力以及运输费用的制约。如果企业经济实力弱，就不能使用成本较高的运输工具，也不太可能建立一个高效且功能强大的运输系统。

### （四）运输期限

运输期限取决于交货日期。在运输前，明确各种运输方式所需要的时间，再加上货物装卸、中转的作业时间，就可以计算出总的运输时间。

### （五）运输批量

运输批量和运输费用之间有比较紧密的关系，因为大批量运输的成本较低。一般而言，运送 15 吨以下的货物宜选择汽车运输，运送 15 吨以上数百吨以下的货物宜选择火车运输，运送数百吨以上的货物，应尽量选择水路运输。

### （六）环境保护

运输工具排出的废气是空气的主要污染源，特别是在人口稠密的城市，汽车废气已经严重影响了空气质量。比较各种运输方式对环境的影响，就运输每一单位货物的废气排放量而言，航空运输最多，其次是公路运输，较低的是铁路运输和水路运输，而管道运输几乎不会对空气产生污染。

公路和铁路会占用大量土地，从而影响生态平衡。水路运输基本上是在自然河道和广阔的海域中进行，不会占用土地，但是油船溢油事故会给海洋带来严重污染。因此在运输货物时，应综合考虑各种因素，尽量选择污染少的运输方式。

**课堂讨论**

请为以下运输活动选择合适的运输方式：

（1）某粮食收购商在临近的乡镇收购了 12 吨小麦。

（2）大同某煤矿企业计划将 500 吨原煤运往重庆。

（3）我国向马来西亚出口一批中高端医疗器械。

## 五、运输线路的选择方法

成本最低和效率最高要求企业寻找最短的运输路径。寻找最短运输路径，即求各点间长度最短的路径。路径长度不是指路径边数的多少，而是路径各边权值的总和，权值可以是距离、时间、费用等。

从图论的角度出发，可将最短路径理解为：一个赋权图 $D$，若 $D$ 的每条线段都对应一个权数 $e$，在图 $D$ 中找一条从指定点 $v_s$ 到点 $v_t$ 的路径，使得这条路径上所有线段的权数 $e$ 的和最小，这条路径就被称为 $v_s$ 到 $v_t$ 的最短路径。最短路径问题普遍存在于通信线路、石油管线、公路网的铺设以及配送线路的选择中。

常见的最短路径问题有四类，分别是单一不同起讫点问题、任意起讫点问题、多起讫点问题和起讫点重合问题。由于任意起讫点问题较为复杂，因此这里主要介绍其余三种最短路径问题。

### （一）单一不同起讫点问题

对于分离的、单个起点和终点的运输线路选择问题，最简单和最直观的解决方法是使用最短线路法。最常用的最短线路法是 Dijkstra 算法，它是 Dijkstra 于 1959 年提出的按照路径长度的递增次序，逐步产生最短路径的算法。该算法可用于求解任意指定两点之间的最短路径，也可用于求解指定点到其余所有点之间的最短路径。

例 5-1　图 5-2 是部分公路网络图，线段上的数字代表节点之间的距离，使用 Dijkstra 算法求该图中 $v_1$ 到 $v_7$ 的最短线路。

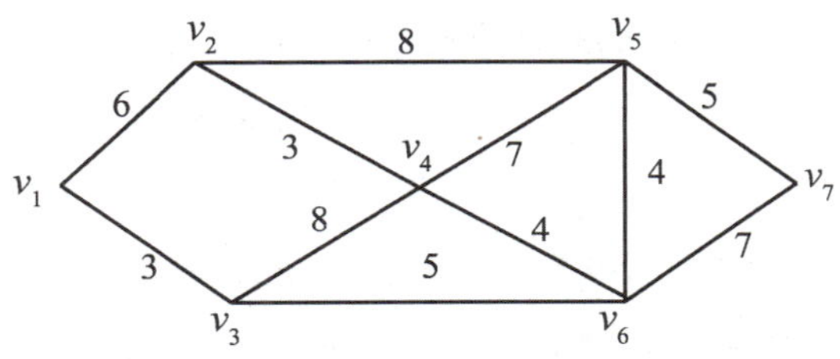


图 5-2　部分公路网络图

解：（1）设 $v_i$ 和 $v_j$ 之间的距离为 $d_{ij}$，$v_i$ 到 $v_j$ 之间的最短距离为 $s_{ij}$。从 $v_1$ 出发，则 $s_{11}=0$，将 0 标注在 $v_1$ 旁的小方框内，如图 5-3 所示。

（2）与 $v_1$ 相邻的未标号点有 $v_2$、$v_3$。$d_{12}=6$，$d_{13}=3$，此时 $d_{13}$ 最小，即 $s_{13}=3$，将 3 标注在 $v_3$ 旁的小方框内，加粗 $v_1$、$v_3$ 之间的线段，如图 5-4 所示。

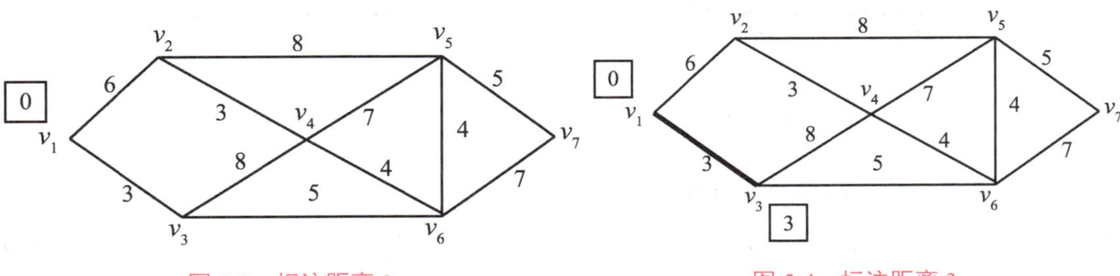


图 5-3　标注距离 0　　图 5-4　标注距离 3

（3）与 $v_1$、$v_3$ 相邻的未标号点有 $v_2$、$v_4$、$v_6$。$s_{11}+d_{12}=6$，$s_{13}+d_{34}=11$，$s_{13}+d_{36}=8$，此时 $s_{11}+d_{12}$ 最小，即 $s_{12}=6$。将 6 标记在 $v_2$ 旁的小方框内，加粗 $v_1$、$v_2$ 之间的线段，如图 5-5 所示。

（4）与 $v_1$、$v_2$、$v_3$ 相邻的未标号点有 $v_4$、$v_5$、$v_6$。$s_{12}+d_{24}=9$，$s_{12}+d_{25}=14$，$s_{13}+d_{34}=11$，$s_{13}+d_{36}=8$，此时 $s_{13}+d_{36}$ 最小，即 $s_{16}=8$。将 8 标记在 $v_6$ 旁的小方框内，加粗 $v_3$、$v_6$ 之间的线段，如图 5-6 所示。

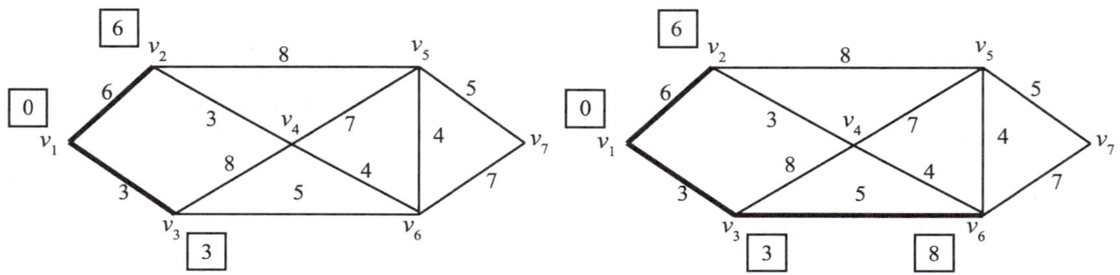


图 5-5　标注距离 6　　　图 5-6　标注距离 8

（5）与 $v_1$、$v_2$、$v_3$、$v_6$ 相邻的未标号点有 $v_4$、$v_5$、$v_7$。$s_{12}+d_{25}=14$，$s_{12}+d_{24}=9$，$s_{13}+d_{34}=11$，$s_{16}+d_{64}=12$，$s_{16}+d_{65}=12$，$s_{16}+d_{67}=15$，此时 $s_{12}+d_{24}$ 最小，即 $s_{14}=9$，将 9 标注在 $v_4$ 旁的小方框内，加粗 $v_2$、$v_4$ 之间的线段，如图 5-7 所示。

（6）与已标号点相邻的未标号点有 $v_5$、$v_7$。$s_{12}+d_{25}=14$，$s_{14}+d_{45}=16$，$s_{16}+d_{65}=12$，$s_{16}+d_{67}=15$，此时 $s_{16}+d_{65}$ 最小，即 $s_{15}=12$，将 12 标记在 $v_5$ 旁的小方框内，加粗 $v_5$、$v_6$ 之间的线段，如图 5-8 所示。

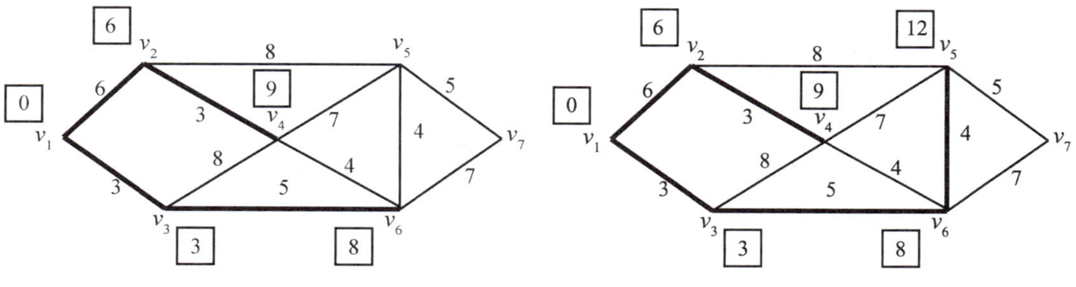


图 5-7　标注距离 9　　　图 5-8　标注距离 12

（7）与已标号点相邻的未标号点仅剩 $v_7$。$s_{15}+d_{57}=17$，$s_{16}+d_{67}=15$，此时 $s_{16}+d_{67}$ 最小，即 $s_{17}=15$，将 15 标记在 $v_7$ 旁的小方框内，加粗 $v_6$、$v_7$ 之间的线段，如图 5-9 所示。

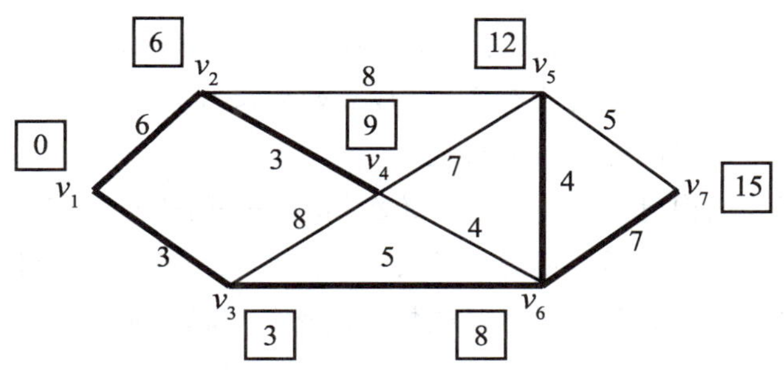


图 5-9　标注距离 15

综上，$v_1$ 到 $v_7$ 的最短线路为 $v_1—v_3—v_6—v_7$，总距离为 15。

知识链接

## 图　论

图论（graph theory）是数学的分支之一，它以图为研究对象。图论中的图是由若干给定的点和连接两点的线所构成的图形，这种图形通常用来描述某些事物之间的特定关系。

图论起源于柯尼斯堡七桥问题。18 世纪初，普鲁士的柯尼斯堡（现为俄罗斯的加里宁格勒）有一条河流穿过，河上有两个小岛，有七座桥把两个小岛与河岸连接起来，如图 5-10 所示。有人提出一个问题：一个步行者怎样才能不重复、不遗漏地一次走完七座桥，最后回到出发点。

数学家欧拉知道这一问题后，将陆地抽样成点，将桥抽象成线（见图 5-11），这个考虑非常重要，也非常巧妙，它体现了数学家处理实际问题的独特之处——把一个实际问题抽象成合适的“数学模型”。

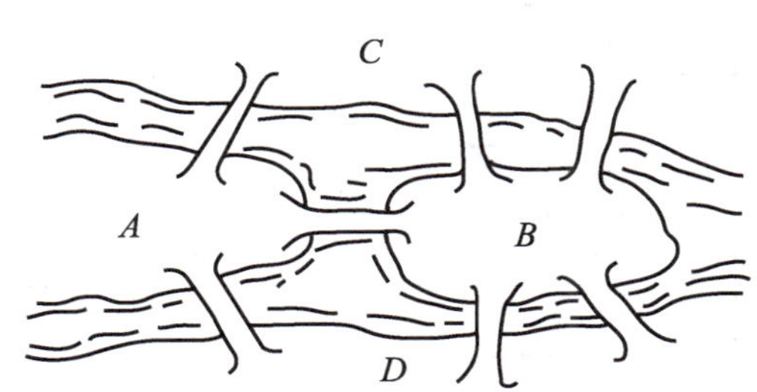

图 5-10　柯尼斯堡七桥

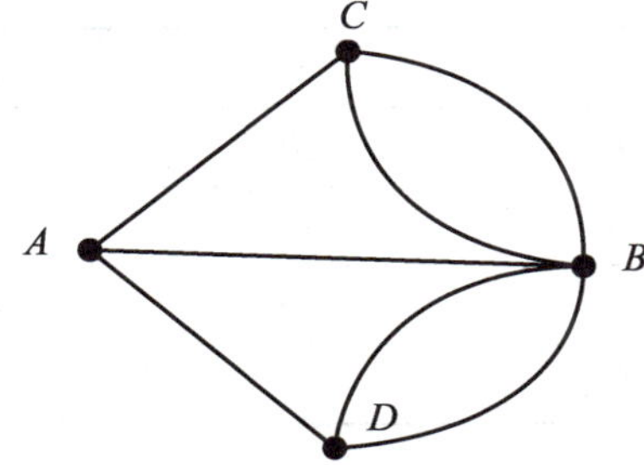


图 5-11　抽象成数学图形后的柯尼斯堡七桥

欧拉很快就判断出要一次不重复走遍柯尼斯堡的七座桥是不可能的，因为这七条线路不能一笔画出。一笔画需要满足两个条件：

（1）图形必须是联通的。

（2）图中奇点（连接线的数量为奇数的点）的个数必须是0或2。

如图5-11所示，A点的连接线有3条、B点的连接线有5条、C点的连接线有3条、D点的连接线有3条，因此奇点的个数是4。

欧拉在解答问题的同时，开辟了数学的新领域——图论与几何拓扑。本书中运输线路的选择问题就可以抽象为图论问题，用图中的点代表物流节点，用连接线代表运输线路。借助计算机技术，十分复杂的线路选择问题也能够很快求解。

### （二）多起讫点问题

多起讫点问题是指有多个货源地可以同时为多个销售点供货，要确定各供需点之间的供应关系，同时要找到供货地、需求地之间的最佳路径。该问题经常发生在多个供应商、工厂或者仓库服务于多个客户的情况下。多起讫点问题可用表上作业法求解。

表上作业法是将运输问题用表格的形式来描述，并在表格上求解的方法。表上作业法是一种迭代算法，先按照某种规则找出一个初始方案，再对初始方案进行检验，若这个方案不是最优方案，就在表格上对它进行调整改进，直到得出最优方案。表上作业法适用于比较简单的多起讫点求解问题，求解过程直观且易操作。

#### 1. 初始方案确定

常用的表上作业法有最小元素法、伏格尔法和西北角法等，这里举例说明最小元素法的求解过程。

例5-2　某公司是一家日用品生产企业，共有三个加工厂$m_1$、$m_2$、$m_3$，四个销售点$n_1$、$n_2$、$n_3$、$n_4$，各加工厂的产量、各销售点的销量、各加工厂到销售点每吨产品运价（元）如表5-2所示。请问：在满足各销售点需求量的前提下，该公司应如何分配产品，才能使得总运费最低？

表5-2　产销量及运价表　　单位：吨

| 项目 | $n_1$ | $n_2$ | $n_3$ | $n_4$ | 产量 |
|---|---|---|---|---|---|
| $m_1$ | 20 | 80 | 50 | 70 | 11 |
| $m_2$ | 100 | 60 | 70 | 30 | 12 |
| $m_3$ | 10 | 40 | 80 | 60 | 7 |
| 销量 | 6 | 7 | 7 | 10 | |

解：（1）找出表5-2中的最低运价。$m_3$到$n_1$的运价最低，为10元，因此将$m_3$的产品供应给$n_1$。$m_3$的产量大于$n_1$的销量，供应6吨产品后还剩余1吨产品。销售点$n_1$的需求量已经满足，因此将表5-2中$n_1$列的二、三、四行删除，在（$m_3$，$n_1$）一栏中填上6（见表5-3）。

（2）找出表 5-2 中没有被删除的最低运价。$m_2$ 到 $n_4$ 的运价最低，为 30 元，因此将 $m_2$ 的产品供应给 $n_4$。$m_2$ 的产量大于 $n_4$ 的销量，供应 10 吨产品后还剩余 2 吨产品。销售点 $n_4$ 的需求量已经满足，因此将表 5-2 中 $n_4$ 列的二、三、四行删除，在（$m_2$，$n_4$）一栏中填上 10（见表 5-3）。

表 5-3　使用最小元素法求得的产量分配方案　　单位：吨

| 项目 | $n_1$ | $n_2$ | $n_3$ | $n_4$ | 产量 |
|---|---|---|---|---|---|
| $m_1$ | | 4 | 7 | | 11 |
| $m_2$ | | 2 | | 10 | 12 |
| $m_3$ | 6 | 1 | | | 7 |
| 销量 | 6 | 7 | 7 | 10 | |

（3）继续找出表 5-2 中没有被删除的最低运价。$m_3$ 到 $n_2$ 的运价最低，为 40 元，因此将 $m_3$ 剩余的 1 吨产品供应给 $n_2$。此时 $m_3$ 的产量已经分配完，因此将表 5-2 中 $m_3$ 行的三、四列删除，在（$m_3$，$n_2$）一栏中填上 1（见表 5-3）。

（4）继续找出表 5-2 中没有被删除的最低运价，此时 $m_1$ 到 $n_3$ 运价最低，为 50 元，因此将 $m_1$ 的产品供应给 $n_3$。$m_1$ 的产量大于 $n_3$ 的销量，供应 7 吨产品后还剩余 4 吨产品。销售点 $n_3$ 的需求量已经满足，因此将表 5-2 中 $n_3$ 列的二、三、四行删除，在（$m_1$，$n_3$）一栏中填上 7（见表 5-3）。

（5）继续找出表 5-2 中没有被删除的最低运价。$m_2$ 到 $n_2$ 的运价最低，为 60 元，因此将 $m_2$ 的产品供应给 $n_2$。$n_2$ 还需要 6 吨产品，将 $m_2$ 剩余的 2 吨分配给 $n_2$ 后，产地 $m_2$ 的产量已经分配完，因此将表 5-2 中 $m_2$ 行的第三列删除，在（$m_2$，$n_2$）一栏中填上 2（见表 5-3）。

（6）此时，$m_1$ 还剩 4 吨产品，$n_2$ 还缺少 4 吨产品，将 $m_1$ 的 4 吨产品分配给 $n_2$。在（$m_1$，$n_2$）一栏中填上 4（见表 5-3）。

按表 5-3 的方案分配产品，可以在满足各销售点需求量的前提下，使总运费最少。此时总运费为 $4\times80+7\times50+2\times60+10\times30+6\times10+1\times40=1190$ 元。

### 2．初始方案检验

求出初始方案后，还需要对方案进行检验，以判断初始方案是否为最优方案。常用的检验方法有闭回路法和位势法。这里结合例 5-2 讲解闭回路法的检验步骤。

（1）在表 5-3 上找出一条以空格为起点，按水平或垂直方向前进，遇到有数字的一格就将方向旋转 90°后继续前进，能够回到起点的闭回路。表 5-3 中的闭回路有两条，分别是（$m_2$，$n_3$）—（$m_1$，$n_3$）—（$m_1$，$n_2$）—（$m_2$，$n_2$）—（$m_2$，$n_3$）和（$m_2$，$n_1$）—

（$m_3$，$n_1$）—（$m_3$，$n_2$）—（$m_2$，$n_2$）—（$m_2$，$n_1$），如表 5-4 所示。

表 5-4　画有闭回路的初始方案表

单位：吨

| 项目 | $n_1$ | $n_2$ | $n_3$ | $n_4$ | 产量 |
|---|---|---|---|---|---|
| $m_1$ | | 4 | 7 | | 11 |
| $m_2$ | | 2 | | 10 | 12 |
| $m_3$ | 6 | 1 | | | 7 |
| 销量 | 6 | 7 | 7 | 10 | |

（2）在第一条闭回路上，为空格（$m_2$，$n_3$）增加 1 吨产量，为了使产量分配保持平衡，需要将（$m_1$，$n_3$）的产量减少 1 吨，（$m_1$，$n_2$）的产量增加 1 吨，（$m_2$，$n_2$）的产量减少 1 吨。按类似的方法，将第二条闭回路上（$m_2$，$n_1$）的产量增加 1 吨，则（$m_3$，$n_1$）的产量减少 1 吨，（$m_3$，$n_2$）的产量增加 1 吨，（$m_2$，$n_1$）的产量减少 1 吨。

（3）结合表 5-2 中的运价，计算调整后的两条闭回路的运费变化。第一条闭回路运费变化：$1\times70+(-1)\times50+1\times80+(-1)\times60=40$ 元。第二条闭回路运费变化：$1\times100+(-1)\times10+1\times40+(-1)\times60=70$ 元。

（4）对两条闭回路的产量进行调整后，运费分别增加了 40 元和 70 元，证明初始方案的运费最低，因此初始方案是最优方案。

### （三）起讫点重合问题

起讫点重合问题又称“旅行商（TSP）”问题，可描述为：一个产品推销员要去若干城市推销产品，该推销员从一个城市出发，需要经过所有城市然后回到出发地，应如何选择行进线路，以使总行程最短。

物流系统规划人员经常会遇到起讫点相同的路径规划问题，尤其是在企业拥有自己的运输工具承担运输作业时。常见的例子有：从某仓库送货到零售点然后返回的线路设计，从零售点到客户所在地的配送线路设计，送报车、垃圾收集车和送餐车等的线路设计。

这类路径规划问题是起讫点不同问题的扩展形式，但是由于要求车辆必须返回起点行程才结束，所以运输线路的选择会变得更加复杂。解决起讫点重合问题需要找出途经点的顺序，并满足必须经过所有点且总出行时间或总距离最短的要求。

起讫点重合的线路选择问题一般采用近似算法解决，如最近点连接法和最优插入法。现介绍最近点连接法，其步骤如下：

（1）确定起点，比较其余 $n-1$ 个点与起点的距离，取距离最短者作为第二个点，将该点加入回路。

（2）对于第二个点，比较其余 $n-2$ 个点与该点的距离，取距离最短者作为第三个点，将该点加入回路。

（3）以此类推，直至将所有点加入回路，最后返回起点。

例 5-3　N 食品企业指派小王给 5 家超市送货，要求他每家超市只能去一次，并且送完货后返回公司。N 食品企业（$p_1$）和 5 家超市（$q_1$、$q_2$、$q_3$、$q_4$、$q_5$）之间的距离如表 5-5 所示，它们的相对位置如图 5-12 所示。请用最近点连接法为小王寻找一条距离最短的运输线路。

表 5-5　N 食品企业和 5 家超市之间的距离

| 地点 | $p_1$ | $q_1$ | $q_2$ | $q_3$ | $q_4$ | $q_5$ |
|---|---|---|---|---|---|---|
| $p_1$ | 0 | 1 | 5 | 3 | 4 | 4 |
| $q_1$ | 1 | 0 | 7 | 2 | 6 | 3 |
| $q_2$ | 5 | 7 | 0 | 8 | 5 | 4 |
| $q_3$ | 3 | 2 | 8 | 0 | 5 | 7 |
| $q_4$ | 4 | 6 | 5 | 5 | 0 | 10 |
| $q_5$ | 4 | 3 | 4 | 7 | 10 | 0 |

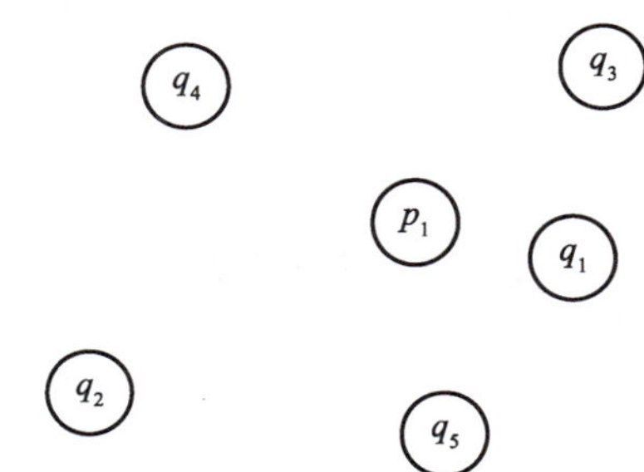


图 5-12　N 食品企业和 5 家超市相对位置

解：（1）本题起点为 $p_1$，根据表 5-5，距离 $p_1$ 最近的点为 $q_1$，将 $p_1$、$q_1$ 加入回路。

（2）在没有加入回路的点中，距离 $q_1$ 最近的点为 $q_3$，将 $q_3$ 加入回路。

（3）以此类推，在没有加入回路的点中，距离 $q_3$ 最近的点为 $q_4$，将 $q_4$ 加入回路；距离 $q_4$ 最近的点为 $q_2$，将 $q_2$ 加入回路；最后将 $q_5$ 加入回路。

（4）此时所有点均已加入回路，按照顺序将各点连接起来，就得到了最短的运输线路，如图 5-13 所示。该运输线路的距离为 $1+2+5+5+4+4=21$。

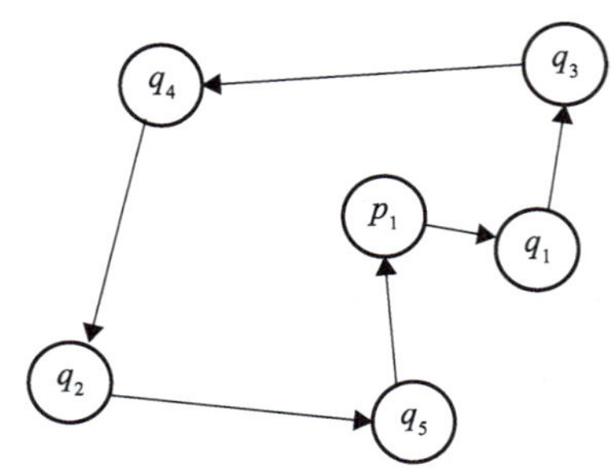


图 5-13　最近点连接法求得的最短线路

## 任务实施

图 5-14 是部分铁路网络图，请结合前文案例，3～4 人一组，使用 Dijkstra 算法求出节点 1 到节点 8 的最短线路和线路长度。

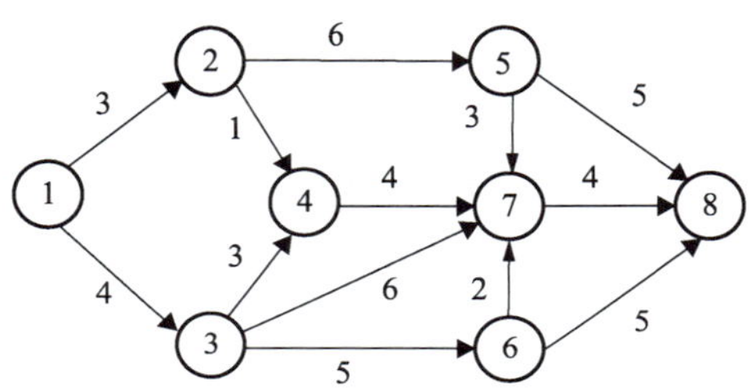


图 5-14　部分铁路网络图

# 任务二　熟悉物流运输系统规划设计

## 任务导人

R 食品公司物流系统规划设计工作例会正常进行，以下是工程师老张的发言：

“R 食品公司在临近三个城市的配送中心地址已经确定，接下来的工作是编写物流运输系统规划设计方案。简而言之，我们要做的是在充分考虑各种影响因素的基础上，实现物流运输系统规划设计的合理化。

“方案的第一部分是确定运输战略。运输战略的确定，既要考虑 R 食品公司的发展战略，也要把握每座城市的运输市场发展状况等因素。目前，R 食品公司处于业务拓展的关键时期，需要确保能及时向经销商补货，因此提高运输时效性是运输战略的核心。

“确定运输战略之后，需要你们详细规划每座城市的运输线路，选择最佳的运输方式，以及确定运输过程控制的相关技术。”

请问：影响物流运输系统规划设计的因素有哪些？物流运输系统规划设计有哪些内容？物流运输系统规划设计合理化的实现需要考虑哪些方面的内容？

## 一、影响物流运输系统规划设计的因素

为确保物流运输系统功能的实现，促进整个物流系统的协调运行，在进行物流运输系统规划设计时，要综合考虑以下因素。

### （一）物流系统总成本

在规划设计物流运输系统时，仅考虑运输成本是远远不够的，因为较低的运输成本并不意味着较低的物流系统总成本。例如，使用低成本的运输工具，虽然降低了运输成本，但可能导致货物破损率升高，使物流系统运行成本居高不下。因此，规划设计人员必须从降低物流系统总成本的角度来考虑运输系统规划设计问题。

### （二）运输速度

确保产品及时送达是物流运输系统规划设计的核心目标，而该目标的实现需要运输速度作为支撑。在规划设计物流运输系统时，运输速度并不是越快越好，而是应当选择最佳的联运方式，实现运输速度与运输成本之间的平衡。

### （三）运输一致性

运输一致性是指在多次运输中，某一运输作业（如装卸、中转等）所需的时间与计划的时间或前几次操作的时间的一致性。运输一致性是运输可靠性的反映，如果某个运输作业花费的时间有很大的弹性，这种不一致就会导致整个物流系统运行的不协调，物流系统的效率就难以提升。

### （四）交通环境

在规划设计物流运输系统时，要考虑运输线路是否靠近现有的交通枢纽，运输网络是否发达，运输线路附近是否有处于规划状态或建设状态的物流中心，以及目前的路面状况、交通流量等。此外，还要考虑线路的可靠性和可替代性，考虑能否实现同种运输工具间的联运或实现多式联运。例如，一条冰冻期较长的水路通道通常不适合作为企业的原材料运输线路。

## 二、物流运输系统规划设计的合理化

物流运输系统规划设计应当按照货物流通规律组织货物运输，力求以最少的资源消耗获得最高的经济效益。具体来说，物流运输系统规划设计合理化的实现，需要考虑五个方面的内容。

### （一）运输线路

从供货地到需求地可能存在不同的线路，这些线路的长短、路况、所需的运输方式等都可能存在差异。物流运输系统规划设计的合理化，一定体现为运输线路选择的合理化。

### （二）运输环节

每增加一个运输环节，不仅会增加运输费用，还会增加装卸、搬运等运输的附属活动。运输环节如果过多，就会影响整个物流运输系统的运行效率。减少运输环节，尤其是活动内容相似的运输环节，是物流运输系统规划设计合理化的重要体现。

### （三）运输工具

各种运输工具都有各自的优势，选择最佳的运输工具，最大限度地发挥运输工具的作用和优势，也是物流运输系统规划设计合理化的体现。

### （四）运输时间

在整个物流过程中，运输是花费较多时间的环节。在物流资源可以承载的范围内，运输时间越短越好。缩短运输时间不仅有利于加快运输工具周转、充分利用运力，也有利于提高运输线路的通过能力。运输时间的长短，是衡量物流运输系统规划设计合理与否的重要指标。

### （五）运输费用

运输费用在全部物流费用中占很大比重，其在很大程度上决定了整个物流系统的竞争力。无论是对货主还是对物流企业而言，降低运输费用都是生产经营活动中的重要目标。运输费用的高低，是物流运输系统规划设计合理与否的最终判断依据。

**课堂讨论**

（1）使用哪些方法可以减少运输环节？请举例说明。

（2）讨论直达运输的优点和重要性。

## 三、物流运输系统规划设计的内容

物流运输系统规划设计的内容主要包括以下几项。

物流运输系统规划设计的内容

### （一）确定运输战略

在进行物流运输系统规划设计时，首先要对运输系统所处的环境进行分析。环境分析的内容主要包括国家的宏观运输政策、运输市场发展状况、物流系统综合战略等。对上述问题进行详细分析后，即可确定运输战略，明确物流运输系统规划设计的方向。

运输战略直接影响物流运输系统规划设计的其他要素。例如，如果某企业将运输速度高于竞争对手作为运输战略，那么在整个物流运输系统中，航空运输方式的比例就要设置得高一些。

### （二）确定运输线路

各个物流节点之间会形成若干不同的运输线路，不同运输线路的差异可能体现在线路上节点数量的不同，也可能体现在线路上节点先后顺序的不同。不同的运输线路会因为节点数量或先后顺序的差异而产生不同的运输效果，从而满足不同的运输需求。因此，企业应根据自身的经营特点、运输需求等情况，合理确定运输线路。通常来说，运输线路的确定需要借助数学方法（如运筹学等）来实现。

### （三）选择运输方式

选择运输方式即确定采用铁路运输、公路运输、水路运输、航空运输、管道运输五种运输方式的一种，还是采用多式联运。

### （四）运输过程控制

运输过程控制一方面要求运输过程和节点透明、可控；另一方面要求运输操作人员和运输工具可控，运输工具的状态透明。由于货物和运输工具在运输过程中的空间变动性，运输过程控制的难度远远高于对固定节点的控制。因此，运输过程的有效控制是物流运输系统规划设计的重点和难点。

传统物流对运输过程的控制性较差，但是随着信息技术的发展。在运输管理系统（TMS）、全球定位系统（GPS）等信息技术的支持下，运输过程的控制越来越有效，物流运输系统的效率也得到了显著提升。

## 任务实施

【实施背景】

家乐福集团于 1995 年进入中国后，采用国际先进的超市管理模式，成功将业务范围拓展至全国数十个城市。家乐福在中国市场的迅速成长，得益于其完善的运输网络。

家乐福的运输网络分散度较高。通常情况下，企业都是自己建立仓库和配送中心，而家乐福采用的是供应商直送模式，即供应商自己提供仓库和配送中心。这种经营模式不但可以节省大量的仓库建设和管理费用，而且能及时供应产品或下架滞销产品，这对家乐福的日常经营，以及对供应商了解产品销售情况都是非常有利的。

在运输方式方面，由于大量产品来自本地供应商，所以除了少数长途运送的产品需要使用集装箱挂车和大型货运卡车外，家乐福多采用中小型送货车运输。这些中小型送货车一部分由家乐福租赁，而绝大部分则是供应商自己的车。家乐福对自有车辆的需求不大，所以并没有自己的运输车队，这在节省大量运输费用的同时，相对提高了企业收益。

在配送方面，采用“轻重配载”（将质量较轻和质量较重的货物混合装载）策略，有效利用车辆空间，使单位货物的运输成本得以降低，进而使家乐福在产品价格上与其他超市相比有更大的优势。

资料来源：无忧考网，https://www.51test.net/show/530299.html

【实施要求】

3～4 人一组，讨论家乐福的运输和配送模式有哪些特点。

## 项目自测

1．单项选择题

（1）物流运输系统的主要功能有（　　）。

A．货物加工和货物长期储存

B．货物空间转移和货物长期储存

C．货物加工和货物短期储存

D．货物空间转移和货物短期储存

（2）在运输过程中，任何一个环节出现故障都直接影响物流运输系统功能的实现，体现的是物流运输系统的（　　）特点。

A．网络性　　　　B．连续性

C．动态性　　　　D．多功能

（3）最机动灵活的运输方式是（　　）。

A．铁路运输　　B．航空运输

C．水路运输　　D．公路运输

（4）（　　）最适合长途运输低价值货物。

A．水路运输　　B．铁路运输

C．航空运输　　D．公路运输

（5）（　　）是指货物由一种运载单元装载，通过两种或两种以上运输方式连续运输，并进行相关运输物流辅助作业的运输活动。

A．陆桥运输　　B．海空联运

C．多式联运　　D．海陆联运

## 2．多项选择题

（1）下列属于多式联运优点的是（　　）。

A．有利于合理组织货物运输　　B．缩短运输时间

C．降低运输成本　　D．运输灵活

（2）选择运输方式需要考虑的因素有（　　）。

A．货物属性　　B．运输距离和速度

C．环境保护　　D．运输期限

（3）Dijkstra 算法通常用于求解（　　）。

A．任意指定两点之间的最短路径

B．多个起点到多个终点之间的最短路径

C．经过多个点并回到起点的最短路径

D．指定点到其余所有点之间的最短路径

（4）（　　）属于影响物流运输系统规划设计的因素。

A．物流系统总成本　　B．运输速度

C．运输一致性　　D．交通环境

（5）（　　）属于物流运输系统规划设计的内容。

A．确定运输战略　　B．确定节点布局

C．确定运输线路　　D．选择运输方式

## 3．简答题

（1）简述物流运输系统的概念和构成。

（2）简述多式联运应满足的条件。

（3）简述运输线路的选择方法。

（4）简述物流运输系统规划设计的合理化体现在哪些方面。

# 项目六

# 物流信息系统规划设计

## 项目引言

物流信息系统是现代物流系统的神经中枢，信息实时、快速流动，物流系统才能持续运转，企业才能维持日常经营。随着物流业竞争加剧，越来越多的企业认识到建设物流信息系统的重要性，然而物流信息系统的建设投资大、周期长，所以在建设前一定要做好规划设计工作。

## 知识目标

✓ 了解物流信息的概念、特点、分类、作用和功能。
✓ 熟悉物流信息系统的概念和分类。
✓ 了解物流信息系统的结构和功能。
✓ 了解物流公共信息平台的概念、分类和作用。
✓ 熟悉物流信息系统规划的概念和内容。
✓ 掌握物流信息系统规划的方法和步骤。

## 素质目标

✓ 了解现代物流信息技术的重要性，增强创新意识。
✓ 了解国家关于打通信息互联渠道，发挥信息共享效用的具体举措，把握政策动向。

# 任务一 认识物流信息系统

## 任务导入

一天，R食品公司总经理赵总召开员工会议，以下是他的发言：

“今天会议的主题是物流信息系统的建设。目前我们企业使用的还是七年前建设的物流信息系统，这个系统只具备一般的采购管理、库存控制、分销管理等功能。目前企业即将在其他城市拓展业务，业务量和物流信息处理量可能会成倍增长，因此我们需要建设一个新的多功能物流信息系统。该系统要具备车辆实时跟踪和智能调度、物流数据分析、物流需求预测等功能，同时支持多地点、多仓库、多供应商、多客户的集中式管理与权限管理。

“高层讨论后，决定任命物流部门的周主管负责本次物流信息系统建设工作，希望各部门能够全力配合，确保工作顺利完成。”

请问：什么是物流信息？物流信息的作用和功能有哪些？什么是物流信息系统？物流信息系统对R食品公司的经营管理有哪些帮助？

## 知识讲解

## 一、物流信息概述

### （一）物流信息的概念

现代物流是涉及社会生活各个方面的、错综复杂的大系统，参与主体包括原材料供应商、生产制造商、批发商、零售商和最终消费者。将这些参与主体紧密联系在一起的，就是规模庞大、种类多样的物流信息。

物流信息是指反映物流各种活动内容的知识、资料、图像、数据的总称，它广泛存在于物流管理过程中，如订单处理、仓库管理、末端配送以及这些环节的异常处理，也包括物流内部和外部的业务结算过程。此外，服务质量监察、用户投诉处理、货件的跟踪查询和客户关系管理等，都涉及大量的物流信息。

实现货物和资金的高效流动是现代物流的使命，而货物和资金的流动都是以信息的流动为前提的，即先有信息的流动，才有货物和资金的流动。

### （二）物流信息的特点

结合物流系统的大跨度、动态性、复杂性等特点，可以归纳出物流信息的特点：

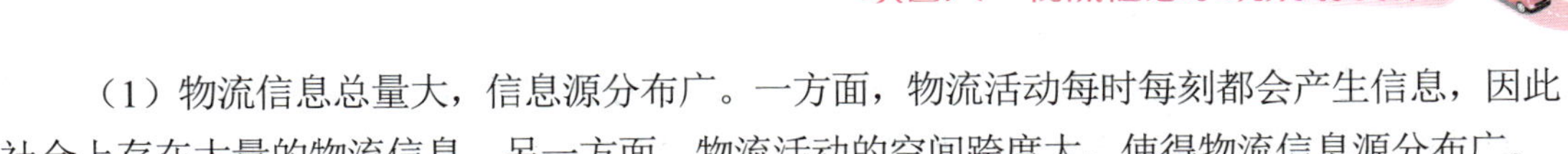

（1）物流信息总量大，信息源分布广。一方面，物流活动每时每刻都会产生信息，因此社会上存在大量的物流信息。另一方面，物流活动的空间跨度大，使得物流信息源分布广。

（2）物流信息来源于物流活动过程，因此其产生、加工在时间、地点和形式上往往不一致。

（3）物流信息具有较强的动态性，价值衰减速度快，需要及时管理和应用。

（4）物流信息种类多。物流活动涉及多个物流环节，每个环节通常都会产生与之对应的信息，这些信息的种类不尽相同。

### （三）物流信息的分类

物流信息的分类

根据物流业务不同，物流信息可分为运输业务信息、仓储业务信息、配送业务信息、流通加工业务信息、包装业务信息、报关与其他监管信息、物流单证信息、物流参与方信息等。

（1）运输业务信息包括运输合同条款及服务要求信息，运输线路、地点及位置信息，运价、费规及费用信息，多式联运业务信息等。

（2）仓储业务信息包括仓储保管方式信息、仓储保管费用信息、仓储地点及货位信息等。

（3）配送业务信息包括配送方式方法信息，配送线路、地点及位置信息，配送流程信息等。

（4）流通加工业务信息包括流通加工方式方法信息、流通加工场所信息、流通加工费用信息等。

（5）包装业务信息包括包装单元信息、包装容器与器具信息、包装材料信息等。

（6）报关与其他监管信息包括报关信息和检验检疫信息等。

（7）物流单证信息包括运输单证信息、仓储单证信息、配送单证信息等。

（8）物流参与方信息包括参与方类别与编码信息、参与方（物流客户和提供物流服务方）基本信息等。

### （四）物流信息的作用和功能

#### 1. 物流信息的作用

物流信息无论是对企业还是对物流系统而言，都有十分重要的作用。

（1）有助于企业提高物流管理水平。物流管理是指企业为达到既定的目标，从物流全过程出发，对相关物流活动进行计划、组织、协调与控制的过程。企业物流管理水平的高低与企业能否合理、充分地利用物流信息有很大的关系。合理、充分地利用物流信息可以帮助企业对物流活动进行有效的计划、组织、协调与控制，实现企业物流系统整体优化的目标。

（2）是各种物流活动顺利开展的保障。如果没有货物名称、重量和配送线路等物流信息，配送过程中的大多数操作，如备货、分拣、配装等就无法进行。

总体而言，任何错误和不完整的物流信息都可能影响物流系统运转的效率，进而影响企业的经济效益。因此，企业应当重视物流信息的收集和使用，充分发挥物流信息的作用。

#### 2. 物流信息的功能

物流信息的作用主要通过以下功能来实现：

（1）市场交易记录功能。在市场交易过程中，物流信息记录着物流活动的基本内容，包括接货信息、储存信息、价格信息和客户信息等。物流信息在市场交易中具有程序化和规范化的特征。

（2）业务控制功能。物流服务和质量管理以及对现有客户资源的管理，都是在借助物流信息做出分析和判断的基础上进行的。越来越多的企业建立起完善的考核指标体系对作业计划和业绩进行整体评价，其实就体现了物流信息作为控制系统组成部分所具备的业务控制功能。

（3）工作协调功能。在物流运作过程中，加强信息的流动与集成能够避免不必要的劳动消耗，从而提高员工的工作质量和效率，使物流作业各环节都处于高效协作状态。

（4）决策支持功能。管理人员借助物流信息，可以对物流活动进行有效的评估，如进行成本—收益分析，从而更好地做出决策。

## 二、物流信息系统概述

### （一）物流信息系统的概念

物流信息系统（logistics information system, LIS）是指使用系统的观点和方法建立起来的，以计算机为基本信息处理工具，以现代通信设备为基本传输工具，并能够为物流管理人员进行决策提供信息支持的交互系统，也是一种由人、计算机（包括网络）和物流管理规则组成的集成化系统。简言之，物流信息系统是对物流信息进行收集、整理、分析、储存，并且服务于物流活动的信息系统。

物流信息系统主要由硬件、软件和操作规程组成。

（1）硬件是物流信息系统的基础，包括计算机主机、打印机、服务器、电缆及其他通信设备等。

（2）软件包括用于处理交易、管理控制、分析决策和制订战略计划的系统和应用程序，具体包括：① 操作系统，如 Windows 操作系统、Linux 操作系统和 macOS 操作系统等；② 数据库系统，如 MySQL、SQL Server 和 Oracle 等；③ 应用软件，包括与物流企业具体业务相关的、辅助企业管理的软件。

（3）操作规程包括规章制度和管理人员权限分配等。

## （二）物流信息系统的分类

物流信息系统可以根据不同标准进行分类。

### 1．按结构分类

按结构分类，物流信息系统可分为单功能物流信息系统和多功能物流信息系统。

（1）单功能物流信息系统是指仅具有某种功能的物流信息系统，如物资分配系统等。

（2）多功能物流信息系统是指能够完成一个部门或企业全部物流信息管理工作的物流信息系统。

### 2．按功能性质分类

按功能性质分类，物流信息系统可分为操作型物流信息系统和决策型物流信息系统。

（1）操作型物流信息系统是指按照某个固定模式对数据进行加工处理的物流信息系统，数据的输入、输出和处理方式都是不可改变的。

（2）决策型物流信息系统是指能根据输入数据的不同，运用知识库提供的方法对数据进行不同形式的加工处理，并为用户提供决策依据的物流信息系统。

### 3．按配置分类

按配置分类，物流信息系统可分为单机物流信息系统和网络物流信息系统。

（1）单机物流信息系统是指仅能在一台计算机上运行的物流信息系统，该计算机虽然可以有多个终端，但主机只有一个。

（2）网络物流信息系统是指可以在多台用通信网络连接起来的计算机上运行的物流信息系统，计算机之间能够实现资源共享。

### 4．按开放程度分类

按开放程度分类，物流信息系统可分为企业物流信息系统、第三方物流信息系统和公共物流信息系统。

（1）企业物流信息系统是企业为了满足自身物流管理需要而开发的物流信息系统，它通常是企业信息系统或供应链管理系统的子系统。

（2）第三方物流信息系统是第三方物流企业为了增强与客户的信息沟通、方便调度和集成物流资源、提高物流服务质量建立的以本企业为中心，通过网络与政府、客户、合作伙伴实现部分信息共享的物流信息系统。

（3）公共物流信息系统是指为了提高政府的工作效率或促进本地区物流产业的发展，由政府牵头建立的物流信息系统。

## （三）物流信息系统的结构

物流信息系统的结构包括层次结构和功能结构。

### 1．层次结构

物流信息系统的层次结构需要从多个维度来分析，包括管理或信息的层次维度、物流职能活动维度和物流业务活动维度，如图 6-1 所示。

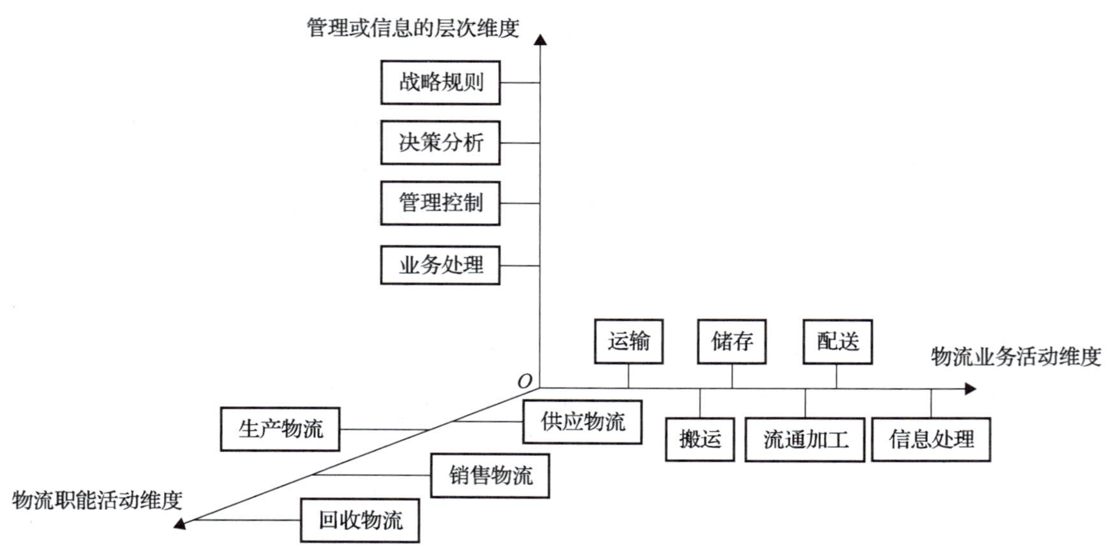


图 6-1　物流信息系统的层次结构

一般来说，管理或信息的层次维度从低到高主要包括业务处理、管理控制、决策分析和战略规划，物流职能活动维度包括供应物流、生产物流、销售物流和回收物流等，物流业务活动维度包括运输、搬运、储存、流通加工、配送和信息处理等。

### 2．功能结构

不同类型的企业（如生产企业、销售企业和第三方物流企业），其物流运作模式各不相同，使用的物流信息系统也可能存在差异。但不论使用的是何种物流信息系统，其功能结构都大致相同。业务管理功能在物流信息系统中处于核心地位，其他功能均围绕业务管理功能发挥作用。

典型的物流信息系统通常包括业务管理子系统、查询分析子系统、系统维护子系统和应用接口子系统等功能结构，如图 6-2 所示。

一般来说，业务管理子系统是物流信息系统最核心的部分，该子系统包括订单管理、存货管理、采购管理、配货管理、运输管理、结算管理等业务功能。企业核心业务不同，使用的物流信息系统通常也不同：

（1）生产企业的物流信息系统主要用于管理从原料供应、产品制造到销售的全过程的物流信息，通常有两种，一种是以计算机技术为核心的物料需求计划（material requirements planning, MRP）、制造资源计划（manufacture resource plan, MRP Ⅱ）、企业资源计划（enterprise resource planning, ERP）推式系统，另一种是以计算机管理和现场管理相结合的准时制生产方式（just in time, JIT）拉式系统。

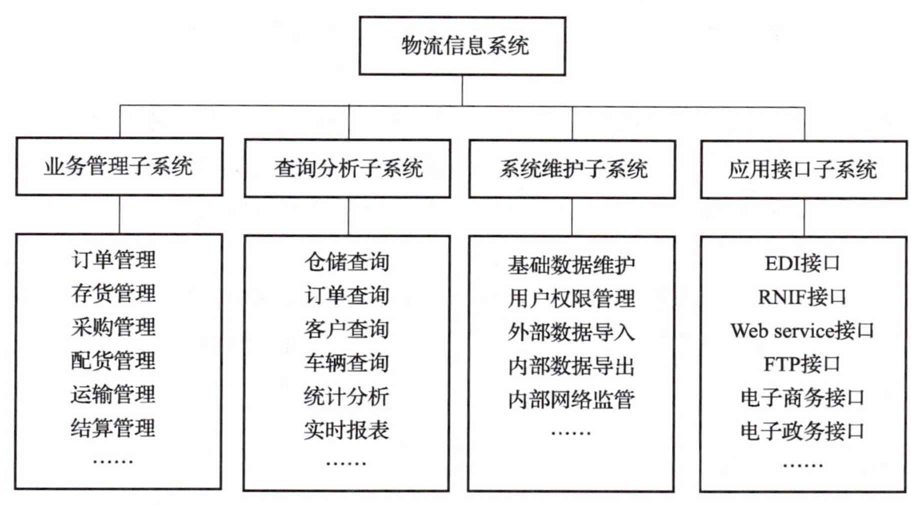


图 6-2　物流信息系统的功能结构

（2）销售企业的物流信息系统主要用于管理企业销售业务所需的物流信息，目前常用的是配送资源计划系统。该系统的主要功能有订单管理、采购管理、销售管理、配送管理、库存管理和账务处理等。

（3）第三方物流企业的物流信息系统是为供应链上各节点客户提供一体化物流服务的平台。第三方物流企业的经营范围通常较广，除了提供储存、运输和配送服务外，有的还提供流通加工、货运代理和报关等服务，因此其物流信息系统需要具备发布服务信息并收集服务需求信息的功能。

## （四）物流信息系统的功能

物流信息系统具有以下五种最主要的功能。

### 1．信息收集

信息收集是利用收集子系统将物流信息收集到预处理系统中，并整理成系统要求的格式的活动，它是物流信息系统其他功能发挥作用的前提和基础。

### 2．信息储存

信息收集结束后，需要对收集到的物流信息进行储存，以供后续使用，此时需要物流信息系统发挥信息储存功能。信息储存功能的作用是保证已得到的物流信息能够不丢失、不外泄、随时可用。

无论使用哪一种物流信息系统，在储存信息时都要考虑信息格式、储存量、储存方式、储存时间、使用方式、安全保密等问题。如果这些问题没有得到妥善解决，物流信息系统就很难投入使用。

### 3．信息处理

企业使用物流信息系统最根本的目的，就是要将输入的杂乱无章的信息加工成有价值的

物流信息。只有得到了具有实际使用价值的物流信息，物流信息系统的功能才能真正体现。

### 4. 信息传输

物流信息只有准确、及时地传输到物流系统中的各个职能环节，才能体现其价值，这就需要物流信息系统具有信息传输功能。在传输信息时，必须充分考虑所要传递信息的种类、数量、频率、可靠性等因素，确保这些因素符合物流系统的实际情况。

### 5. 信息输出

信息输出是物流信息系统的最后一项功能，只有实现了这个功能，物流信息系统的任务才算完成。物流信息系统输出的信息，在形式上应该直观、醒目，容易让管理人员和操作人员解读。

## 三、物流公共信息平台

### （一）物流公共信息平台的概念

物流公共信息平台属于公共物流信息系统的范畴，是指基于计算机通信网络技术，提供物流信息、技术、设备等资源共享服务的信息平台。具体来说，物流公共信息平台运用信息技术、计算机技术、通信技术，整合物流业的相关信息资源，系统地采集、储存、加工、传递企业内外部物流信息，从而实现整个社会物流信息的高效传递与共享。

建设物流公共信息平台，不仅是为了培育物流业新的经济增长点，也是推动经济高质量发展和适应产业结构升级的必然要求。

### （二）物流公共信息平台的分类

按照服务区域和服务范围不同，物流公共信息平台可分为宏观、中观和微观层面的物流公共信息平台，具体对应为国家级物流公共信息平台、区域级物流公共信息平台和园区级物流公共信息平台。

### 1. 国家级物流公共信息平台

国家级物流公共信息平台通常由国家物流相关部门或大型企业主导建设，着眼于全国各级物流相关部门和物流业的协调合作，并为物流业的发展提供全面支持。此外，平台的相关数据也可以为政府部门的决策提供支持，帮助政府对经济进行宏观调控。

知识链接

#### 国家交通运输物流公共信息平台

国家交通运输物流公共信息平台（见图 6-3）是多项国家级和部委级物流业具体发展规划的重点建设内容，是由交通运输部和国家发展和改革委员会牵头，多方参与共建的公共物流信息服务网络，是一个政府主导、承载国家物流领域重大发展战略的服务机构。

图 6-3　国家交通运输物流公共信息平台

国家交通运输物流公共信息平台致力于构建覆盖全国、辐射国际的物流信息服务基础设施，覆盖全产业链的数据仓库和国家级综合服务门户，有效实现国际间、行业间、政企间、企业间及运输方式间的物流信息安全、可控、共享，逐步汇集物流业内和上下游相关行业的国内外静动态数据信息，提供公共、基础、开放、权威的物流公共信息服务，形成物流信息服务的良好生态基础，从而推动我国物流业向绿色化、高效化发展。

资料来源：国家交通运输物流公共信息平台，
http://www.logink.cn/col/col38/index.html

### 2. 区域级物流公共信息平台

区域层面的物流是指以特定的行政区域为活动范围，并与其他区域发生各种联系的物流活动，属于宏观物流的范畴，以单个企业物流活动为基础。区域级物流公共信息平台是基于某个区域（如省、市等）的特色而建立的区域宏观或中观物流管理服务平台。

区域级物流公共信息平台可以由政府部门建设，也可以由单个企业建设，甚至可以由政企合建，其定位应该是为区域内的物流企业提供综合信息服务、监管服务、数据交换服务、行业应用托管服务和物流业务交易服务等。

知识链接

## 湖南省物流公共信息平台

湖南省物流公共信息平台由湖南省物流公共信息平台有限公司投资建设。项目建设地点为湖南省长沙市，网络覆盖范围为湖南省全省。其中，数据主中心选址于中国电信股份有限公司湖南分公司，平台数据分中心选址于湖南省重点物流园区，运营服务中心和备份中心选址于湖南现代物流职业技术学院。

湖南省物流公共信息平台为湖南省内外大型生产物流企业、第三方物流企业和园区企业提供综合配货系统、短信平台、定位系统、集成平台、数据交换系统等，不仅可以帮助物流企业降低成本、节约信息技术投入，也可以提高物流业整体运转效率。

湖南省物流公共信息平台是湖南省物流业调整和振兴、发展现代物流最重要的技术支撑平台和关键基础设施。平台的建成与运营将有力促进湖南省物流业的发展和产业结构调整，推动湖南省“承接产业转移”“大市场、大流通”中部崛起战略的实施，推进湖南省新型工业化和“长株潭”两型社会的建设。

资料来源：中国物流网，http://csl.chinawuliu.com.cn/html/19887325.html

3．园区级物流公共信息平台

园区级物流公共信息平台属于微观层面的物流公共信息平台，通常依托一个成功的物流园区或者园区内的物流企业建设运营，建设主体一般是微观经营主体。园区级物流公共信息平台主要为园区内物流企业及其他客户提供所需物流信息，通过对物流公共数据采集、处理和交换，为园区内物流企业信息系统的建设和运转提供有效的支持。

课堂讨论

讨论区域级物流公共信息平台和园区级物流公共信息平台的主要差异。

## （三）物流公共信息平台的作用

作为物流信息现代化的重要组成部分，物流公共信息平台具有以下作用。

1．优化物流信息，消除信息冗余和信息孤岛

目前使用的物流信息系统大多存在功能重复、数据模式未标准化、不具有互操作性等问题，这无疑浪费了大量的资源。建设物流公共信息平台，使各种各样的物流信息结合起来，有利于联合、强化物流系统各方面的力量，使分散的社会物流活动统一。

小提示

互操作性又称互用性，是指不同的计算机系统、网络和应用程序一起工作并共享信息的能力。

通过构建物流公共信息平台，物流企业可以实现异构数据格式转换和信息共享，也可以通过平台发布、查询信息，减少物流信息的流转环节。此外，物流公共信息平台还可与大企业的内部信息系统进行集成，不具备信息化建设能力的中小企业通过注册会员的方式加入平台，能够以较低的成本共享物流信息。

### 2. 降低社会物流服务成本

物流公共信息平台主要从以下三个方面降低社会物流服务成本：

① 物流企业通过物流公共信息平台发布、查询、交换信息，提升了整个物流业的运作透明度和信息交换效率；② 物流公共信息平台有助于实现规模经济，帮助中小物流企业联网，推动信息现代化建设；③ 物流公共信息平台能够推动企业管理和决策优化，提高资源利用率。

### 3. 协助政府有关部门规划物流产业

政府有关部门通过物流公共信息平台获得社会物流总需求、社会物流供给能力、行业经营状况等信息，从而进行科学分析和规划，制定物流产业规划等。

### 4. 推动供应链优化整合

企业间的竞争正逐步转变为供应链和供应链之间的竞争。物流公共信息平台有助于提高供应链上各企业的物流效率，推动整个供应链优化整合，提升供应链整体运行效率。

政策引领

### 打通信息互联渠道，发挥信息共享效用

2017 年 8 月 17 日，国务院办公厅发布《关于进一步推进物流降本增效促进实体经济发展的意见》(以下简称《意见》)。为进一步推进物流降本增效，着力营造物流业良好发展环境，提升物流业发展水平，促进实体经济健康发展，《意见》明确提出打通信息互联渠道，发挥信息共享效用，具体举措有：

(1) 加强物流数据开放共享。推进公路、铁路、航空、水运、邮政及公安、工商、海关、质检等领域相关物流数据开放共享，向社会公开相关数据资源，依托国家交通运输物流公共信息平台等，为行业企业查询和组织开展物流活动提供便利。结合大数据应用专项，开展物流大数据应用示范，为提升物流资源配置效率提供基础支撑。结合物流园区标准的修订，推动各物流园区之间实现信息联通兼容。

(2) 推动物流活动信息化、数据化。依托部门、行业大数据应用平台，推动跨地区、跨行业物流信息互联共享。推广应用电子运单、电子仓单、电子面单等电子化单证。积极支持基于大数据的运输配载、跟踪监测、库存监控等第三方物流信息平台创新发展。

(3) 建立健全物流行业信用体系。研究制定对运输物流行业严重违法失信市场主体及有关人员实施联合惩戒的合作备忘录，对失信企业在行政审批、资质认定、银行贷款、工程招投标、债券发行等方面依法予以限制，构建守信激励和失信惩戒机制。

## 任务实施

【实施背景】

YT 交通信息发展有限公司 YT 物流分公司（以下简称“YT”）是一家快速成长的第三方物流企业。YT 的快速发展，不仅得益于第三方物流市场的发展，更离不开物流信息系统的支持。YT 对物流信息系统的需求，经历了从单一到全面、从模糊到清晰的发展过程。

### 1. YT 物流信息系统的应用阶段

第一阶段：只能实现运单数据的录入和汇总数据的统计、查询。

第二阶段：逐步涵盖委托、集货、调度、出入库、运输、配送、签收各环节的数据录入和统计、查询。

第三阶段：增加调度、出入库、运输的监控功能。

第四阶段：开始实现数据挖掘与系统对接。

### 2. YT 物流信息系统的结构和功能

YT 物流信息系统分为物流管理子系统、车辆运输管理子系统、出入库管理子系统和企业门户网站四大部分。

（1）物流管理子系统的功能有：委托单信息录入；客户资料建档，内容包括客户基本信息、客户业务信息、客户信用、客户投诉、合作状况评价等；业务流转过程中相关信息的录入，内容包括在库相关信息、在途相关信息、费用信息等。

（2）车辆运输管理子系统的功能有：司机、车辆基础档案管理，车辆固定成本、可变成本管理，行车安全管理，行车效率管理（路单管理）。

（3）出入库管理子系统的功能有：货物出入库数量、时间、完好情况记录，根据仓库分布情况对货物进行统计、汇总，支持分库区、分品种的库存货物查询；提供上述各项功能的网上查询服务。

（4）企业门户网站的功能有：对外界宣传，同客户沟通，提供网上查询、委托和交易服务。

### 3. YT 物流信息系统的特点

（1）全面支持 Internet 和移动通信。

（2）模块化设计，可根据不同的客户需求灵活配置各模块。

（3）界面友好、统一，用户稍加培训就可轻松上手。

（4）极高的数据处理能力，完善的数据备份机制，保证数据有效、准确。

（5）支持群集技术和离线处理、支持窄带（电话线）条件下的数据传输和实时应用。

（6）系统运行安全、稳定，维护简单且成本较低。

4. YT 物流信息系统的应用效果

由于物流信息系统的有效应用，YT 在相关岗位的人力投入减少了 50%以上，差错率降低了 80%以上，物流运作效率提高了 46%。另外，物流信息系统的统计分析功能使得管理层能够及时、准确地掌握整个业务过程、流量和财务状况，为管理层的决策（如战略决策、阶段休整决策以及突发事件决策等）提供了重要的数据支持。另外，物流信息系统对业务流程的再造起到了重要的引导和保障作用，提高了企业的竞争力。

资料来源：中国物流网，http://www.hhhttckd.com/wlal/4944.html

【实施要求】

3～4 人一组，分析易 YT 流信息系统具备哪些优点，发挥了哪些作用。

## 任务二 掌握物流信息系统规划

### 任务导入

一天，工程师老张收到了 R 食品公司物流主管的邮件，以下是邮件的部分内容：

“R 食品公司计划建设一个多功能物流信息系统，希望贵公司帮助我们完成物流信息系统规划工作。邮件附有 R 食品公司物流营运模式、组织架构、管理流程和现有物流信息系统基本情况等相关资料。在物流信息系统规划过程中，有任何问题可以随时和我联系。”

老张翻看了相关资料后，发现这些资料并不齐全，还缺少 R 食品公司物流信息系统建设目标、具体业务需求、用户类型等信息。

“物流信息系统规划工作所需要的资料远远不止这些，需要派出一个调查小组深入 R 食品公司进行详细调查，然后才能确定合适的规划方法，编写可行性报告。”简单思考后，老张召集规划小组，开始安排调查人员……

请问：什么是物流信息系统规划？物流信息系统规划的内容有哪些？规划小组可以使用哪些方法进行物流信息系统规划？物流信息系统规划的步骤有哪些？

### 知识讲解

## 一、物流信息系统规划的概念和内容

### （一）物流信息系统规划的概念

物流信息系统规划是指基于企业的物流战略和物流信息系统的基本目标，根据企业的物流运营模式、管理体制和拥有的物流资源，定义物流信息系统功能结构模块，确定系统总体框架及实施思路的过程。

物流信息系统规划是建设物流信息系统的第一个阶段，是系统开发的基础准备和总体部署阶段，其主要目标是根据组织战略、需求和发展现状，确定物流信息系统在整个生命周期的发展方向、规模和进程，制订物流信息系统建设方案。

### （二）物流信息系统规划的内容

物流信息系统规划的内容

物流信息系统规划既包括 3～5 年的长期规划，也包括 1～2 年的短期规划。长期规划指出了物流信息系统总的发展方向，短期规划则明确了物流信息系统建设的具体环节。一般说来，物流信息系统规划的主要内容有：

（1）确定物流信息系统的目标、约束条件与结构。规划工作应该根据组织的战略目标、内外部约束条件和业务流程创新需求，确定物流信息系统的目标、约束条件和系统的总体结构类型及子系统的构成。

（2）对组织现有物流信息系统的功能、应用环境和应用现状，可投入的人员、费用状况等方面进行评价，了解组织当前的物流信息系统建设能力。

（3）对影响物流信息系统建设的信息技术现状进行分析，并对其发展趋势进行预测。

（4）规划工作安排。主要包括制作硬件设备的采购时间表、应用项目的开发时间表、软件维护与转换工作时间表、人力资源的需求和培训计划表以及资金安排表等。

**小 提 示**

物流信息系统规划的内容并不是一经确定就再也不能改变的。事实上，各种因素的变化都可能对规划工作产生影响，因此规划人员可以根据实际情况修改具体的规划内容。

## 二、物流信息系统规划的方法

物流信息系统规划的方法有多种，如战略目标集转化法、关键成功因素法、企业系统规划法、组织计划引出法、投资回收法、目的手段分析法、零点预算法、阶石法、征费法等。下面主要介绍战略目标集转化法、关键成功因素法、企业系统规划法三种常用方法。

### （一）战略目标集转化法

战略目标集转化法（strategy set transformation, SST）是指将组织战略目标，即由组织的使命、目标、战略和其他战略变量（如组织管理水平、环境约束等）组成的“信息集合”转变为信息系统战略目标的方法，如图 6-4 所示。

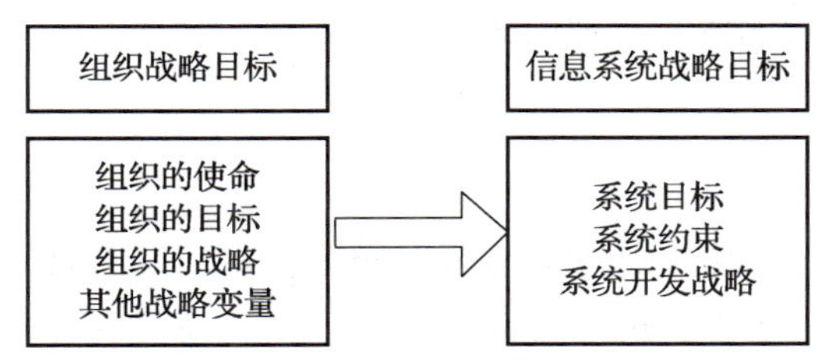


图 6-4　战略目标集转化法

战略目标集转化法的第一步是识别组织战略目标，如果没有，可以采取以下步骤来构建组织的战略目标：

（1）描绘出组织中各类人员结构，包括生产人员、销售人员、管理人员等。

（2）识别各类人员的使命、目标和战略。

（3）加入其他会对组织产生影响的战略变量。

第二步是把组织战略目标转化为信息系统战略目标。根据组织的使命、目标、战略和其他战略变量确定信息系统战略要素，包括系统目标、系统约束和系统开发战略，并提交管理部门。

## （二）关键成功因素法

关键成功因素法（critical success factors, CSF）是一种以关键成功因素为依据来确定系统信息需求的信息系统总体规划方法。该方法认为，现行的信息系统中存在多个影响信息系统目标实现的因素，其中总有若干因素对组织的成功起关键作用，值得管理者重点关注。这些对组织的成功起关键作用的因素就是关键成功因素。

关键成功因素一般有 5～9 个，只要掌握其中少数几个，企业就具备一定的竞争力，实现持续发展的概率也能大大增加。

对于物流企业而言，关键成功因素可以归纳为两大类：一类是与物流业相关的关键成功因素，另一类是与本企业相关的关键成功因素。此外，环境因素也会对关键成功因素产生影响。

### 1. 关键成功因素的来源

关键成功因素通常来源于以下几个方面：

（1）物流业本身。物流企业在经营管理过程中需要考虑物流业本身的特点，如物流服务的灵活性，物流模式和技术的不断更新等，这些特点可能会成为影响物流企业成功的关键因素。

（2）组织结构。组织结构发生变化，也可能会成为暂时性的关键成功因素。合并或拆分职能部门会在某个时期对企业的经营活动产生影响，对于一些处于起步阶段的企业而言，合并或拆分职能部门可能会直接决定企业的命运。

（3）环境因素。外部经济环境和政策的变化，如国外和国内经济形势的变化、国家产业政策的调整等，都可能成为企业的关键成功因素。

小提示

需要注意的是，企业在供应链中的位置和地位不同，关键成功因素也可能不同。例如，原料成本是许多位于供应链上游的生产型供应商的关键成功因素，而客户需求是许多位于供应链下游的销售型供应商的关键成功因素。

### 2. 关键成功因素法的实施步骤

关键成功因素法的实施步骤（见图6-5）主要如下：

（1）了解物流企业目标。对企业进行初步调查，了解企业对新物流信息系统的需求，从中分析出明确的企业目标。

（2）识别关键成功因素。对与实现目标相关的业务和人员进行分析，从中识别出与实现企业目标密切相关的关键成功因素。

（3）识别各关键成功因素的性能指标和标准。

（4）定义数据字典。根据每个关键成功因素的不同性能指标和标准，找出能够衡量关键成功因素性能的数据，并定义与这些数据相关的数据字典。

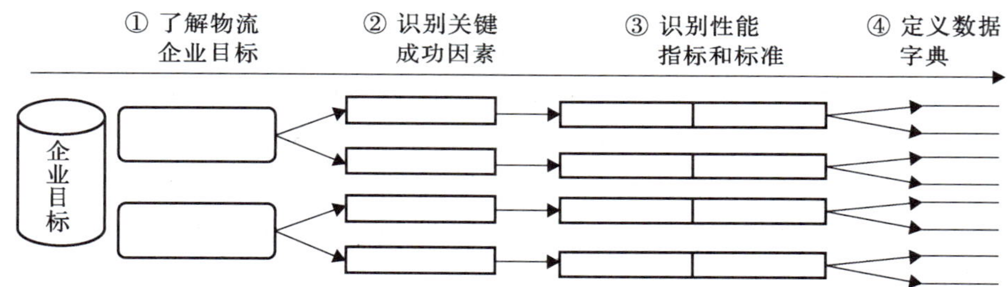


图6-5 关键成功因素法的实施步骤

知识链接

## 数据字典

使用数据流程图描述系统数据流程时，数据流、数据量和数据的储存结构、存取要求等很难在流程图中体现，此时就需要使用数据字典。

数据字典的主要作用是对数据流程图中的数据项、数据结构、数据流、处理逻辑、数据储存和外部实体进行具体的定义和说明，为系统开发人员提供查询依据。

一个物流信息系统通常有很多人参与开发和使用，建立数据字典有助于开发人员之间、开发人员和用户之间进行交流，避免理解偏差。

### （三）企业系统规划法

企业系统规划法（business system planning, BSP）是指对企业进行全面调查，分析其信息需求，制订物流信息系统总体方案的一种方法。BSP 建立在用信息技术支持企业管理的思想上，把企业目标转化为物流信息系统战略目标，实现企业战略到物流信息系统战略的转化。

BSP 的作用主要包括：① 确定物流信息系统的总体结构，明确每个子系统的组成方式以及开发这些子系统的先后顺序；② 对企业数据进行统一规划和管理，明确子系统之间的数据交换关系，保证信息的一致性。

BSP 的优点是能保证物流信息系统独立于企业的组织机构，使物流信息系统具有对环境变化的适应性，即如果未来企业的组织机构或管理体制发生变化，物流信息系统能够适应该变化。BSP 的实施步骤为：

（1）准备工作。领导者成立委员会，下设一个规划研究组，并提出工作计划。

（2）调研。规划研究组成员查阅资料，深入各级管理层了解企业有关决策过程、组织职能和部门的主要活动和存在的主要问题。

（3）定义业务过程。业务过程是指企业管理中必要且逻辑上相关的、为了完成某种管理功能的一组活动，定义业务过程是 BSP 的核心。

（4）重组业务过程。重组业务过程是在定义业务过程的基础上，找出哪些过程是正确的，哪些过程是低效的，哪些过程不适合采用计算机信息处理。低效的过程需要在信息技术的支持下进行优化处理，不适合采用计算机信息处理的过程应当取消。

（5）定义数据类。数据类是指支持业务过程所必需的逻辑上相关的数据。定义数据类是指按各项业务过程，将与之相关的输入数据和输出数据按逻辑相关性整理出来归纳成数据类。

（6）定义信息系统总体结构。定义信息系统总体结构的目的是刻画未来信息系统的框架和相应的数据类。其主要工作是划分子系统，具体可利用 U/C 矩阵来完成。

（7）对信息系统总体结构中的子系统按先后顺序排出开发计划。

（8）完成 BSP 研究报告，编写建议书和开发计划。

需要注意的是，迄今为止，并没有一种完美的物流信息系统规划方法。不同的企业由于经营战略、企业规模、管理水平和信息化建设程度不同，制订信息技术战略的出发点不同，采用的方法也会不同。但是不论采用哪种方法，都应从企业经营战略出发而不是从物流信息系统的需求出发，从经营管理的变革出发而不是从技术的变革出发，要着眼于引进现代管理理念、模式和方法，充分利用企业的现有资源来满足关键需求。

知识链接

## U/C 矩阵

U/C 矩阵是指用来表达系统功能与数据之间关系的表格，常用于划分子系统。在U/C 矩阵左边第一列列出系统中各功能的名称，上面第一行列出系统中各数据类的名称，在功能与数据类交叉的单元格内填写两者的关系。如果某功能使用某数据类，就在对应单元格内填写“U”(use)；如果某功能产生某数据类，就在对应单元格填写“C”(create)。

某企业各项管理功能和数据类之间的关系形成的 U/C 矩阵如表 6-1 所示。例如，实现经营计划功能需要使用财务和成本相关数据，则在对应单元格内填写“U”；实现经营计划的过程中会产生计划数据，则在对应单元格内填写“C”。

表 6-1　管理功能和数据类 U/C 矩阵

| 管理功能 | 数据类 | | | | | | | | | | | | | | | |
|---|---|---|---|---|---|---|---|---|---|---|---|---|---|---|---|---|
| | 客户 | 订货 | 产品 | 加工路线 | 材料表 | 成本 | 零件规格 | 原材料库存 | 成品库存 | 员工 | 销售区域 | 财务 | 计划 | 设备 | 材料供应 | 工作令 |
| 经营计划 | | | | | | U | | | | | | U | C | | | |
| 财务规划 | | | | | | U | | | | U | | U | C | | | |
| 产品预测 | U | | U | | | | | | | | U | U | U | | | |
| 产品设计开发 | U | | C | | U | | C | | | | | | | | | |
| 产品工艺 | | | U | | C | | C | U | | | | | | | | |
| 库存控制 | | | | | | | | C | C | | | | | | U | U |
| 调度 | | | U | | | | | | | | | | | U | | C |
| 生产能力计划 | | | | U | | | | | | | | | | C | U | |
| 材料需求 | | | U | | U | | | | | | | | | | C | |
| 作业流程 | | | | C | | | | | | | | | | U | U | U |
| 销售区域管理 | C | U | U | | | | | | | | | | | | | |
| 销售 | U | U | U | | | | | | | | | C | | | | |
| 订货服务 | U | C | U | | | | | | | | | | | | | |
| 发运 | | U | U | | | | | | U | | | | | | | |
| 会计 | U | | U | | | | | | | U | | | | | | |
| 成本会计 | | U | | | | C | | | | | | | | | | |
| 人员计划 | | | | | | | | | | C | | | | | | |
| 人员招聘考核 | | | | | | | | | | U | | | | | | |

表 6-1 中的管理功能和数据类是随机排列的，U 和 C 在矩阵中的排列也是分散的。调换数据类的顺序，尽量使 U 和 C 集中到对角线上，然后把填写比较集中的区域用粗线条框起来，各独立的方框就代表不同的子系统。调整后的管理功能和数据类 U/C 矩阵如表 6-2 所示。此时整个系统可划分为经营计划、技术准备、生产制造、销售、财会和人事六个子系统。

表 6-2　调整后的管理功能和数据类 U/C 矩阵

| 管理功能 | 数据类 | | | | | | | | | | | | | | | |
|---|---|---|---|---|---|---|---|---|---|---|---|---|---|---|---|---|
| | 计划 | 财务 | 产品 | 零件规格 | 材料表 | 原材料库存 | 成品库存 | 工作令 | 设备 | 材料供应 | 加工路线 | 客户 | 销售区域 | 订货 | 成本 | 员工 |
| 经营计划 | C | U | | | | | | | | | | | | | U | |
| 财务规划 | U | U | | | | | | | | | | | | | U | U |
| 产品预测 | U | U | U | | | | | | | | | U | U | | | |
| 产品设计开发 | | | C | C | U | | | | | | | U | | | | |
| 产品工艺 | | | U | C | C | U | | | | | | | | | | |
| 库存控制 | | | | | | C | C | U | | U | | | | | | |
| 调度 | | | U | | | | | C | C | | | | | | | |
| 生产能力计划 | | | | | | | | | C | U | U | | | | | |
| 材料需求 | | | U | | U | | | | | C | | | | | | |
| 作业流程 | | | | | | | | U | U | U | C | | | | | |
| 销售区域管理 | | | U | | | | | | | | | C | | U | | |
| 销售 | | | U | | | | | | | | | U | | U | | |
| 订货服务 | | | U | | | | | | | | | U | | C | | |
| 发运 | | | U | | | | U | | | | | | | U | | |
| 会计 | | | U | | | | | | | | | U | | | | U |
| 成本会计 | | | | | | | | | | | | | | U | C | |
| 人员计划 | | | | | | | | | | | | | | | | C |
| 人员招聘考核 | | | | | | | | | | | | | | | | U |

## 三、物流信息系统规划的步骤

物流信息系统规划主要包括确定需求、初步调查和可行性分析三个步骤。

### （一）确定需求

#### 1. 项目的提出

开发物流信息系统首先要进行立项。开发项目一般由物流企业提出，也可由物流企业的客户提出。例如，客户对物流企业提出要求，希望可以通过网络跟踪自己的货物，随时随地了解货物的状况，物流企业可开发相应的物流信息系统满足客户的要求。

不论以什么方式提出开发项目，都应该进行书面立项，明确开发需求。项目书的内容应包括：① 当前物流信息系统存在的问题；② 新物流信息系统应该实现的目标；③ 可提供的开发资源；④ 开发进度要求。

#### 2. 确定用户类型

用户是指直接或间接使用物流信息系统的人员和组织。物流信息系统的用户包括两类，企业内部用户和企业外部用户，如图 6-6 所示。企业内部用户包括直接操作系统的用户、直接使用系统信息的用户和间接使用系统信息的用户。企业外部用户包括上级部门，下属企业，银行、税务机构、保险公司，主要客户等。

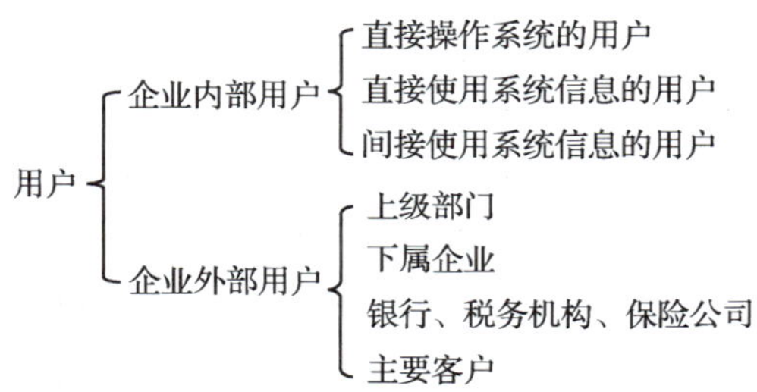


图 6-6　物流信息系统的用户

#### 3. 明确用户需求

规划人员针对不同的用户，分析其对物流信息系统的需求。企业内部用户是最大的用户群，涉及物流业务链上的所有部门。直接操作系统的用户对物流信息系统功能的多样性和操作的简便性要求较高，直接使用系统信息的用户要求信息简洁、直观、全面，间接使用系统信息的用户通常要求各类信息的来源清晰。

企业外部用户的需求有很大的差异。上级部门一般对报表的需求量大，要求报表格式统一；下属企业可能需要安装物流信息系统的某一子系统；银行、税务机构、保险公司等主要要求企业利用物流信息系统提供一些数据；客户主要利用物流信息系统实现网络查询等操作。

总体来说，明确用户的需求，规划人员应该掌握以下内容：① 物流信息系统的用户有哪些；② 各类用户的需求和目标是什么；③ 识别用户需求的正确性和合理性，规划人员应与用户充分讨论协商，取得一致意见，并修改用户需求中不太合理的部分。

## （二）初步调查

### 1. 初步调查的目的

初步调查的目的是合理确定系统目标并为可行性分析提供支持。在系统规划阶段，初步调查是所有工作的基础，通过初步调查，规划人员可以了解企业对物流信息系统的需求，然后根据企业的资金、人员与设备等资源条件，初步提出物流信息系统的目标。

系统目标必须明确要开发的物流信息系统的功能是什么，即系统是做什么的；哪些信息处理工作由计算机完成，哪些由人工完成；系统划分为哪些子系统，各子系统的目标和基本功能是什么。

例如，某企业的物流信息系统目标为：① 该系统具有客户管理、市场预测、财务管理和运输信息发布等功能；② 该系统能为不同层次的管理人员提供各种报表；③ 该系统使用一套数据库；④ 该系统留有与其他系统通信的接口。

小提示

调查有初步调查、详细调查和补充调查之分。在物流信息系统的开发过程中，需要进行多次调查：可行性分析时，需要对项目进行初步调查；系统分析时，需要进行详细调查；系统设计时，需要进行详细调查，也可能要进行补充调查。

### 2. 初步调查的内容

初步调查的内容主要包括：

（1）企业概况，如企业的经营目的、规模、职工人数、产品结构、企业结构和目前的经营管理水平等。

（2）信息系统概况，如已有的计算机应用项目及其功能等。

（3）企业与外部的关系，如外部环境状况，与其他企业货物、资金或信息的往来情况等。

（4）领导者对物流信息系统的态度，如对新、老信息系统的看法以及对信息的需求，对物流信息系统建设的支持程度等。

（5）物流信息系统建设可用的资源，如人力、物力、财力等。

## （三）可行性分析

通常来说，企业应该对重要的建设项目进行可行性分析，通过可行性分析后的项目才能被实施。物流信息系统规划是一项耗资多、周期长、风险大的工程项目，进行可行性分析可以避免一些风险和不必要的损失。

可行性分析是指根据系统的环境、资源条件，论证项目进行的可能性和必要性。可行性分析在初步调查的基础上进行，规划人员只有收集足够多的资料，才能进行判断。

### 1. 可行性分析的内容

#### 1）技术可行性分析

技术可行性分析主要分析企业现有的技术能否满足建设物流信息系统的要求。这些技术包括硬件技术、软件技术、项目开发技术和管理能力。

目前来讲，建设物流信息系统需要的硬件技术和软件技术已经十分成熟。市场上有大量高、中、低端网络设备、计算机服务器、计算机终端、自动化输入设备等硬件设备，也有丰富的软件开发工具。主要的技术限制是项目开发技术和管理能力，即企业是否有掌握硬件技术和软件技术的人才，是否有管理物流信息系统规划项目的人才。

#### 2）经济可行性分析

经济可行性分析主要分析企业可投入的人力、物力、财力等能否满足物流信息系统开发与运行管理的需要。例如，需要的硬件、软件、培训、技术咨询等的费用是多少，开发成本、运行成本是多少，可以从哪些方面提高企业的效益，能产生多少收益，直接收益和间接收益是多少，眼前收益和长远收益如何。

此外，规划人员还应考虑将来系统的升级费用、系统支持软件的升级费用、硬件的升级费用、服务费用等。

#### 3）环境可行性分析

环境可行性分析主要分析企业的内部环境和外部环境等能否满足建设物流信息系统的要求。例如，领导者是否支持物流信息系统建设，员工是否能够很快适应新系统，行业的有关政策是否会成为系统开发与运行的阻力等。

### 2. 可行性报告

可行性分析最终要形成一套完整的报告，该报告是物流信息系统建设的重要依据。可行性报告的主要内容有：① 可行性分析的目的；② 物流信息系统现状分析；③ 物流信息系统初步建设方案；④ 方案的可行性论证；⑤ 方案当前存在的问题及其解决措施；⑥ 方案实施的进度安排；⑦ 其他建议；⑧ 附加材料等。

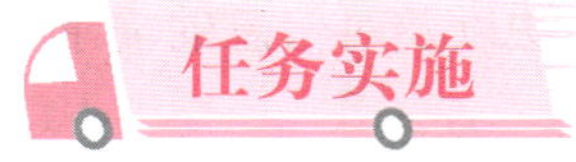

## 任务实施

【实施背景】

### 中邮物流有限责任公司物流信息系统的规划设计

#### （一）系统现状描述和分析

##### 1. 现状描述

按照中华人民共和国国家邮政局物流发展的总体目标，中邮物流有限责任公司（以下简称“中邮物流”）建立了结构完善、组织有序、运行高效的管理体系。在省或自治区下

属地市、直辖市成立各自独立的中邮物流公司或分公司，而在县市一级可以成立中邮物流配送中心，这样从上到下形成一个垂直的中邮物流组织架构。

从纵向看，中邮物流是一个大系统，省级物流公司作为子系统，各省级物流公司又以地市级物流分公司作为其子系统，因此各子系统之间和上下级系统之间存在大量的信息交换，需要加强信息沟通，减少子系统内部之间的信息孤岛，才能使系统总体收益最大。

从横向看，中邮物流信息系统包括在运输、储存、装卸、包装等工序上所产生的各类信息以及辅助应用软件。中邮物流已上线运行多套应用系统，包括一体化业务系统、集散网业务系统、电子仓储管理系统、农资分销连锁配送系统、电子订单处理系统、经营分析管理系统等，为中邮物流作业效率的提高奠定了坚实的基础。

2. 现状分析

中邮物流信息系统包括多个业务系统，各业务系统在业务内容、技术之间都存在着很强的关联性，随着各系统的广泛推广和信息资源的成倍增长，各系统之间的互联互通、信息共享以及企业内外的信息集成问题会日益突出。因此在中邮物流整体业务管理的层面上，需建立一个一体化的信息平台，重点协调解决各系统间的关联问题，如功能联系、信息共享、互联接口等，降低信息交换成本，建立统一高效的中国邮政企业信息化平台，为领导决策和经营管理提供支撑。

### （二）系统规划

通过对中邮物流业务的分析，确立了以下系统规划原则，以确保整个系统流程清晰、责权明确：① 进行功能规划时，把分布式的一体化物流思想贯穿始终，针对中邮物流的业务特点，重点解决“收、存、配、送、跟”等问题；② 以邮件的整个流动环节为划分依据，通过严格的权限设置，实现不同岗位对系统的安全访问；③ 利用分布式数据系统，建立高效、可靠、安全的信息通道。

此外，中邮物流信息系统规划应充分利用现有资源，依托邮政综合计算机网，实现与邮政综合计算机网的各个子系统之间的信息共享以及与客户和合作伙伴信息系统的连接。对内，该系统可以将总部与各省、市业务网点和物流设施连接成一体化的信息网络。对外，该系统可以与客户、承运人、最终用户等供应链上的合作伙伴实现对接，提供统一的信息接入和查询服务，最终实现中邮物流的一体化运营。

### （三）系统结构

中邮物流信息系统由市场营销系统、物流运输系统、辅助决策系统、企业管理系统四部分组成。各系统又包含若干子系统，各子系统既相互独立地开展业务，又通过统一的数据结构连接成一个整体，还可以根据业务需要增加子系统，扩大业务范围。

资料来源：道客巴巴，https://www.doc88.com/p-9758137835926.html

【实施要求】

思考中邮物流信息系统的特点，以及中邮物流信息系统的规划设计考虑了哪些因素。

# 项目自测

1. 单项选择题

（1）物流信息具有较强的动态性，价值衰减速度快，需要及时（　　）。

A．收集和储存　　B．收集和传播

C．管理和储存　　D．管理和应用

（2）记录物流活动的基本内容体现了物流信息的（　　）。

A．决策支持功能　　B．工作协调功能

C．市场交易记录功能　　D．业务控制功能

（3）物流信息系统的层次结构中，管理控制属于（　　）。

A．管理或信息的层次维度　　B．物流职能活动维度

C．物流业务活动维度　　D．以上都不是

（4）（　　）是物流信息系统最核心的部分。

A．系统维护子系统　　B．业务管理子系统

C．应用接口子系统　　D．查询分析子系统

（5）在实现了（　　）功能后，物流信息系统的任务才算完成。

A．信息输出　　B．信息处理

C．信息储存　　D．信息收集

2. 多项选择题

（1）物流信息系统由（　　）等组成。

A．硬件　　B．软件　　C．操作规程　　D．人员

（2）按功能性质分类，物流信息系统可分为（　　）。

A．操作型物流信息系统　　B．单机物流信息系统

C．第三方物流信息系统　　D．决策型物流信息系统

（3）下列属于业务管理子系统业务功能的是（　　）。

A．客户查询　　B．订单管理

C．配货管理　　D．运输管理

（4）下列属于物流信息系统功能的是（　　）。

A．信息收集　　B．流程设计

C．信息储存　　D．信息处理

（5）下列属于物流信息系统内部用户的是（　　）。

A．直接操作系统的用户　　B．直接使用系统信息的用户

C．间接使用系统信息的用户　　D．下属企业

### 3. 简答题

（1）简述物流信息系统的分类。

（2）简述物流公共信息平台的分类。

（3）简述物流公共信息平台的作用。

（4）简述物流信息系统规划的内容。

（5）简述关键成功因素法的实施步骤。

（6）简述物流信息系统规划的步骤。

# 项目七 物流系统建模与仿真

## 项目引言

在规划设计物流系统时，常常需要使用定性和定量方法了解系统的功能和结构，并对系统的运作过程进行充分研究，于是产生了运用数学模型或图示模型来概括系统特征，并能用计算机进行模拟实验的抽象模型方法，即物流系统建模与仿真。

现代系统仿真技术已经成为研究所有复杂系统，特别是物流系统必不可少的分析、设计、评价手段，物流仿真软件也逐渐完善并广泛地应用到物流系统规划与设计中。

## 知识目标

- ✓ 了解物流系统建模的概念，熟悉物流系统模型的分类。
- ✓ 熟悉物流系统建模的必要性、原则、方法和步骤。
- ✓ 了解常用的物流系统模型。
- ✓ 了解系统仿真的概念、特点和分类。
- ✓ 熟悉系统仿真在物流系统研究中的应用。
- ✓ 掌握物流系统仿真的步骤，熟悉常用的物流系统仿真软件。

## 素质目标

- ✓ 通过学习物流系统建模的步骤，弘扬严谨、务实的工作作风。
- ✓ 了解国内团队获 EMO2021 华为国际物流大赛冠军的光荣事迹，弘扬开拓进取、勇攀高峰的精神，在国际大赛中为国争光。

# 任务一　了解物流系统建模

## 任务导入

R食品公司物流系统规划设计工作已经进入尾声。以下是R食品公司物流主管在内部会议上的发言：

“再过两周，就要向董事长展示物流系统建设方案了。目前JZTD物流公司已经制订好了一整套物流系统建设方案，但该方案专业性较强，我们要考虑如何简明、直观地将方案展示出来。

“现在有两个任务：一是联系专业的仿真模型企业，制作配送中心实物模型，以直观展示配送中心的内部结构、操作工具等；二是建立作业流程图示模型，以直观展示新增的物流作业流程。”

请问：物流系统模型有哪些种类？物流系统建模的方法和步骤有哪些？常见的物流系统模型有哪些？

## 知识讲解

## 一、物流系统建模概述

### （一）物流系统建模的概念

一般来说，人类认识和改造客观世界的方法有三种：实验法、抽象法、模型法。

实验法是指对客观事物本身直接进行科学实验，以获取结论的方法。物流系统范围广、环节多、构成要素复杂，很难使用实验法对其进行研究。

抽象法是指把现实系统抽象为一般的概念，然后进行推理和判断的方法。借助这种方法，研究人员能够撇开次要的、非本质的因素，深入系统内部，抓住系统的本质。但是物流系统主要由具备各种功能的实体组成，不适合将其抽象成简单的概念去探究本质。

模型法是指在对现实系统进行抽象的基础上，把它们再现为某种实物的、图画的或数学的模型，再通过模型对系统进行分析、比较和研究，最终得出结论的方法。实验法对可操作性要求较高，抽象法过于理论化，模型法则克服了这两个缺点，十分适用于物流系统这种高复杂度、强实践性系统的研究工作。

物流系统建模是指对物流系统的特征要素及其相互关系和变化趋势进行抽象描述，并用模型来概括的方法。物流系统模型用于描述物流系统要素之间、物流系统与外部环境之间的相互关系，能够反映物流系统的一些本质特征。

### （二）物流系统模型的分类

物流系统模型可分为实物模型、图示模型、模拟模型和数学模型。

#### 1. 实物模型

实物模型是现实系统的放大或缩小，能反映系统的主要特征和各个组成部分之间的关系，如仓库模型（见图 7-1）、交通运输模型等。这种模型的优点是形象、直观，便于研究者共同探讨；缺点是不易说明要素之间的数量关系和内在联系，也很难用于物流系统的优化研究。

图 7-1 仓库模型

#### 2. 图示模型

图示模型是指用图表或其他符号对系统的实际状态加以抽象的模型，如农产品流向图（见图 7-2）等。这种模型的优点是直观易懂、逻辑清晰，可以描绘出各要素之间的简单关系；缺点是抽象性强，难以完整反映物流系统的特征。

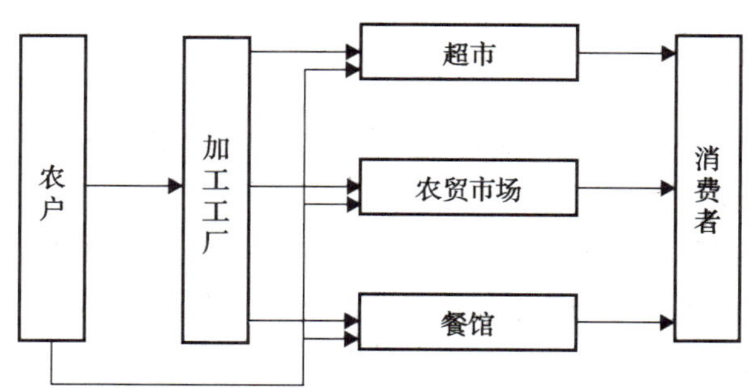


图 7-2 农产品流向图

3．模拟模型

用一种原理上相似，但更容易分析或求解的系统代替或近似地描述另一种系统，前者称为后者的模拟模型。

模拟模型一般有两种类型：一种是可以接受数据输入并进行动态演示的可控模型；另一种是用计算机程序语言表达的模拟模型，如物资集散中心站台数设置的模拟模型、组装流水线投料批量的模拟模型等。

4．数学模型

数学模型是指用数学方式对系统进行描述的模型，一般分为确定型数学模型和随机型数学模型，也可分为连续型数学模型和离散型数学模型。当把物流系统及其要素的相互关系用数理逻辑方法和数学语言抽象地表示出来时，就形成了物流系统的数学模型。

知识链接

**数学模型的典型形式**

数学模型的典型形式如下：

$$U=f(x_i,\ y_i) \tag{7-1}$$

式中：

$U$——目标函数（代表系统所要达到的目的），一般追求最大值（如销售额、产量、利润等最大）或最小值（如成本、货物损耗、亏损额等最小）；

$f$——目标函数 $U$ 与变量 $x_i$，$y_i$ 之间的关系函数；

$x_i$——可控变量；

$y_i$——不可控变量，对 $U$ 有影响。

公式（7-1）加上适当的约束条件（为变量设定的取值范围）就可以模拟一个完整的系统。

### （三）物流系统建模的必要性

实践中之所以要进行物流系统建模，主要有以下几个原因。

1．建设物流系统的需要

物流系统建设方案制订好之后，企业一般不会直接实施，而是建立系统模型对系统的运行效果进行预测，以实现对物流系统的分析、评价和优化。

2．节省成本的需要

企业如果直接建设物流系统进行实验，需要耗费高昂的成本，而使用物流系统模型进行实验，成本要低得多。

#### 3. 节省时间的需要

规模较大的物流系统，其内部物流活动周期一般较长。如果直接研究物流系统，那么可能需要几个月、几年甚至更长的时间才能得到结果。使用物流系统模型进行研究，只需对模型进行适当设置就可以很快得到分析结果。

#### 4. 物流系统灵活性分析的需要

企业直接对运行中的物流系统进行分析通常比较困难。例如，某企业计划削减运输线路的数量，但很难确定线路数量削减对整个运输系统运行情况的影响。如果借助运输系统模型，企业不仅可以在模型中灵活调整运输线路的数量，也可以对其他参数进行调整，从而观察参数调整后的运输系统运行状况。

### （四）物流系统建模的原则

物流系统的复杂程度直接决定着物流系统模型的复杂程度。结构十分复杂、组成要素十分丰富的物流系统，其模型的建立难度较大，如果遵循一定的原则，可能会起到事半功倍的效果。

#### 1. 准确性

物流系统模型中往往包含各种数据、公式和图表，它们是开展分析工作的基础。数据必须真实、可靠，公式和图表要以一定的科学理论为支撑，这样的模型才可能准确反映物流系统的实际情况。

#### 2. 简明性

好的模型往往简单明了，能抓住系统的本质。尽管现实中的物流系统可能十分复杂，但在掌握物流系统关键要素的前提下，模型还是越简明越好。

#### 3. 实用性

物流系统模型是为实际服务的，因此必须具有实用性，即能够辅助企业解决实际问题。

#### 4. 反馈性

人对系统的认识是一个由浅入深的过程，因此建模工作有时不是一次性完成的。最初的物流系统模型可以设计得粗略一些，能够反映物流系统总体框架即可。在随后的模型分析过程中，企业可以根据实际经营状况，逐渐增加影响物流系统运作的重要变量。

#### 5. 可辨别性

可辨别性是指建立的物流系统模型必须有确定的描述或表示方式，且在这种描述或表示方式下，与物流系统性质有关的参数必须有唯一确定的解。如果一个物流系统模型的参数无法估计，那这个模型很有可能没有使用价值。

## 二、物流系统建模的方法和步骤

### （一）物流系统建模的方法

构建一个合理的物流系统模型既需要研究人员具备扎实的专业知识，也需要他们充分发挥主观能动性。针对一个确定的物流系统，研究人员既可以创造新模型，也可以灵活借鉴、改造已有的模型。通常来说，物流系统建模的方法有以下几种。

#### 1. 推理分析法

对于问题明确、内部结构和特征十分清楚的物流系统，可以利用已知的定律和定理，经过分析和推理，建立物流系统模型。例如，对于流通加工中的下料问题，其原则是使裁剪后的余料最少，研究人员可根据这个原则进行分析和推理，进而建立数学模型。

小提示

下料是指确定制作某个产品所需材料的形状、数量或质量后，从整个或整批材料中取下一定形状、数量或质量的材料的操作过程。

#### 2. 统计分析法

对于内部结构和特征不是非常明确，又不能直接进行实验观察的物流系统，可以收集数据，用统计分析方法（如方差分析、相关分析等）建立物流系统模型。

#### 3. 人工模拟法

当物流系统结构复杂、性质不太明确、缺乏足够的数据，且无法进行实验观察时，可借助一些人工方法，如模拟仿真法或启发式方法，逐步建立物流系统模型。

小提示

启发式方法不是某种具体的方法，而是指运用能指导问题求解的原理、概念和经验法则，求得满意解的方法。对于一些无法求得最优解的问题，借助启发式方法可以得到满意解，但无法保证得到最优解。

### （二）物流系统建模的步骤

物流系统建模的步骤主要有以下几项。

#### 1. 认识系统，确定变量

收集资料，了解系统的规模、范围和运作模式等，确定输入变量（自变量和控制变量）和输出变量（因变量）以及变量的表达形式。例如，对于一个流通加工模型，输入变量有原材料、劳动力、能源等，输出变量则是产品。

课堂讨论

控制变量是指那些除了实验因素（自变量）以外的所有影响实验结果（因变量）的变量。控制变量不是实验所要研究的变量，但会对实验结果产生影响，因此需要加以控制。那么，常见的控制变量有哪些？

2．确定变量之间的关系

确定变量之间的关系，列出必要的表格并绘制图形，然后分析变量的增减对物流系统目标的实现会产生哪些影响。如果变量较多，就需要根据物流系统的研究目的进行取舍。

物流系统建模的步骤

3．构造模型

利用适当的数学工具刻画各变量之间的关系，构造一个能代表所研究物流系统的数学模型。这个数学模型可以比较简单，但必须能反映物流系统的结构，而且它输出的结果能被合理解释。

将问题转化为数学模型时，应尽量使用简单的数学工具。越是简单的数学工具往往越能反映物流系统的本质，而且更容易让其他人理解。

4．求解模型

通过数学演算或逻辑推理，利用所建立的物流系统模型预测实际系统的运行状况，即求得模型最优解或其他可行解。对于复杂模型，有时需要借助计算机软件求解。

5．检验模型

检验模型一般通过实验法来进行，其目的是验证模型是否在一定精度范围内正确反映了所要研究的问题。如果模型不能在一定精度范围内正确反映物流系统的问题，就需要对模型的结构进行调整，或者增减一些变量，或者改变变量性质、变量关系、约束条件等，使模型进一步符合物流系统实际，以投入使用。

## 三、常用的物流系统模型

实践中，物流系统的问题及研究目的多种多样，使用的物流系统模型也多种多样。常用的物流系统模型有最优化模型、仿真模型和启发式模型。

### （一）最优化模型

最优化模型依赖精确的数学方程式和严谨的数学计算过程来分析和评价物流系统的各种可选方案，从数学上证明所得到的解是最优解。

物流系统规划与设计中的许多确定性运筹学模型都属于最优化模型，包括各种数学规划（如线性规划、非线性规划、动态规划、混合整数规划等）模型、排队模型、枚举模型、微积分模型等。例如，运输调度、资源配置、网络设计等问题可采用线性规划模型求解；库存控制问题可采用动态规划模型或微积分模型求解。

最优化模型的优点是给定一系列假设条件就能够得到问题的最优解，而且可以借助计算机软件对所有方案进行评估，提高分析效率和结果可靠程度。

最优化模型也有局限。由于实际物流系统可能比较复杂，如果建立的模型对物流系统的描述过于细致，会使变量和约束条件增加，从而出现“组合爆炸”，即使利用计算机也难以得到最优解。因此，研究人员需要寻求问题描述详略程度和问题求解时间之间的平衡。

小提示

组合爆炸是指随着优化问题规模的不断扩大，变量取值的不同组合量、可行解数量以及寻找最优解时需要考虑的组合量也会大幅度增加，从而无法从可行解中找到最优解的现象。

### （二）仿真模型

能提供数学最优解的模型固然很好，但有时理论上的最优解对于现实而言没有任何意义。例如，对于物流设施选址问题，按数学模型求出的最优点可能位于河道或桥梁上，这种结果就不具备实际价值。物流系统规划与设计中存在许多随机因素，有时数学上的最优解并不是问题的关键，因此建立物流仿真模型成为研究人员的另一种选择。

仿真模型包括物理仿真模型、数学仿真模型和两者相结合的模型。仿真模型能真实地模拟物流系统运作情况，再现可能出现的各种不确定性因素。

建立仿真模型不仅需要统计分析技术和大量的数据信息，还需要较长的运行时间。尽管如此，由于物流系统中存在大量难以掌握的随机现象，仿真模型的应用仍然很普遍，仓库选址、物流绩效影响因素分析、物流设备配置和物流成本分析等问题都可以应用仿真模型来解决。

小提示

最优化模型和仿真模型的区别可以通过仓库选址问题进行说明。最优选址模型寻求的是仓库的最佳数量、位置和规模，而仿真模型则是试图在给定多个仓库选址方案的情况下，反复对多个方案进行评价，从而找出最优的方案。

### （三）启发式模型

启发式模型是最优化模型和仿真模型的综合，是以启发式方法为基础建立的系统模型，常用来解决复杂物流系统的决策问题。

一般来说，决策者所处的层次越高，决策过程中的不确定性因素就越多。例如，进行战略层次的设施选址决策时，不仅要考虑设施的建设成本，还要考虑投资环境、政策法规等因素，这些因素很难量化，但其影响不可忽视。战略层次的物流决策问题一般很难用精确的数学模型表达，但是更适合使用启发式模型。而对于运作层次的物流决策问题，如物资调拨、短期库存计划等问题，主要以实现运营成本最低为目标，很多因素可以定量估计，因此可建立最优化模型进行分析、求解。

创新强国

### 国内团队获 EMO2021 华为国际物流大赛冠军

2021 年 3 月 31 日，深圳某科技有限公司的运筹优化团队负责人、资深算法专家张岩带领团队以绝对领先的分数，获得 EMO2021 华为国际物流大赛综合评分第一名。EMO2021 华为国际物流大赛于 2020 年 11 月开赛，近 500 名来自全球各地的参赛者历时四个多月角逐出冠军。

本次大赛的题目是一个综合 3D 装箱、路径规划和分批配送的复杂性问题，要求参赛者在规定的约束条件下，完成所有货物的配送，尽可能最大化车辆装载率、最小化运输总里程，以此提升运输效率、降低运输成本。该算法应用到物流运输行业，将帮助企业实现降本增效。

此次大赛提供的 50 个数据集，均来自真实的业务场景，每个数据集包含不同尺寸和数量的标的物、不同尺寸和载重的车型以及不同的站点要求。张岩团队巧妙地构建算法可行解，通过多轮迭代优化，最终成功地找到了 50 个数据集的极优解。张岩团队设计的算法支持并行运算，整体运行时间仅 90 秒（其他 TOP5 团队的算法运行时间为 17 000～24 000 秒），效率极高，可以满足实际工业级场景的应用需求。此外，张岩团队的代码层级脉络清晰，语言简洁，可按需增加新的约束条件，易于修改，拓展性强。

## 任务实施

3～4 人一组，讨论以下情况适合建立哪种物流系统模型：

（1）物流中心内部结构展示。

（2）叉车运作过程演示。

（3）原材料加工成产品，流向消费者的整个物流过程。

（4）仓库作业区的划分。

（5）配送中心的选址。

（6）运输线路的确定。

# 任务二 了解物流系统仿真

## 任务导入

R食品公司物流系统的建设方案很快得到批准，现在进入招标阶段。以下是标书纲要的部分内容：

“主要招标项目：① 物流配送中心设计、勘察、建筑施工及监理；② 物流作业设施设备（如自动化立体仓库、自动化分拣设备等）采购；③ 物流信息系统软件采购等。

“投标要求：投标公司需要运用物流系统三维仿真模型对配送中心内部作业活动进行模拟，包括储存、分拣、包装等作业环节的演示，物料控制和运输调度的模拟，运输线路记录和分析等；投标公司需要运用三维动画仿真设备代替真实设备来实现物流系统的运行测试和纠错等。”

请问：什么是系统仿真？R食品公司为什么要求投标公司使用系统仿真？系统仿真可分为哪些种类？投标公司可以使用哪些物流系统仿真软件？

## 知识讲解

## 一、系统仿真的概念、特点和分类

系统仿真是目前比较先进的物流系统研究方法，它最大的优点是不需要实际安装设备或实施方案即可验证设备的效果，比较各种方案的优劣。应用系统仿真，可以在物流工程建设和作业流程的规划设计阶段发现并解决问题，从而节省物流系统的建设成本。

### （一）系统仿真的概念

系统仿真是指根据系统分析的目的，在分析系统各要素性质和相互关系的基础上，建立能描述系统结构或行为过程的、具有一定逻辑关系或数量关系的仿真模型，据此进行实验或定量分析，以获得正确决策所需的各种信息的过程。或者说，系统仿真是指通过建立和运行实际系统的仿真模型，模仿系统的运行状态和规律，并通过计算机软件及编程技术进行实验的全过程。

系统、模型、仿真三者之间的关系十分密切。系统是研究对象，模型是系统的抽象，仿真是对模型进行的实验。

系统仿真基本都是在计算机支持下进行的，因此它通常被称为计算机仿真。系统仿真的三要素，即系统、模型和计算机（包括硬件和软件），是通过系统建模、仿真建模和仿真实验三个基本活动联系起来的。首先，通过系统建模建立反映系统特征的模型，然后借助计算机对模型进行仿真建模，最后利用仿真实验得出结果，从而为系统的建设或调整提供依据。系统仿真要素之间的关系如图 7-3 所示。

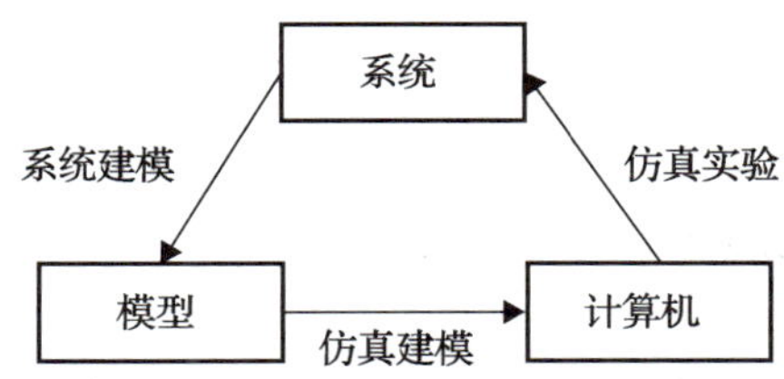


图 7-3　系统仿真要素之间的关系

目前，系统仿真技术在物流业得到了广泛的应用，主要表现在：物流设备制造商在销售产品或进行投标时，往往需要使用系统仿真技术向客户演示产品性能；物流咨询或规划设计公司在规划物流中心时，被要求用系统仿真技术进行方案比较的情况越来越多；自动化立体仓库、自动分拣系统等大型设施设备投入运行前，也需要用系统仿真技术对使用效果进行检验。

## （二）系统仿真的特点和实质

一般来说，系统仿真具有以下特点。

### 1. 问题导向

系统仿真需要模拟系统的实际运行过程，以解决系统的实际问题。不解决实际问题的系统仿真是没有价值的。

### 2. 实验形式

系统仿真是为解决复杂系统问题创造的一种计算机软件实验手段。借助仿真实验形式，研究人员不仅可以认识系统运行规律，还能对系统未来的运行状况进行预测。

### 3. 重复模拟

系统仿真研究由多次独立的重复模拟过程组成，一次仿真是对系统行为的一次抽样，多次仿真则是对真实系统反复进行的随机实验。系统往往是多功能、多层次和多结构的，因此研究人员需要进行多次实验，全面掌握系统的功能和变化规律。

### 4. 存在误差

不同研究人员对于同一问题可能会建立不同的模型，这些模型往往不精确，因此系统仿真通常只能得到问题的特解或可行解，而不能得到问题的通解或最优解，即系统仿真通常存在误差。但是随着计算机技术的发展，误差问题正在得到改善。

结合以上特点，系统仿真的实质是：

（1）一种对系统问题求数值解的计算技术，尤其是面对受诸多因素影响的生产实践

问题，无法直接建立数学模型求解时，使用系统仿真技术能有效地加以解决。

（2）一种人为的实验手段。系统仿真和现实系统实验的差别在于，系统仿真不是在实际环境，而是在“人造”环境中进行的。

（3）一种能比较真实地描述系统的结构、主要特征、不同参数下的运行状态、演变情况和发展过程的技术。

### （三）系统仿真的分类

系统仿真可以根据不同的标准进行分类。

#### 1．根据所用模型的类型分类

根据所用模型的类型，系统仿真可分为物理仿真、数学仿真和半实物仿真。这种划分方式是以相似原理（如几何相似、数学相似、性能相似等）为依据的。

（1）物理仿真是指应用几何相似的原理，制作与实际系统外观、结构等相似，但尺寸不同的物理模型进行实验的过程。这种方法主要应用在计算机出现以前，优点是真实、直观且形象，能体现实际系统的物理特征，反映实际系统的工作机理和过程，缺点是制作难度大、成本高、周期长和不易调整。

（2）数学仿真是指对实际系统进行抽象，将其特性用数字关系加以描述而得到数学模型，并对数学模型进行实验的过程。数学仿真方便、灵活、成本低，但对系统建模技术的要求较高。

（3）半实物仿真是将物理模型和数学模型甚至是实物结合起来进行实验的过程。对系统中比较简单或结构清晰的部分建立数学模型，对比较复杂或规律尚不明确的部分，建立数学模型比较困难，则建立物理模型，在仿真时将数学模型和物理模型组合起来完成整个实验。

#### 2．根据系统对象的性质分类

根据系统对象的性质，系统仿真可分为连续系统仿真和离散事件系统仿真。

（1）连续系统仿真是指对系统状态量随时间连续变化的系统的仿真研究，如数据采集与处理系统的仿真。

（2）离散事件系统仿真是指对在某些随机时间点上发生离散变化的系统进行的仿真研究。离散事件系统仿真可分为面向过程的离散事件系统仿真和面向对象的离散事件系统仿真。

**小提示**

在现实生活中，大多数的业务流程都可以描述为一系列独立的离散事件。例如，一辆卡车到达仓库，卸货后离开就属于离散事件，可使用离散事件系统仿真对这一系列过程进行研究。

在离散事件系统仿真中，一辆卡车从 A 点到 B 点的移动被描述为两个事件，命名为离开和到达，卡车的实际运动被描述为离开和到达之间的时间延迟。这些事件及它们之间的运动可以通过动画直观地表现出来。

离散事件系统仿真侧重于中等抽象层次（抽象层次越高，概括能力越强，但具体信息越少）系统中的流程，通常不会将车辆几何结构和卡车加速等细节表现出来。

## 二、系统仿真在物流系统研究中的应用

在对物流系统的研究中，系统仿真主要应用于物流系统设施规划与设计、物料控制、物料运输调度、物流成本估算等方面。

### （一）物流系统设施规划与设计

现代化的复杂物流系统通常由自动化立体仓库、缓冲站（生产和运输的缓冲区域）、自动导向车（automated guided vehicle, AGV）等设施组成。

以上物流系统设施的规划与设计，都可以通过系统仿真来实现，如确定自动化立体仓库的布局以及货位数，确定缓冲站的数量，确定自动导向车的数量、速度和行驶线路等。

小提示

自动导向车是指装备有电磁或光学等自动导航装置，能沿规定的导航路径行驶，具有安全保护和各种移载功能的运输车。

### （二）物料控制

生产、加工等各个工序对物料的需求量和需求频率不同，这使得物料供应部门与生产加工部门常常在物料供求方面存在矛盾。此外，传统的库存管理往往依靠预测来安排生产，但预测和实际难免存在差距，从而出现库存紧缺或过剩、仓库空间不足、设备超负荷运转等现象。为确保物料及时、准确地供应，最有效的办法是在工厂和车间设置物料仓库，来协调生产节奏。

使用系统仿真不仅可以建立企业库存系统模型，动态模拟入库、出库、库存变化及各种设施和资源的使用情况，避免人力、资金和时间的浪费，更重要的是它可以为库存管理提供科学、有效的依据，使企业准确地掌握物料入库、出库的时间和数量，合理地规划和安排仓库及各类资源，实现库存成本最小化。

### （三）物料运输调度

物料运输调度是物流系统中最复杂、最具动态性的环节，主要包括运输工具调度、运输线路规划、操作人员配置等。物料运输调度策略存在很多的可能性，选择科学、合理的

策略能促使企业的生产活动顺畅进行。

例如，在一条生产装配线上，几个装配工位同时提出用料申请，应该先为哪个工位服务呢？一般来说，按装配顺序先给前面的工位送料是合乎常理的，但这样会造成运输线路堵塞，使后面的工序处于停滞状态。企业可以借助系统仿真建立运输系统模型，用动画的形式将系统运行状态、线路堵塞情况、物料供应情况等生动地呈现出来，输出车辆运行时间、速度和利用率等数据，从而得出比较合理的调度策略。物料运输调度系统仿真模型如图 7-4 所示。

图 7-4　物料运输调度系统仿真模型

### （四）物流成本估算

物流过程是非常复杂的动态过程，整个过程的成本估算对物流系统的正常运作至关重要。物流成本包括运输成本、库存成本、装卸成本等，这些成本都与单位时间成本有关，即掌握了单位时间成本和花费的时间，就能估算出总成本。

系统仿真模拟整个物流过程，并记录每个环节花费的时间，进而估算物流成本。这种估算物流成本的方法比其他数学方法更简便、直观，而且可以建立起成本与物流系统设施规划设计、成本与物料控制、成本与物料运输调度策略之间的联系。一般来说，物流系统实际仿真中，物流成本的估算可以与物流系统其他统计数据同时得到。

知识链接

#### 集成化物流系统仿真技术

集成化物流系统仿真技术是目前物流系统仿真技术的前沿之一。大到物流园区的规划设计，小到企业生产物流的规划设计，都可以利用该技术对规划设计方案进行比较和优化。集成化物流系统仿真技术主要具有以下功能：

（1）可以使用三维虚拟物流中心模型模拟物流中心未来的情况。

（2）可以使用虚拟中心仿真器对物流中心的建设进行较精确的投入—产出分析。

（3）可以在计算机上构筑模拟仓库，并模拟各种库中作业。

（4）可以模拟生产型物流的现场作业，并提供物流作业效率的评价结果。

（5）可以在计算机上模拟物流运输作业及相关配送作业。

（6）可以灵活变更物流作业顺序，进行物流作业过程重组分析，方案比较、优化等。

## 三、物流系统仿真的步骤

物流系统仿真的步骤如图 7-5 所示。

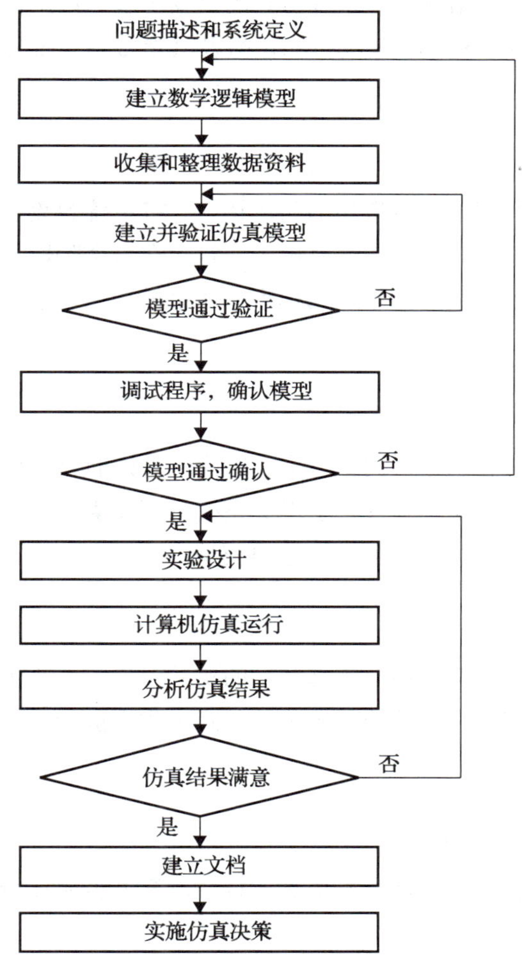


图 7-5　物流系统仿真的步骤

### （一）问题描述和系统定义

在进行系统仿真前，必须对研究问题进行正确的定性或定量分析，明确系统仿真的目的和任务。此外，还要正确定义系统的边界、组成和环境，决定评价仿真方案优劣的准则（衡量系统功能的目标函数）。这一阶段的工作质量将直接影响后续仿真工作的质量和效率。

### （二）建立数学逻辑模型

根据系统结构、管理决策原则和作业规则，分析系统及各组成部分的状态变化和参数之间的数学逻辑关系，在此基础上建立数学逻辑模型。

### （三）收集和整理数据资料

系统仿真需要输入大量的数据资料，这些数据资料的正确性直接决定输出结果的正确性，因此正确收集和整理数据资料是系统仿真的重要环节。数据资料包括数学模型运算所需的参数及基础资料、各项随机变量的分布函数及其参数、系统各组成部分相互关系的定性分析资料等。

### （四）建立并验证仿真模型

运用通用的计算机程序语言或专用的仿真语言，将系统的数学逻辑模型转变为主要由计算机程序组成的仿真模型，以便在计算机上运行。在这个阶段，要进行模型验证，考察仿真模型是否正确反映了系统的数学逻辑模型。如果模型未通过验证，则需要重新建立或修改仿真模型。

### （五）调试程序，确认模型

调试计算机程序并运行，分析调试结果，检验所设计的数学逻辑模型是否正确反映了现实系统。数学逻辑模型如果正确反映了现实系统且精度满足要求，即可确认模型并进入下一步，否则返回第二步，重新建立数学逻辑模型。

### （六）实验设计

根据系统仿真的目的，确定系统仿真运行的实验条件，主要包括设计具有不同可控变量和参数组合的仿真方案、设定系统初始条件、确定仿真运行时间、决定随机样本大小和独立仿真运行次数等。

### （七）计算机仿真运行

根据确定的实验条件，进行计算机仿真运行。研究人员应详细、准确地记录每次仿真运行输出的数据。

### （八）分析仿真结果

采用统计方法对输出结果进行分析，得出系统运行规律和存在的问题，为实际系统的参数设置和相关决策提供科学的参考依据。如果结果符合预期，则可进入下一步。如果对结果不满意，则需要返回第六步，重新进行实验设计，如修改仿真方案、调整系统初始条件等。

### （九）建立文档

对于满意的仿真结果，建立文档进行保存，以便为以后的系统仿真工作提供对比和分析依据。

### （十）实施仿真决策

根据仿真结果，实施具体的物流系统建设或调整方案。

小提示

上述物流系统仿真的步骤不是固定不变的，针对不同的问题，往往需要反复进行模型确认、实验验证、统计推断等过程，直到决策者获得满意的方案为止，因此仿真的过程是一个辩证的、迭代的过程。

## 四、常用的物流仿真软件

物流系统的复杂程度越来越高、内部关联性越来越强，使得物流企业对物流仿真软件的需求日益增长。提供功能强大、方便、灵活、可靠的决策支持工具成为物流仿真软件商的使命。

物流仿真软件分为通用的仿真软件和面向专门环节的仿真软件。通用的仿真软件具备对多个物流环节进行仿真建模的能力，具有很强的兼容性和适用性；面向专门环节的仿真软件专业性较强，只应用于某一具体的物流环节。下面介绍几种常见的物流仿真软件。

### （一）FlexSim

FlexSim 仿真软件是一款商业化离散事件系统仿真软件，具有原始数据拟合、输入建模、图形化模型构建、虚拟现实显示、仿真实验、结果优化、生成 3D 动画影像文件等功能，适用于生产制造、物料处理、交通运输、流程管理等离散事件系统的仿真，也可以用于模型中含有真实的物理实体的仿真研究。

FlexSim 提供了丰富的模型对象（如货架、叉车、传输带、操作人员等），用户要使用模板里的某个对象，只需要用鼠标把该对象从模型库中拖出来放在模型视窗中即可。每个对象都有三维坐标、速度、旋转和一个动态行为（时间）。对象可以创建、删除，也可以彼此嵌套移动，它们都有自己的功能，也能继承其他对象的功能。调整这些对象的参数，就可以把很多制造业的物料处理活动和业务流程简单、快速、高效地描述出来。

此外，FlexSim 的图像、数据和运行结果都可以与其他软件共用，而且它可以从 Excel 表格读取和输出资料，也允许用户按自己的需求建立实体对象。使用 FlexSim 制作的物流仿真模型如图 7-6 所示。

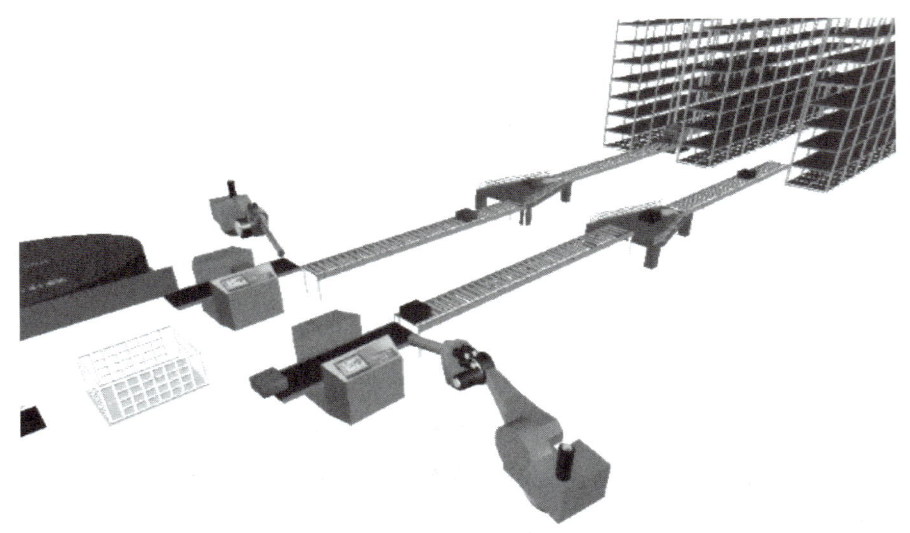

图 7-6　使用 FlexSim 制作的物流仿真模型

## （二）AutoMod

AutoMod 仿真软件研发于 20 世纪 80 年代，目前已成为国际上应用十分广泛的仿真软件之一，该软件的使用范围覆盖汽车行业、家电行业、造船行业、化工行业、烟草行业、图书行业等制造业领域，军事、核工业等国防领域和运输业、仓储业等物流业领域。

AutoMod 主要包括 AutoMod、AutoStat 和 AutoView 三大模块。AutoMod 模块提供给用户一系列的物流系统模块来模拟现实世界中的物流自动化系统，这些模块包括输送机模块（如传送带等）、自动化存取系统（如自动化立体仓库、自动码垛机等）模块、基于路径的移动设备（如 AGV 等）模块、起重机模块等。AutoStat 模块为仿真项目提供统计分析工具，由用户定义测量和实验的标准，自动在 AutoMod 模型上执行统计分析。AutoView 允许用户通过 AutoMod 模型定义场景和移动摄像机，来产生高质量的动画。

AutoMod 功能强大，如果能灵活使用，就可以实现高难度的仿真。但用户只有借助过程语言才能对作业流程进行控制，而且建模操作也十分复杂，要求用户具备编程知识。使用 AutoMod 制作的物流仿真模型如图 7-7 所示。

图 7-7　使用 AutoMod 制作的物流仿真模型

### （三）Witness

Witness 是面向工业系统和商业系统流程的动态系统建模仿真软件。作为平面离散系统生产线仿真器，Witness 操作简单，具有完备的基本仿真功能和处理能力，在低配置计算机上也可以灵活使用。

### （四）Arena

Arena 是一种可视化通用仿真软件，它具有功能强大、使用方便、界面直观、动画显示等优点。Arena 的应用范围十分广泛，几乎覆盖了可视化仿真的所有领域。

Arena 可以对连续、离散和连续离散混合的模型进行模拟，并且擅长对结构和进程进行可视化描述，即实现动态模型仿真与可视化。

在物流领域，Arena 的应用涉及从供应商到客户的整个供应链，包括供应商管理、库存管理、制造活动、分销活动、商务活动和客户服务等。Arena 可以在逻辑模型的基础上建立 3D 仿真动画，并根据实际需要设定仿真参数进行动态系统模拟，从而对实际的复杂系统进行有效分析和处理。

### （五）RaLC

RaLC（乐龙）系列仿真软件是专门面向物流的 3D 动画仿真软件，利用 RaLC 系列仿真软件可以把现有的或正在规划中的物流配送中心或工厂建成以 3D 动画为载体，集作业人员、搬运设备、货物、控制系统、数据信息为一体的仿真模型。这种模型具体、形象、生动，可以非常真实地展现整个物流系统，为物流系统的规划设计和改善提供可视化支持。

RaLC 系列仿真软件基本包含了仓库和配送中心所有的实物设备模块，不仅有货架、叉车、手推车等常用设备模块，还有自动化立体仓库、自动码垛机、AGV、自动轨道车、升降机、移动货架、旋转货架等与现实物流环境相对应的物流设备模块，用户点击按钮即可添加。

RaLC 系统仿真软件价格适中，性价比高，具有完全中文化界面，建模快速、便捷。使用 RaLC 制作的物流仿真模型如图 7-8 所示。

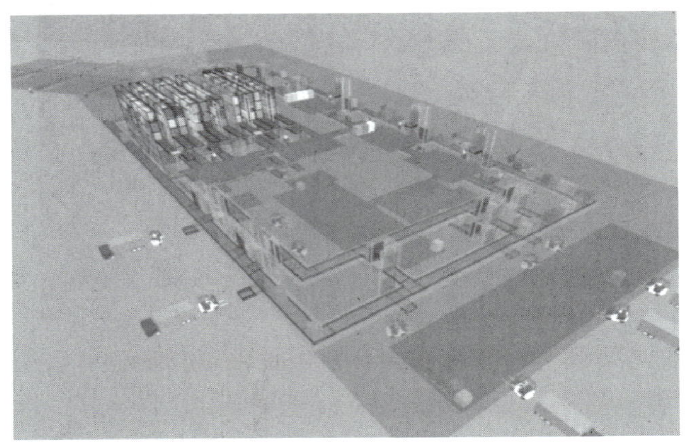

图 7-8　使用 RaLC 制作的物流仿真模型

### （六）AnyLogic

AnyLogic 是对连续、离散和连续离散混合系统进行建模和仿真的工具，可应用于供应链运作、制造业生产、交通运输、城市建筑规划设计、应急管理、疾病扩散、污水处理等诸多领域。AnyLogic 以前沿的复杂系统设计方法论为基础，其动态仿真具有独创的结构，用户可以通过模型的层次结构，以模块化的方式快速地构建复杂交互式动态仿真模型。

### （七）ShowFlow

ShowFlow 是一款为制造业和物流业提供建模、仿真、动画演示和统计分析的软件，主要包括建模、仿真、统计、分析、动画和文档输出几大模块。

### （八）SimLab

SimLab 是由上海百蝶计算机信息有限公司开发的，以教学实验实训为目的的物流仿真软件。SimLab 可以让用户以物流系统中的角色进入虚拟场景，通过游戏对抗的方式进行任务实训。

SimLab 的特点有：真实再现物流企业运作环境；逼真的物流相关设备操作体验；精确的数据仿真；实验过程灵活可控，方便教师教学；配有科学的实验评价体系和自动综合评分系统。SimLab 智慧供应链管理课程界面如图 7-9 所示。

随着系统仿真技术的不断推广，人们对仿真软件功能的要求不再局限于单一的分析功能或动画演示功能。一个优秀的仿真软件，除具有多样的分析功能和卓越的 3D 动画演示功能外，还必须具有易操作、部件化、可扩展等多方面的特点。

（3）物流运作方案评价包括运输方案、配送方案、仓储方案、物流信息化方案、物流业务外包方案等的评价。

### （二）根据评价阶段不同分类

根据评价阶段不同，物流系统综合评价可分为现状评价、方案评价和效果评价。

（1）现状评价是从分析物流系统各子系统间的相互关系和内在影响因素入手，对系统进行诊断，找出存在的问题。通过现状评价，可以更全面地了解物流系统，从而为制订可行、有效的方案打好基础。

（2）方案评价是在对物流系统进行综合调查和整体分析的基础上，对提出的各种方案进行论证，选择在技术、经济、环境等各方面综合最优的方案，从而为物流系统的决策提供依据。

（3）效果评价是指对最终方案实施的效果进行评价，一般涉及以下问题：最终方案实施后，物流系统发生了哪些变化，变化带来了哪些效益或损失，是否达到了预期目标，实际效果与预期目标存在差异的原因是什么。要回答这些问题，关键是建立最终方案与实施效果之间的因果关系，这也是效果评价的主要任务。此外，效果评价的结论能定性或定量地表示方案达到预期目标的程度，并为物流系统以后的发展指明方向。

## 三、物流系统综合评价的步骤

按照特定的步骤进行物流系统综合评价，可以节省评价时间和费用，确保评价工作顺利推进。物流系统综合评价的步骤如图 8-1 所示。

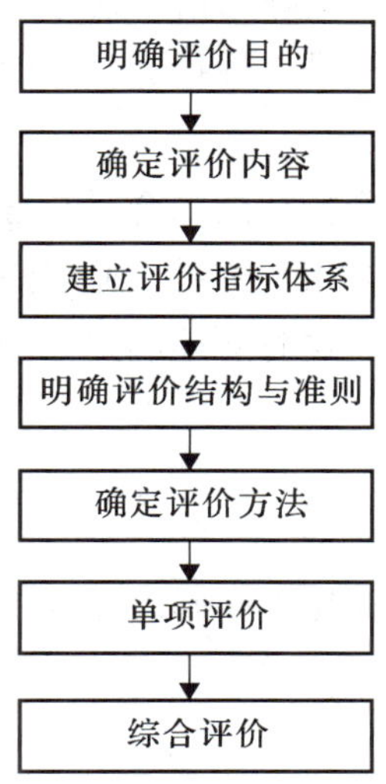


图 8-1 物流系统综合评价的步骤

### （一）明确评价目的

为保证评价的科学性，首先要对物流系统进行详细调查，明确评价工作的目的，列出为达到目的应考虑的具体事项。

### （二）确定评价内容

根据评价目的收集相关资料和数据，全面分析物流系统的组成要素，确定需要评价的内容。

### （三）建立评价指标体系

评价指标体系是由若干单项评价指标组成的整体，是衡量和对比各种备选方案的统一尺度和标准。确定评价指标体系时，必须客观、全面地考虑各种因素，包括物流系统所处的外部环境，物流系统的组成要素、建设费用、预期效果等。评价指标体系越全面，就越能有效地对各方案进行对比和评价。

小提示

需要注意的是，评价指标体系的建立不仅需要严谨的分析论证，往往也需要借助评价者的主观经验，并遵循系统性、科学性、可比性、可测性和独立性的原则。

### （四）确定评价结构与准则

在评价过程中，如果仅仅定性地描述系统的目标而缺少定量分析，该评价就很难被视为科学的评价。因此，评价者要对确定好的指标进行量化处理。有些指标本身即是定量指标，不需要进行更多的处理；当指标是定性指标时，就需要借助模糊数学的理论和方法，将其转化成可计算的定量指标。

每一个具体的指标都可能是几个指标的综合，这是由系统的特性和评价指标体系的结构决定的，在评价时要弄清指标间的相互关系，确定评价结构。由于各指标的评价尺度不同，不同的指标往往难以一起比较，这时必须确定评价准则，包括指标尺度的确定方法、指标权重的确定方法等。

### （五）确定评价方法

评价方法需要结合物流系统来确定。在确定评价方法时，需要考虑系统目标、系统基本情况、费用预算和评价准则等。

### （六）单项评价

单项评价是就系统的某一方面进行详细评价，以突出系统局部特征。单项评价不能解决方案的整体判定问题，但它是综合评价的基础。

### （七）综合评价

综合评价就是从整体出发，综合分析问题，利用相关模型和数据对比各种可行方案。或者说，综合评价是在单项评价的基础上，从不同的角度对物流系统进行的全面评价。

## 四、物流系统综合评价指标体系的建立与处理

### （一）物流系统综合评价指标体系的建立原则

物流系统综合评价结果的质量，很大程度上取决于评价指标体系的质量，而要想建立优质的评价指标体系，应遵循一定的原则。

#### 1. 整体性原则

整体性原则要求评价指标体系不仅能从多个角度反映物流系统的现有特征和状况，还能够体现物流系统的未来发展趋势。

#### 2. 客观性原则

评价指标体系的客观性，一方面体现在指标选择的客观公正，指标选择要结合物流系统实际，不能毫无根据，另一方面体现在指标数据的真实、可靠。

#### 3. 科学性原则

指标的选择和指标权重的确定，定量指标和定性指标之间的协调，数据的选取、计算与组合等，必须以公认的科学理论为依据。

#### 4. 实用性原则

评价工作的意义在于分析现状，认清物流系统所处阶段和发展中存在的问题，寻找影响物流系统运行的主要因素，从而更好地指导实际工作。因此评价者应尽量选取日常统计指标或其他容易获得的指标，以便直观地说明问题。

### （二）物流系统综合评价指标体系的基本内容

物流系统综合评价指标体系中的每个指标都是物流系统某一方面的客观属性变量。各属性变量由物流系统的性质、目标要求、问题，以及问题的规模、重要性等概括确定。虽然物流系统种类很多，但物流系统综合评价指标体系的基本内容相似，主要包括以下几个方面：

（1）政策性指标：物流业有关政策、法律法规等。

（2）技术性指标：物流系统拥有的设施设备的数量，具备的技术条件等。

（3）经济性指标：物流系统的运营成本和利润等。

（4）社会性指标：物流业发展前景、营商环境、对环境的影响等。

（5）资源性指标：物流系统所需的人员、资金、土地等。

（6）时间性指标：物流系统建设所需时间，系统的生命周期等。

在选择评价指标的过程中，需要注意以下几个方面：

（1）指标的类别和数量。指标范围越广、数量越多，就越能反映不同方案间的差异，对评价越有利，但确定指标类别及其重要程度就越困难，指标偏离方案的可能性也越大。

（2）指标的确定。评价者要广泛征求意见，反复交换信息，然后再确定指标。

（3）指标间的相互关系。单项指标要尽量相互独立，若有交叉则必须明确划分该指标所属类别。

（4）指标处理。指标处理包括定量指标的标准化处理和定性模糊指标的量化处理等。

知识链接

### 某城市物流水平综合评价指标体系

某城市物流水平综合评价指标体系（见图 8-2）包括物流需求水平、物流供给水平、物流信息发展水平三个一级指标，每个一级指标又包括多个二级指标。

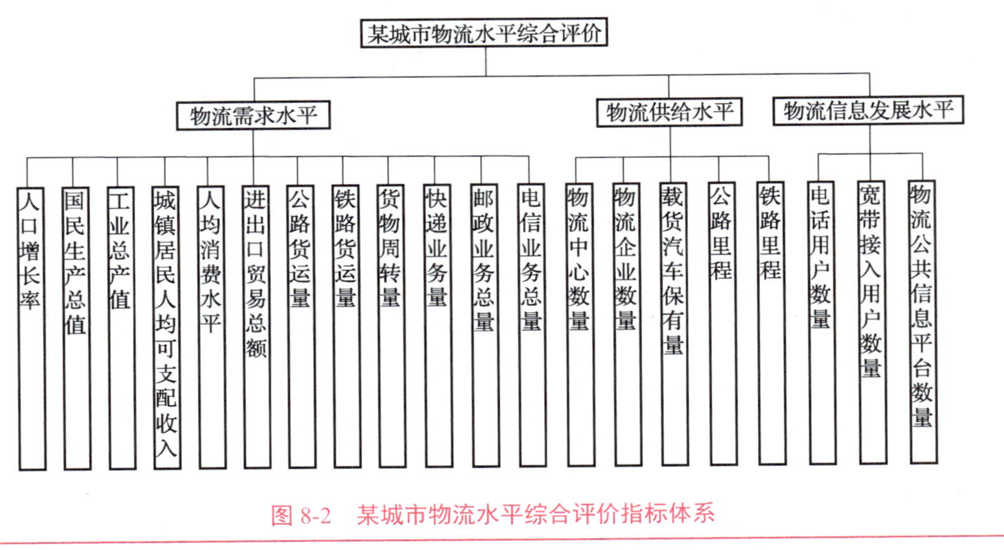

图 8-2　某城市物流水平综合评价指标体系

## （三）物流系统综合评价指标体系的设计方法

为了保证物流系统综合评价指标体系的合理性，需要借助一些方法来完成综合评价指标体系的构建。常用的综合评价指标体系设计方法有以下两种。

### 1. 关键业绩指标法

关键业绩指标（key performance indicator, KPI）法是把物流系统战略目标分解为可操作的工作目标的工具，通过对系统内部流程的输入端和输出端的关键特征参数进行设置、取样、分析和计算，来衡量系统绩效。

关键业绩指标法的精髓是指出评价指标体系的建立必须与物流系统的战略目标挂钩。

首先，将战略目标层层分解，然后分析完成该目标需要解决的最主要问题，再围绕这些问题设计评价指标体系，从而便于评价者对物流系统进行合理规划和有效控制。

关键业绩指标是一类能衡量物流系统实际运行绩效的标准，它们数量虽少，但对整个物流系统的运行起着举足轻重的作用。对于物流系统而言，关键业绩指标通常有两类：

（1）物流生产率。物流生产率即物流系统的产出与投入之比，这类指标通常包括实际生产率、资源利用率、产出完成率、财务指标、库存指标等。

（2）物流质量。物流质量分为物料流转质量和物流业务质量。物料流转质量是对物流系统提供的货物在数量、质量、时间和地点上的正确性的评价，包括数量准确性、货物完好率、送货及时率、地点差错率等指标。物流业务质量是对物流业务在时间、数量的正确性，工作的完成度和客户满意程度等方面的评价，包括供货周期、订单或故障处理时间、业务计划完成率、服务响应率、客户投诉率等指标。

### 2. 平衡计分卡

平衡计分卡（balanced score card, BSC）诞生于 1992 年，目前已经成为广泛使用的企业绩效评价方法之一。该方法从财务，客户，内部运营，学习与成长四个角度建立了一套系统的评价和提升企业绩效的模型，如图 8-3 所示。

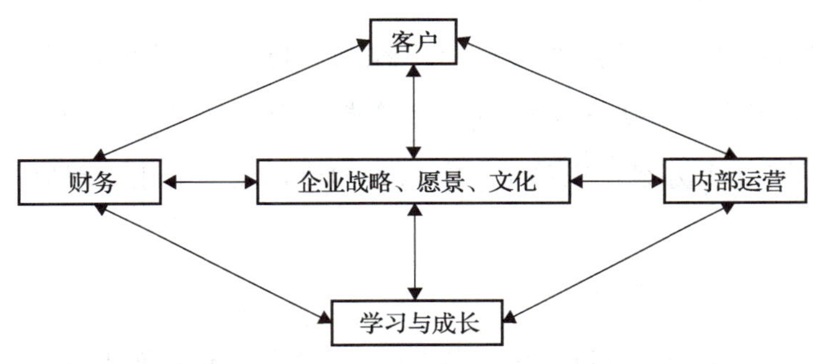


图 8-3　平衡计分卡模型

平衡计分卡不仅可应用于企业绩效评价，也可用于物流系统综合评价指标体系的设计：

（1）从财务角度来看，物流系统的目标是维持竞争优势，实现最大盈利。要实现这一目标，应使系统收益最大，成本最低，并保持良好的现金流。因此，可将投资回报率、现金周转率、销售额增长率、利润等纳入物流系统综合评价指标体系。

（2）从客户角度来看，物流系统的目标是在正确的时间和地点，将合适的产品或服务以合理的价格和方式交付给特定的客户，以满足客户的需求。要实现这一目标，应建立并保持与客户的密切关系，快速响应并满足客户的特定需求。因此，可将订单完成周期、客户保有率、客户满意度等纳入物流系统综合评价指标体系。

（3）从内部运营角度看，物流系统的目标是能够在合理的成本下高效运行。要实现这一目标，应降低流程运作成本、提高运作柔性和经营中增值活动的比例。因此，可将物流服务提高能力、流程改善能力、市场反应时间等纳入物流系统综合评价指标体系。

（4）从学习与成长角度看，物流系统的目标是维持长期高质量运行。要实现这一目标，应联合合作伙伴，稳定战略联盟；加强信息共享，减少信息不对称；研究生产、组织、管理等各方面的技术。因此，可将合作伙伴关系、信息共享频率、技术创新能力等纳入物流系统综合评价指标体系。

### （四）物流系统综合评价指标体系的处理

综合评价指标体系中的各个指标可能存在着范围不同、单位不同等情况，这给综合评价带来了一定的困难，如果直接计算会影响评价结果，严重时甚至会造成决策失误。为了统一标准，便于数据处理，必须对原始评价指标值进行预处理，即对所有的评价指标值进行标准化处理，消除评价指标值之间的偏差，然后再进行计算。

在对评价指标值进行标准化处理前，需要了解评价指标的分类。所有的评价指标从经济角度均可归为两类：效益型指标，如销售额、利润、客户满意度、货物完好程度等，这类指标的值越大越好；成本型指标，如运输成本、货物损耗率、客户投诉率等，这类指标的值越小越好。

#### 1. 定量指标的标准化处理

定量指标的标准化处理可以使用线性比例变换法和极差变换法等方法，在一个多指标综合评价体系中，设有 $m$ 个决策方案，$n$ 个评价指标，则有一个评价决策矩阵 $A=(x_{ij})_{m\times n}$，其中元素 $x_{ij}$ 表示第 $i$ 个方案 $a_i$ 在第 $j$ 个指标 $f_j$ 的值，设标准化处理后的评价决策矩阵 $R=(r_{ij})_{m\times n}$。

##### 1）线性比例变换法

令 $\hat{f}_j=\max x_{ij}>0$，$\check{f}_j=\min x_{ij}>0$（$0\leqslant i\leqslant m$，$0\leqslant j\leqslant m$），对于效益型指标，定义

$$r_{ij}=\frac{x_{ij}}{\hat{f}_j},\tag{8-1}$$

对于成本型指标，定义

$$r_{ij}=\frac{\check{f}_j}{x_{ij}}。\tag{8-2}$$

线性比例变换法的特点有：计算简便；对于每一个处理后的评价指标值 $r_{ij}$ 有 $0\leqslant r_{ij}\leqslant 1$。

##### 2）极差变换法

令 $\hat{f}_j=\max x_{ij}>0$，$\check{f}_j=\min x_{ij}>0$（$0\leqslant i\leqslant m$，$0\leqslant j\leqslant m$），对于效益型指标，定义

$$r_{ij}=\frac{x_{ij}-\check{f}_j}{\hat{f}_j-\check{f}_j},\tag{8-3}$$

对于成本型指标，定义

$$r_{ij}=\frac{\hat{f}_j-x_{ij}}{\hat{f}_j-\check{f}_j}。\tag{8-4}$$

极差变换法的特点有：将所有指标处理完成后，总会有评价指标值为 0（上述两个公式中的分子为 0）或 1（上述两个公式中的分子分母相等）；对于每一个处理后的评价指标值 $r_{ij}$ 有 $0\leqslant r_{ij}\leqslant 1$。

### 2. 定性模糊指标的量化处理

在物流系统综合评价过程中，许多评价指标是模糊的指标，如物流从业人员的服务态度、解决问题的能力等，只能用定性的方式来描述。对于定性模糊指标，必须赋值并量化。通常将定性模糊指标值分为三档、五档或七档，可将取值范围定为 0～10，也可定为 0～1。对于定性的效益型和成本型指标，取值范围定为 0～10 的七档量化表如表 8-1 所示。

表 8-1 定性指标的七档量化表

| 指标状况 | 最低 | 很低 | 低 | 一般 | 高 | 很高 | 最高 |
|---|---|---|---|---|---|---|---|
| 效益型指标 | 0 | 1 | 3 | 5 | 7 | 9 | 10 |
| 成本型指标 | 10 | 9 | 7 | 5 | 3 | 1 | 0 |

**例 8-1** 一个商品贸易企业准备将物流业务外包给一家第三方物流服务提供商，现有 4 家候选服务提供商 $S_1$、$S_2$、$S_3$、$S_4$。该商品贸易企业根据自身需要，选取了 6 项评价指标，具体评价指标与 4 家服务提供商评价数据如表 8-2 所示。请将定性模糊指标进行量化处理，并将所有指标进行标准化处理。

表 8-2 服务提供商评价指标与评价数据

| 服务提供商 | 服务差错率/% | 服务质量 | 知名度 | 资产规模/万元 | 收费标准（占货值百分比）/% | 员工素质 |
|---|---|---|---|---|---|---|
| $S_1$ | 1.3 | 高（7） | 高（7） | 600 | 5.5 | 一般（5） |
| $S_2$ | 0.8 | 一般（5） | 一般（5） | 1 100 | 5.0 | 一般（5） |
| $S_3$ | 0.9 | 一般（5） | 低（3） | 1 300 | 4.5 | 很高（9） |
| $S_4$ | 1.1 | 低（3） | 高（7） | 900 | 6.0 | 高（7） |

**解：** 表 8-2 中的服务质量、知名度和员工素质为效益型定性指标，按照定性模糊指标量化方法进行定量化处理，“很高”对应分值 9、“高”对应分值 7、“一般”对应分值 5、“低”对应分值 3。然后利用线性比例变换法将 6 项评价指标全部标准化，得到的结果如

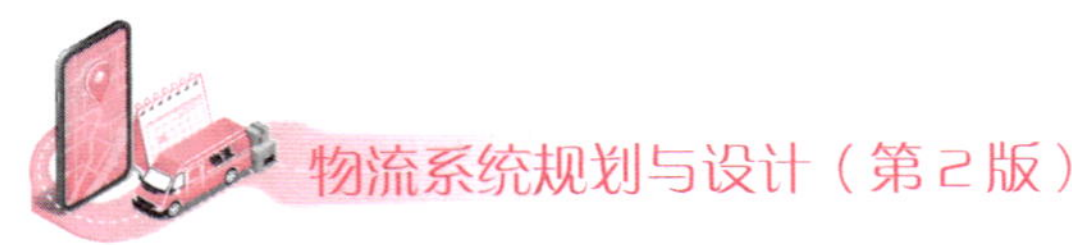


表 8-3 所示。

表 8-3　线性比例变换法处理结果

| 服务提供商 | 服务差错率 | 服务质量 | 知名度 | 资产规模 | 收费标准 | 员工素质 |
|---|---|---|---|---|---|---|
| $S_1$ | 0.615 4 | 1 | 1 | 0.461 5 | 0.818 2 | 0.555 6 |
| $S_2$ | 1 | 0.714 3 | 0.714 3 | 0.846 2 | 0.900 0 | 0.555 6 |
| $S_3$ | 0.888 9 | 0.714 3 | 0.428 6 | 1 | 1 | 1 |
| $S_4$ | 0.727 3 | 0.428 6 | 1 | 0.692 3 | 0.750 0 | 0.777 8 |

## 任务实施

假设需要你对某物流企业的综合能力进行评价。3～4 人一组，收集相关资料，为表 8-4 中的管理能力、服务能力和技术能力 3 个一级指标补充若干二级指标。

表 8-4　某物流企业的综合能力评价指标体系

| 一级指标 | 二级指标 |
|---|---|
| 管理能力 | |
| | |
| | |
| | |
| | |
| 服务能力 | |
| | |
| | |
| | |
| | |
| 技术能力 | |
| | |
| | |
| | |
| | |

# 任务二　掌握物流系统综合评价方法

## 任务导入

在工程师老张的领导下，李辉等小组成员完成了物流综合实力评价指标体系的建立和T市四家物流咨询公司指标数据的收集工作。

评价指标体系包括服务质量、管理层忠诚度、客户关系、创新能力、盈利能力和发展前景6项一级指标，一级指标下共有25项二级指标。

现在规划小组有两个任务需要完成：一是为这些评价指标“赋权”。对于物流咨询公司综合实力的评价而言，哪些一级指标更重要？哪些二级指标更重要？二是选择合适的综合评价方法，确定四家物流咨询公司和JZTD物流公司的整体实力排名。

那么，什么是权重？李辉等人可以用哪些方法确定评价指标的权重？常用的综合评价方法有哪些？

## 知识讲解

### 一、评价指标权重确定方法

在物流系统的众多评价指标中，哪些指标相对重要，贡献度较高？哪些指标相对不那么重要，贡献度较低？要解决此问题，就需要引入“权重”（weight）的概念。

权重是指评价体系中某指标的重要程度，其不同于一般的比重，体现的不仅仅是某一指标占总体的百分比，还体现了三个方面的内容：评价者对指标的重视程度、各准则下指标的差异程度、各指标的可靠程度。

小提示

权重的应用广泛存在于日常生活中。例如，某学校规定，学生的最终成绩由平时成绩、期中成绩和期末成绩组成。平时成绩、期中成绩、期末成绩分别占最终成绩的30%、30%和40%，这里的30%、30%和40%就可视为权重。

为指标设置相应的权重，能够提高物流系统综合评价的合理性和可靠性。总体上讲，指标权重确定方法可分为主观赋权法和客观赋权法。

### （一）主观赋权法

主观赋权法是指依靠评价者的知识和经验来确定指标权重的方法。常用的主观赋权法有统计平均法、头脑风暴法、逐对比较法等。

#### 1. 统计平均法

统计平均法是指根据评价者对各项评价指标所赋予的相对重要性系数，分别求其算数平均值，将算数平均值作为各项指标的权重。其基本步骤是：

（1）选择具有丰富工作经验的物流从业人员，或具备扎实理论基础的专家。

（2）将评价指标体系交给上述人员，详细说明综合评价的目的，并请其在不受外界干扰的前提下独立给出各项指标的权重。

（3）根据给出的权重，计算各项指标权重的算数平均值。

#### 2. 头脑风暴法

头脑风暴法原是一种群体活动方法，它鼓励与会者自由发表自己的见解，同时禁止否定其他人的观点，以促使创新思想的产生。在权重确定中运用头脑风暴法的基本做法是：邀请一些相关领域的专家参与会议，请他们对各指标权重自由发表意见，对那些有较大偏差或分歧的内容进行充分讨论，以达成共识。如果无法达成共识，就采用投票的方式确定权重。

#### 3. 逐对比较法

一般而言，评价者比较容易确定两两指标之间的相对重要程度，因此可以利用相对重要性来确定各指标的权重。逐对比较法就是邀请专家对各评价指标进行两两逐对比较，对相对重要的指标赋予较高的得分，对相对不重要的指标赋予较低的得分，如相对重要的指标得 1 分，相对不重要的指标得 0 分，最后用各评价指标的累计得分除以所有指标的总得分，就可得到权重。

例 8-2　采用逐对比较法确定例 8-1 中各指标的权重，结果如表 8-5 所示。

表 8-5　采用逐对比较法得到的权重

| 评价指标 | 1 | 2 | 3 | 4 | 5 | 6 | 7 | 8 | 9 | 10 | 11 | 12 | 13 | 14 | 15 | 得分 | 权重 |
|---|---|---|---|---|---|---|---|---|---|---|---|---|---|---|---|---|---|
| 服务差错率 | 1 | 1 | 1 | 1 | 1 | | | | | | | | | | | 5 | 0.33 |
| 服务质量 | 0 | | | | | 1 | 1 | 0 | 1 | | | | | | | 3 | 0.20 |
| 知名度 | | 0 | | | | 0 | | | | 0 | 1 | 0 | | | | 1 | 0.07 |
| 资产规模 | | | 0 | | | | 0 | | | 1 | | | 0 | 1 | | 2 | 0.13 |
| 收费标准 | | | | 0 | | | | 1 | | | 0 | | 1 | | 1 | 3 | 0.20 |
| 员工素质 | | | | | 0 | | | | 0 | | | 1 | | 0 | 0 | 1 | 0.07 |
| 合计 | 1 | 1 | 1 | 1 | 1 | 1 | 1 | 1 | 1 | 1 | 1 | 1 | 1 | 1 | 1 | 15 | 1 |

### （二）客观赋权法

主观赋权法存在着诸如同一专家在不同环境下可能会给同一指标赋以不同权重等问题，因此实际中应用客观赋权法的情况更多。

客观赋权法是指利用各指标的原始信息，对指标进行一定数学处理，以获得权重的方法。其基本思想是：指标权重来自指标自身，应该根据指标之间的相互关系或指标包含的信息量来确定权重。总体来说，客观赋权法具有以下特点：① 指标权重与评价者的主观态度无关；② 指标权重确定过程可再现；③ 指标数据的变化会改变指标权重；④ 计算方法一般以数学理论为基础，计算过程通常比较复杂。

常用的客观赋权法有熵值法和标准离差法等。

#### 1. 熵值法

熵原本是热力学概念，后被引入信息论。在信息论中，熵又称平均信息量，是对信息的度量。

熵值法是指根据同一指标的数据之间的差异程度来反映其重要程度，进而确定权重的方法。如果某项指标的数据差异很小，那么这些数据的信息熵就大，说明该项指标包含的信息量小，在整个指标体系中所起的作用也小，相应的权重就小；如果某项指标的数据差异很大，那么这些数据的信息熵就小，说明该项指标包含的信息量大，在整个指标体系中所起的作用也大，相应的权重就大。

#### 2. 标准离差法

标准离差法的原理与熵值法类似，即计算各项指标的标准差，以此判断指标信息量的大小，进而确定指标权重。一般而言，指标的标准差越大，表明其提供的信息量越大，其权重相应就大；相反，其权重相应就小。

小 提 示

客观赋权法虽然充分利用了指标数据，不依赖个人主观打分，但它也存在缺点。客观赋权法无法反映评价者的主观偏好，忽视了评价者的知识和经验对评价的作用。此外，客观赋权法还会受评价指标数据量的影响，数据量较少时，可靠性较低。

## 二、常用的物流系统综合评价方法

常用的物流系统综合评价方法有层次分析法、模糊综合评价法和 TOPSIS 法等。

### （一）层次分析法

层次分析法（analytic hierarchy process, AHP）是指将一个复杂的多目标决策问题作为一个系统，将与决策有关的元素分解成目标、准则、方案等层次，在此基础之上进行定性和定量分析的决策方法。

层次分析法把复杂问题分解成多个组成部分，并将这些组成部分按支配关系分组，形成多层次的结构，然后通过两两比较的方法确定准则层中同一层次各因素的相对重要性，最后综合评价者的判断，确定被选方案的重要性排序。自诞生以来，层次分析法在理论研究和实际工作中都得到了极为广泛的应用，其实施步骤体现了人们决策思维的基本特征，即分解—判断—综合。具体来说，层次分析法的实施步骤如下。

### 1. 建立层次模型

用层次分析法进行综合评价，首先要把问题层次化，将问题分解为不同的组成因素，并按照各因素间的关系将各因素划分成不同的层次，形成一个多层次的分析模型。这些层次包括目标层、准则层和方案层。目标层表示综合评价的目的；准则层表示达到综合评价目的所需的评价指标，指标可以有多级，实践中常使用一级指标和二级指标；方案层表示参与评价的对象。

小提示

> 评价者使用层次分析法时，为保证层次模型的合理性，要把握以下原则：
>
> （1）注意因素之间的关系，差别过大的因素不能放在同一层次，相似度过高的因素只保留一个。
>
> （2）同一层次的因素不应多于七个。

例如，现在要评价 $B_1$、$B_2$、$B_3$ 三个城市的农产品物流发展水平。首先建立层次模型（见图 8-4），在该模型图中，目标层为确定农产品物流发展水平；将目标层分解得到准则层，即从农产品物流基础设施、农产品物流供给能力、农产品物流技术水平 3 个方面来确定农产品物流发展水平；方案层为被评价的 $B_1$、$B_2$、$B_3$ 三个城市。

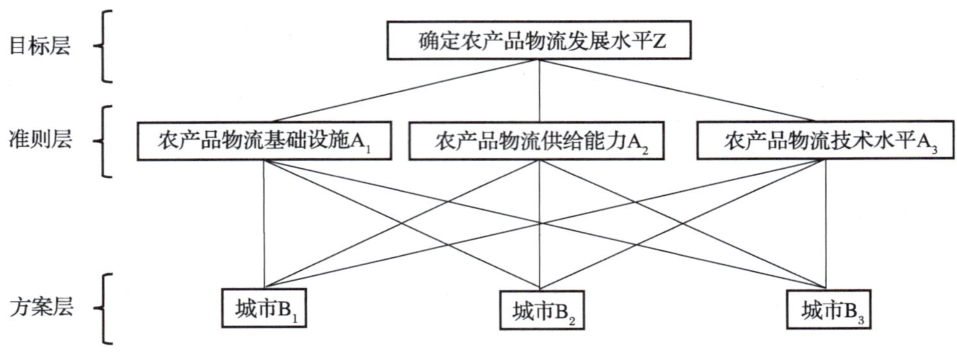


图 8-4 农产品物流发展水平评价的层次模型

课堂讨论

综合评价指标体系和层次分析法的准则层，两者有什么关系？

### 2．构造判断矩阵

判断矩阵表示每一层次的若干指标进行两两比较的结果，这种比较是人为决定的，通常根据指标的相对重要程度，赋予其 1～9 的标度值。标度值及其含义如表 8-6 所示。

表 8-6　判断矩阵的标度值及其含义

| 标度值 | 含　义 |
|---|---|
| 1 | 表示两个指标同样重要 |
| 3 | 表示两个指标相比，一个指标比另一个指标稍微重要 |
| 5 | 表示两个指标相比，一个指标比另一个指标明显重要 |
| 7 | 表示两个指标相比，一个指标比另一个指标非常重要 |
| 9 | 表示两个指标相比，一个指标比另一个指标绝对重要 |
| 2，4，6，8 | 指标之间的重要性比较在上述描述之间 |

假设 $x_1$～$x_n$ 是一组互相关联的指标，那么将这些指标两两比较后可以得到判断矩阵 $\boldsymbol{X}$。

$$\boldsymbol{X}=\begin{pmatrix} 1 & x_2/x_1 & \cdots & x_n/x_1 \\ x_1/x_2 & 1 & \cdots & x_n/x_2 \\ \vdots & \vdots & & \vdots \\ x_1/x_n & x_2/x_n & \cdots & 1 \end{pmatrix}$$

判断矩阵 $\boldsymbol{X}$ 满足以下条件：

（1）判断矩阵主对角线元素为 1，因为主对角线上的值代表指标和自身进行比较的结果，重要性相同。

（2）判断矩阵的右上三角和左下三角对应元素互为倒数。因为是指标的两两比较，所以有 $x_a/x_b$ 就会有 $x_b/x_a$ 与之对应。例如，矩阵 $\boldsymbol{X}$ 第一行第二列为 $x_2/x_1$，与之对应第二行第一列为 $x_1/x_2$。

### 3．层次单排序和一致性检验

层次单排序是指确定下层各因素对上层某因素影响程度的过程。在层次分析法中采用特征向量法，即求判断矩阵最大特征值对应的特征向量来计算层次单排序权重。

对多个复杂因素进行两两比较时，很难做到判断完全一致，形成的判断矩阵可能存在估计误差，这就会导致最大特征值和特征向量的计算出现偏差。例如，甲指标比乙指标稍微重要，乙指标比丙指标明显重要，但丙指标却和甲指标同样重要，此时构造的判断矩阵就不合理，无法通过一致性检验。

因此，为了保证得到可靠的结论，必须对最大特征值进行一致性检验。

4．层次总排序

确定完各层的单排序权重并进行一致性检验后，就可以确定某层所有因素对于总目标相对重要性的排序，即层次总排序。这一过程是由高到低采用线性加权和的方法来计算权重，最后按各方案对于总目标的权重大小进行排序，得出各方案的优劣。

例 8-3　结合图 8-4，使用层次分析法求出 $B_1$、$B_2$、$B_3$ 三个城市农产品物流发展水平的相对排序。

解：（1）建立层次模型。图 8-4 为建立好的层次模型。

（2）构造判断矩阵。为目标层下的准则层构造判断矩阵，命名为 **ZA**，确定指标 $A_1$、$A_2$、$A_3$ 对于目标层 Z 的相对重要性。然后为准则层下的方案层构造判断矩阵，分别命名为 $\mathbf{A_1B}$、$\mathbf{A_2B}$、$\mathbf{A_3B}$，确定各城市对指标 $A_1$、$A_2$、$A_3$ 的相对重要性。

$$\mathbf{ZA}=\begin{pmatrix}1 & 1/2 & 3\\ 2 & 1 & 4\\ 1/3 & 1/4 & 1\end{pmatrix}$$

$$\mathbf{A_1B}=\begin{pmatrix}1 & 1/4 & 1/3\\ 4 & 1 & 3\\ 3 & 1/3 & 1\end{pmatrix}$$

$$\mathbf{A_2B}=\begin{pmatrix}1 & 2 & 1/2\\ 1/2 & 1 & 1/3\\ 2 & 3 & 1\end{pmatrix}$$

$$\mathbf{A_3B}=\begin{pmatrix}1 & 1/3 & 2\\ 3 & 1 & 3\\ 1/2 & 1/3 & 1\end{pmatrix}$$

（3）层次单排序和一致性检验。计算各判断矩阵的特征向量、最大特征值和一致性检验指标。一般使用求和法或求根法计算判断矩阵的特征向量和特征值，这里介绍求和法计算判断矩阵特征向量和最大特征值的步骤。

首先根据公式（8-5）将判断矩阵 **ZA** 按列归一化（将列元素之和转换为 1），归一化后的矩阵命名为 $\mathbf{ZA}^1$。公式中的 $n$ 对应判断矩阵的阶数。

$$\mathbf{ZA}_{ij}^{*}=\frac{\mathbf{ZA}_{ij}}{\sum_{i=1}^{n}\mathbf{ZA}_{ij}} \tag{8-5}$$

例如，$\mathbf{ZA}_{11}^{1}=\dfrac{\mathbf{ZA}_{11}}{\sum_{i=1}^{3}\mathbf{ZA}_{i1}}=\dfrac{1}{1+2+1/3}=0.300\ 0$。

$$\mathbf{ZA}^{1}=\begin{pmatrix}0.300\ 0 & 0.285\ 7 & 0.375\ 0\\0.600\ 0 & 0.571\ 4 & 0.500\ 0\\0.100\ 0 & 0.142\ 9 & 0.125\ 0\end{pmatrix}$$

然后对 $\mathbf{ZA}^{1}$ 按行求和，将求和后得到的向量命名为 $\boldsymbol{C}_1$。

$$\boldsymbol{C}_1=(0.960\ 7,1.671\ 4,0.367\ 9)^{T}$$

将 $\boldsymbol{C}_1$ 归一化，得到判断矩阵 $ZA$ 的特征向量 $\boldsymbol{W}_1$。同理求得判断矩阵 $\mathbf{A_1B}$、$\mathbf{A_2B}$、$\mathbf{A_3B}$、的特征向量 $\boldsymbol{W}_2$、$\boldsymbol{W}_3$、$\boldsymbol{W}_4$。

$$\boldsymbol{W}_1=(0.320\ 2,0.557\ 1,0.122\ 6)^{T}$$

$$\boldsymbol{W}_2=(0.119\ 9,0.608\ 0,0.272\ 1)^{T}$$

$$\boldsymbol{W}_3=(0.297\ 3,0.163\ 8,0.539\ 0)^{T}$$

$$\boldsymbol{W}_4=(0.251\ 9,0.588\ 9,0.159\ 3)^{T}$$

根据公式（8-6）求特征向量对应的最大特征值，$\boldsymbol{W}_1$、$\boldsymbol{W}_2$、$\boldsymbol{W}_3$、$\boldsymbol{W}_4$ 对应的最大特征值分别为 3.018 3，3.074 1，3.009 2，3.053 9。

$$\lambda_{\max}=\frac{1}{n}\sum_{i=1}^{n}\frac{(\mathbf{ZA}\cdot\boldsymbol{W})_i}{\boldsymbol{W}_i} \tag{8-6}$$

根据公式（8-7）求得 $\mathbf{ZA}$、$\mathbf{A_1B}$、$\mathbf{A_2B}$、$\mathbf{A_3B}$ 的 CI 值分别为 0.009 2，0.037 1，0.004 6，0.027 0。然后根据公式 8-8 和表 8-7 的平均随机一致性指标值，计算各判断矩阵的 CR 值分别为 0.017 7，0.071 3，0.008 8，0.051 9。CI 值和 CR 值小于 0.1，判断矩阵即通过一致性检验，本例中各判断矩阵均通过一致性检验。

$$\mathrm{CI}=\frac{\lambda_{\max}-n}{n-1} \tag{8-7}$$

$$\mathrm{CR}=\frac{\mathrm{CI}}{\mathrm{RI}} \tag{8-8}$$

表 8-7　平均随机一致性指标

| 阶数 | 3 | 4 | 5 | 6 | 7 | 8 | 9 | 10 |
|---|---|---|---|---|---|---|---|---|
| RI | 0.52 | 0.89 | 1.12 | 1.26 | 1.36 | 1.41 | 1.46 | 1.49 |

（4）层次总排序。准则层中的各指标对目标层的权重即 $\boldsymbol{W}_1$，分别为 0.320 2，0.557 1，0.122 6。方案层对准则层中各指标的权重即 $\boldsymbol{W}_2$、$\boldsymbol{W}_3$、$\boldsymbol{W}_4$，如表 8-8 所示。

表 8-8　方案层对准则层中各指标的权重

| 城市 | $A_1$ | $A_2$ | $A_3$ |
|---|---|---|---|
| $B_1$ | 0.119 9 | 0.297 3 | 0.251 9 |
| $B_2$ | 0.608 0 | 0.163 8 | 0.588 9 |
| $B_3$ | 0.272 1 | 0.539 0 | 0.159 3 |

将 0.320 2，0.557 1，0.122 6 分别与表 8-8 中第二、三、四行数据相乘并求和，便可得到各城市关于目标层的权重，即得出各城市农产品物流水平的相对排序。

城市 $B_1$ 关于目标层的权重=0.320 2×0.119 9+0.557 1×0.297 3+0.122 6×0.251 9=0.234 9。

城市 $B_2$ 关于目标层的权重=0.320 2×0.608 0+0.557 1×0.163 8+0.122 6×0.588 9=0.358 1。

城市 $B_3$ 关于目标层的权重=0.320 2×0.272 1+0.557 1×0.539 0+0.122 6×0.159 3=0.406 9。

综上所述，城市 $B_3$ 的农产品物流水平最高，城市 $B_2$ 次之，城市 $B_1$ 最低。

## 小提示

yaahp 是常用的层次分析法软件，该软件占用储存空间小，界面直观且易操作。用户只需将界面上方的“决策目标”“中间层要素”“备选方案”模块拖拽到下方的视窗中，就可以建立层次模型。然后点击“判断矩阵”按钮，根据各指标的相对重要性确定判断矩阵后，就能够得到综合评价结果。使用 yaahp 建立的层次模型如图 8-5 所示。

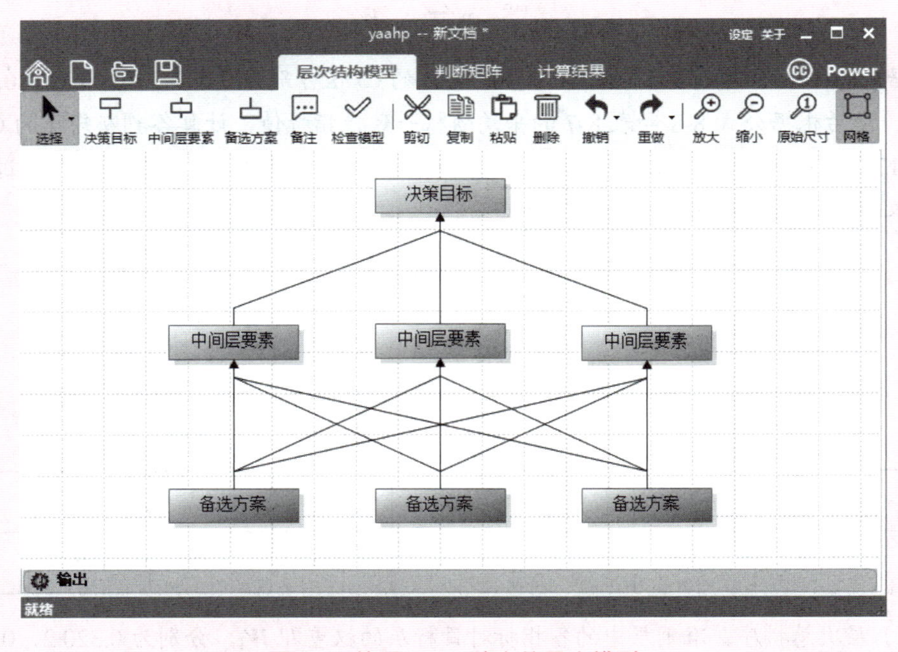

图 8-5　使用 yaahp 建立的层次模型

### （二）模糊综合评价法

在实践中，存在着大量的模糊概念和模糊现象，如快与慢、动与静、好与坏等均具有一定的模糊性，研究和处理模糊概念和模糊现象的数学学科称为模糊数学。

要理解模糊数学，首先要理解模糊集合和隶属度。例如，某男性身高 170 cm，判断他是否为高个子，可以将单位闭区间［0，1］作为“高个子”这一概念的模糊集合，用 0～1 中的某个数字来界定身高 170 cm 是否属于“高个子”这一概念，这个数字就称为隶属度。确定模糊集合和隶属度后，就能对模糊概念和模糊现象进行量化研究和处理。在模糊数学的基础上，发展出了模糊综合评价法。

模糊综合评价法是指根据模糊数学的隶属度理论，将定性指标转化为定量指标，对被评价对象进行综合评价的方法。模糊综合评价法有结果清晰，系统性强等特点，能够较好地解决模糊、难以量化和不确定的问题。

### （三）TOPSIS 法

TOPSIS 法又称逼近理想解排序法、理想解法，是指根据有限个评价对象与理想化目标的接近程度，对评价对象进行排序的方法。离理想解最近且离负理想解最远的评价对象最优，离理想解最远且离负理想解最近的评价对象最劣。TOPSIS 法的步骤如下：

（1）将由各方案的指标值组成的矩阵归一化，并分别乘以对应的权重。

（2）找出指标中的理想解（最优指标）和负理想解（最劣指标）。

（3）分别计算各指标到理想解与负理想解的距离。

（4）结合各指标到理想解与负理想解的距离，计算各方案与理想解的贴近度。贴近度取值范围为 0～1，该值越接近 1，表示方案越接近最优水平；该值越接近 0，表示方案越接近最劣水平。

（5）按贴近度大小对方案进行排序。

TOPSIS 法计算过程清晰，易操作，且对于样本量和指标的数量没有严格限制，不仅适用于小样本资料的综合评价，也适用于多评价对象、多指标的大样本资料的综合评价。

## 任务实施

假设需要你对某快递公司的服务水平进行评价，评价指标已经给定，分别是公司知名度、送货速度、服务态度、投诉处理速度、寄件收费和网点数量。

请思考自己选择快递公司时最看重哪些指标，并根据自己的判断，使用逐对比较法为六个评价指标进行打分，赋予各指标相应的权重，将结果填入表 8-9。

表 8-9　指标权重表

| 评价指标 | 1 | 2 | 3 | 4 | 5 | 6 | 7 | 8 | 9 | 10 | 11 | 12 | 13 | 14 | 15 | 得分 | 权重 |
|---|---|---|---|---|---|---|---|---|---|---|---|---|---|---|---|---|---|
| 公司知名度 | | | | | | | | | | | | | | | | | |
| 送货速度 | | | | | | | | | | | | | | | | | |
| 服务态度 | | | | | | | | | | | | | | | | | |
| 投诉处理速度 | | | | | | | | | | | | | | | | | |
| 寄件收费 | | | | | | | | | | | | | | | | | |
| 网点数量 | | | | | | | | | | | | | | | | | |
| 合计 | | | | | | | | | | | | | | | | | |

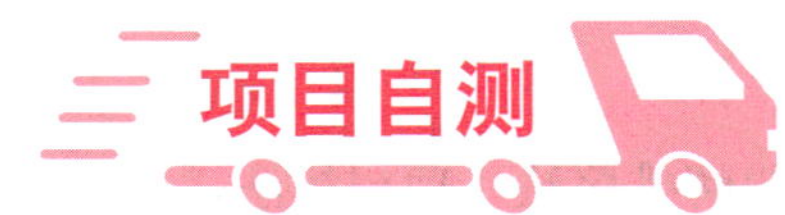


## 1．单项选择题

（1）物流系统综合评价中，（　　）原则要求评价指标应具有相同的单位。

A．客观公正性　　B．评价指标的系统性

C．评价方法和手段的综合性　　D．方案的可比性

（2）受制于各种评价目的，各评价指标之间的相对重要性是不同的，（　　）是对这种相对重要性的衡量。

A．权重　　B．评价方法

C．综合评价模型　　D．评价目标

（3）（　　）包括配送中心、仓库、铁路等的建设评价，物流新技术的开发评价等。

A．物流项目管理评价　　B．物流运作方案评价

C．物流操作环节评价　　D．物流技术工程评价

（4）尽量选取日常统计指标或其他容易获得的指标，体现了建立物流系统综合评价指标体系的（　　）原则。

A．科学性　　B．整体性

C．实用性　　D．客观性

（5）使用平衡计分卡对物流系统综合评价指标体系进行设计时，将合作伙伴关系、信息共享频率、技术创新能力纳入评价指标体系，是从（　　）考虑的。

A．客户角度　　B．财务角度

C．学习与成长角度　　D．内部运营角度

2．多项选择题

（1）下列属于物流系统评价要素的是（　　）。

A．被评价对象　　B．评价指标

C．权重　　D．综合评价模型

（2）根据评价阶段的不同，物流系统综合评价可分为（　　）。

A．技术工程评价　　B．方案评价

C．现状评价　　D．效果评价

（3）（　　）属于物流系统综合评价指标体系的基本内容。

A．政策性指标　　B．社会性指标

C．资源性指标　　D．经济性指标

（4）（　　）属于效益型指标。

A．利润　　B．运输成本

C．货物损耗率　　D．客户满意度

（5）（　　）属于客观赋权法。

A．熵值法　　B．头脑风暴法

C．标准离差法　　D．逐对比较法

3．简答题

（1）简述物流系统综合评价的步骤。

（2）简述常用的评价指标权重确定方法。

（3）简述层次分析法的步骤。

# 参 考 文 献


[1] 戴恩勇，阳晓湖，袁超. 物流系统规划与设计［M］. 北京：清华大学出版社，2019.

[2] 魏波，陈进军. 物流系统规划与设计［M］. 西安：西安交通大学出版社，2018.

[3] 陈子侠，官小云，彭建良. 物流节点规划与设计［M］. 杭州：浙江大学出版社，2019.

[4] 张丽，郝勇. 物流系统规划与设计［M］. 3 版. 北京：清华大学出版社，2019.

[5] 方仲民，郑秀妙. 物流系统规划与设计［M］. 3 版. 北京：机械工业出版社，2018.

[6] 肖怀云. 物流系统设计与仿真实验教程［M］. 西安：西安电子科技大学出版社，2018.

[7] 朱耀勤，王斌国，姜文琼. 物流系统规划与设计［M］. 2 版. 北京：北京理工大学出版社，2017.

[8] 陈德良. 物流系统规划与设计［M］. 北京：机械工业出版社，2016.

[9] 马洪伟. 物流系统建模与仿真［M］. 南京：南京大学出版社，2020.

[10] 谭满益，余浩宇，王焕毅. 物流系统分析与设计［M］. 长沙：湖南师范大学出版社，2019.

[11] 汪传雷. 物流系统工程［M］. 北京：中国财富出版社，2017.

[12] 尹涛. 物流信息管理［M］. 5 版. 沈阳：东北财经大学出版社，2018.

[13] 梁雯. 物流信息管理［M］. 北京：清华大学出版社，2019.

[14] 毛海军. 物流系统规划与设计［M］. 2 版. 南京：东南大学出版社，2017.

[15] 李超峰，缪兴锋. 物流系统规划与设计［M］. 武汉：华中科技大学出版社，2012.

[16] 王勇，刘永. 运输与物流系统规划［M］. 成都：西南交通大学出版社，2018.

[17] 白兰，杨春河. 物流信息管理系统［M］. 天津：南开大学出版社，2015.